图书情报与信息管理实验教材

信息检索与利用实验教材

Experimental Textbook for Information Retrieval and Utilization

主　编　黄如花　胡永生

参编者（按姓氏汉语拼音排序）

陈　闯　陈　萌　范潇文　李　楠

李英子　刘　龙　邱春艳　饶雪瑜

熊婉盈　余正文　钟雪祺

WUHAN UNIVERSITY PRESS

武汉大学出版社

图书在版编目(CIP)数据

信息检索与利用实验教材/黄如花,胡永生主编.—武汉:武汉大学出版社,2017.3(2019.12 重印)
图书情报与信息管理实验教材
ISBN 978-7-307-18869-3

Ⅰ.信… Ⅱ.①黄… ②胡 … Ⅲ.信息检索—高等学校—教材 Ⅳ.G254.9

中国版本图书馆 CIP 数据核字(2016)第 280727 号

责任编辑:詹　蜜　　责任校对:李孟潇　　版式设计:韩闻锦

出版发行:**武汉大学出版社**　(430072　武昌　珞珈山)
(电子邮箱:cbs22@ whu.edu.cn　网址:www.wdp. com.cn)
印刷:武汉中科兴业印务有限公司
开本:720×1000　1/16　印张:16.25　字数:292 千字　插页:1
版次:2017 年 3 月第 1 版　2019 年 12 月第 3 次印刷
ISBN 978-7-307-18869-3　定价:32. 00 元

前言

“信息检索与利用实验教材”系湖北省教改项目“‘慕课’背景下信息素质教育的变革研究(鄂教高函[2016]1号)”的成果之一。

信息素养对个人的学习、生活、工作与研究具有重要作用，提升信息素养能帮助学习者更好地实现自主学习和终身学习。大力发展信息素养教育(Information Literacy Instruction，简称ILI)已成为当今教育改革的必然趋势。进入21世纪以来，网络技术和计算机技术的快速发展，以及搜索引擎的普及，用户的信息需求与获取行为发生了很大变化。而且，网络的开放性增强，用户既是信息的消费者，也是信息的生产者与传播者，网上信息呈现海量增长，为信息的获取与甄别带来了新的困难。

为了保障信息素养教育的发展，一些国家和国际机构先后提出了未来发展的框架或规划。1999年6月，我国国务院颁发了《关于深化教育改革全面推进素质教育的决定》，大力提升信息素养的培养。2002年1月，教育部高等学校图书情报工作指导委员会组织召开了“全国高校信息素质教育学术研讨会”，极大地促进了信息素质教育的理论和实践研究。国外众多机构制定了信息素养相关规划或框架。1998年，英国的国家与大学图书馆协会(Society of College, National and University Libraries，简称SCONUL)提出信息素养能力模式；2000年，美国大学与研究图书馆协会(Association of College and Research Libraries，简称ACRL)制定《面向高等教育的信息素养能力标准》，为管理人员、教师、图书馆员提供了实施信息素质教育的指南；2004年，澳大利亚与新西兰的高校信息素养联合工作组(Australian and New Zealand Institute for Information Literacy，简称ANZIIL)颁布澳大利亚与新西兰高校信息素养能力指标体系；

2014年8月，国际图联(Federation of Library Associations and Institutions，简称IFLA)年会的信息素养卫星会议指出：信息素养与终身学习正在经历一场变革，数字信息技术的发展对信息素养提出了新的要求；2015年1月，美国大学与研究图书馆协会(ACRL)发布《高等教育信息素养框架》(Framework for Information Literacy in Higher Education)，取代其《面向高等教育的信息素养能力标准》，框架引起了广泛而热烈的讨论。该框架指出，检索不是线性的，而是一个复杂的过程，检索是要讲究策略的，要根据实际需求，制定合适的目标，要善用不同的检索语言(主题词、关键词、自然语言等)，有效控制检索过程和结果，要根据检索结果调整需求和检索策略。

国内外学术机构与广大研究人员，以及图书馆工作者均积极关注信息素养教育，并做了许多有益的尝试和探索，取得了丰硕的成果。但从总体而言，信息素养理论的教学多于实践的训练。现有的文献检索教学，更注重对数据库检索技能的培养，而对支持学生学习能力提升的综合素养与能力则有所忽略。在教学方式上，还是更注重教师讲，而对学生练不够注重。这种教学模式，使得学习人员不能熟练地运用信息检索解决实际问题，无法跟踪专业发展方向，或准确地获知商业或生活信息，这些都是当前信息素养培养方面存在的严重缺失。

我们承担的教改项目"'慕课'背景下信息素质教育的变革研究"，在充分吸取先进教学理念与实践的基础上，提出信息素养教育的策略。该项目于2016年1月正式启动以来，课题组成员从国内外各类搜索引擎的使用、国内外重要数据库及其使用方法、专门类型信息的检索、利用信息检索解决实际问题的流程、利用信息检索拓展教学课堂、信息检索在论文写作和项目申报中的应用、信息检索在商业活动中的应用等进行了广泛深入的研究，并取得了较为丰硕的研究成果。本书为这些研究成果的集中体现。

全书大纲由黄如花审定。各章(节)的责任者依次为：第五、六、七、九、十一章由胡永生编写，其中，第九章操作指导中第七节由徐军编写，第一章、第十二章操作指导中第一节与第二节及第三节的第一点和第二点由钟雨祺编写，第二章由余正文、饶雪瑜编写，第三章由范潇文编写，第四章由陈闯编写，第八章操作指导中第一节由李楠编写，胡永生对部分内容进行了补充，第八章操作指导中第二、三、四节由刘龙编写，第八章操作指导中第五节由邱春艳编写，第八章操作指导中第六节由陈萌编写，第十章由李英子编写，第十二章操作指导第三节的第三、四、五点由熊婉盈编写。第二、四、八、十、十一、十二章的素材来自黄如花 2014 年 9～12 月在教育部主管的爱课程网开设的“信息检索”慕课(MOOC)讲义与 PPT，这些章的作者在此基础上进行了更新与补充。

本书凝结了课题组成员的集体智慧。课题组成员严格遵照既定的大纲撰写，黄如花、胡永生负责审稿和统稿，并遵照信息检索的内在规律，设计了实验目的与要求、实验内容、实验操作指导等细则，力求为广大学习者提供更具针对性、指导检索实践的内容。

本书参考了国内外大量相关研究成果，在此向这些文献的作者致以诚挚的谢意！感谢责任编辑詹蜜为本书的出版付出的辛勤劳动。

科学技术突飞猛进，信息检索技术和检索工具发展迅速，限于编著者的学识、水平，书中不当之处，祈请专家学者和广大读者批评指正。

黄如花谨识

2016 年 6 月 9 日

目录

第 *1* 章 “信息检索”课程实习概述

“信息检索”是图书馆学专业、信息管理与信息系统专业以及档案学等专业学生的核心课程、必修课程。

“信息检索”“信息检索与利用”“文献检索”“网络信息检索”等名称各异的信息素养教育类课程是教育部要求各高校面向所有在校大学生开设的课程，其涉及面甚广。国家教育部和原国家教委在 1984 年、1985 年和 1992 年分别下发了《关于在高等学校开设文献检索与利用课的意见》《关于改进和发展文献课教学的几点意见》和《文献检索课基本要求》三份指导性文件，均把课程称为“文献检索与利用”，简称“文献检索”。1998 年，教育部在其颁布的《普通高等学校本科专业目录和专业介绍》中对每个本科专业培养目标都要求“掌握文献检索、资料查询的基本方法，具有独立获取知识信息的能力”。

“信息检索”课程是一门实践性很强的课程。通过学习使学生掌握信息检索的基本方法，学会各类搜索引擎和国内外重要数据库的使用方法；培养学生免费获取各类专门信息的能力；以及利用信息检索解决学习、研究、求职、考研、出国留学等实际问题的能力；培养其终身学习的能力。

1.1 课程实习的总目的

“信息检索”课程实习的总目的是通过实习，帮助学生将所学理论知识与实践紧密结合，提高动手能力与操作能力，加强对授课内容的理解；学会使用国内外各类搜索引擎，掌握国内外重要数据库的使用方法；学会运用各种检索途径比较全面地获取关于某一专题的信息，并将获取的信息按照一定的方式有机地组织；学会利用信息检索的各种技巧解决实际问题。

1.2 课程实习要求

(1)实习前认真阅读与熟练掌握有关章节内容，做好知识准备。

(2)按照每个实验的要求与操作步骤独立完成规定任务。

(3)学生自主完成实习任务为主、教师辅导为次。

(4)整理实习内容，填写详细的实验报告。

1.3 实习的主要内容

实习的主要内容包括各类搜索引擎的利用，中国知网、维普和万方等国内主要数据库的使用，国外数据库，如 Web of Science(WOS)、ScienceDirect Online(SDOL)、EBSCOhost 和 Ei Compendex 的使用方法，各类专门信息的检索，利用信息检索解决实际问题的流程，信息检索在论文写作和项目申报中的应用，利用信息检索拓展课堂教学，以及信息检索在商业活动中的应用等。主要包括 11 项实习，具体内容如下：

实习一：搜索引擎的利用

除了熟练掌握综合性搜索引擎，还要学会使用专门用途、专门学科以及学术搜索引擎。

实习二：国内数据库

熟练掌握 CNKI、维普和万方等国内重要数据库的各种功能与检索方法。

实习三：Web of Science(WOS)

熟练掌握著名的三大引文索引——SCI、SSCI 和 A & HCI 所在的学术信息资源整合平台 Web of Science(WOS)的检索方法、检索结果的排序功能与分析功能，以及 WOS 的个性化服务功能。

实习四：ScienceDirect Online(SDOL)

熟练掌握世界上最大的期刊全文数据库 ScienceDirect Online(SDOL)的检索方法与浏览功能。

实习五：EBSCOhost 检索系统

了解 EBSCOhost 系统特点及包含的主要数据库，掌握 EBSCOhost 系统的检索方法和个性化功能、结果保存共享方法。

实习六：Ei Compendex

了解 Ei Compendex 收录文献的学科特点，掌握其快速检索、专家检索、叙词检索的方法和个性化服务功能、结果保存与共享方法。

实习七：免费检索各类专门信息

熟练掌握常用的专利、商标、学位论文、会议论文、科技报告、科学数据的获取途径和检索方法。

实习八：利用信息检索解决实际问题的流程

了解分析检索需求和选取检索词的方法，掌握构造检索式和调整检索策略的方法。

实习九：信息检索拓展你的课堂

了解网络百科全书和在线词典、教材与课件、多媒体资料、在线问答平台的特点与类型，熟练掌握其使用方法。

实习十：信息检索在论文写作和项目申报中的应用

了解科技查新基本方法，熟练检索背景信息，设置研究内容，搜集研究素材。

实习十一：信息检索助你在商战中立于不败之地

了解利用大数据进行市场分析，获取竞争对手信息，利用新媒体进行营销策划，企业预警与舆情监测，保护企业信息安全的方法。

1.4 课时安排

共 39 学时，每项实习内容各 3 学时。

1.5 实验成绩与考核

(1)每完成一次实验，要求每一位学生按时提交实习报告。

(2)实习报告内容：检索问题、检索工具、检索式、检索步骤、检索结果数量、最相关的检索结果前 5 条的题录信息。

(3)考核方式与评分标准：各类实验课成绩占课程成绩的 45%。

第2章 搜索引擎的利用

搜索引擎(Search Engine)是一种 Web 上应用的软件系统，它以一定的策略在 Web 上搜集和发现信息，在对信息进行处理和组织后，为用户提供 Web 信息查询服务。本章要求学生不仅要掌握通用的综合性搜索引擎，还要学会使用专门用途、专门学科以及学术搜索引擎。

2.1 实验目的与要求

(1)熟练掌握各种类型的搜索引擎。

(2)利用搜索引擎解决实际问题。

2.2 实验内容

(1)使用综合性的搜索引擎查找信息。

(2)使用专门用途的搜索引擎查找相应的专门信息。

(3)使用专门学科搜索引擎查找特定学科(主题)的信息。

(4)使用学术搜索引擎查找学术信息。

2.3 实验操作指导

本实验包括以下四个部分：综合性搜索引擎、专门用途的搜索引擎、专门学科的搜索引擎和学术搜索引擎。

2.3.1 综合性搜索引擎

综合性搜索引擎是涵盖面最广、人们最常用的搜索引擎。网络用户熟悉的搜索引擎有谷歌(Google)、百度、雅虎、必应(Bing)等。下面以百度为例进行详细介绍。

百度是目前全球最大的中文搜索引擎和重要的中文信息检索与传递技术供应商。百度提供的搜索服务包含网页、视频、音乐、地图、新闻、图片、词典和常用搜索。

百度支持布尔逻辑检索、字段限制检索、短语检索、在检索结果中精炼检索、相关搜索、拼音提示、繁简中文查询等，提供丰富的专项搜索，包括图书搜索、百度国学、专利搜索、法律搜索等学术资源搜索；专门针对特定对象开发的少儿搜索和爸妈搜索；MP3 搜索、视频搜索、图片搜索等多类型资源检索。

百度搜索引擎提供基本搜索和高级搜索。在使用基本检索功能时，可以在输入框内输入任意关键字，还可以使用语法来限定查询内容。关键词前加“intitle”，将检索范围限定在网页标题内，例如：出国留学 intitle：美国，检索到出国留学网页的标题内就会包含美国，“intitle:”和后面的关键词之间不要有空格；语法 site 将搜索范围限定在特定站点中，例如：亚马逊 site：www.amazon.cn，“site:”后面跟的站点域名不加“http：//”；语法 inurl 将搜索范围限定在 url 连接中，例如：photoshop 视频教程 inurl:video；关键词加上双引号“”表示关键词不能被拆分，可以对关键词进行精确匹配；关键词加上书名号“《》”有两种语法功能，一是书名号会出现在搜索结果中，二是书名号里的内容不会被拆分，例如关键词为手机，如果不加书名号在很多情况下出来的是通信工具手机，而加上书名号后，《手机》结果就都是一部以其为名的电影了；关键词用减号-语法可以在搜索结果中排除包含特定的关键词的网页，用加号+语法可以在搜索结果中包含特定的关键词网页，如电影-优酷、电影+优酷；语法 filetype 将搜索范围限定在指定文档格式中，支持的文档格式有 pdf、doc、xls、ppt、rtf、all(所有上面的文档格式)，例如 Photoshop 教程 filetype:doc。

除了使用语法来进行精确的检索外，也可以直接利用百度的高级检索功能。有两种方法可以使用百度的高级检索功能，一是直接输入网址 http：//www.baidu.com/gaoji/advanced.html 即可进入百度高级检索页面，二是如图 2-1 所示，在百度检索页面右上角的“设置”中的“高级搜索”即可使用百度的高级检索功能。

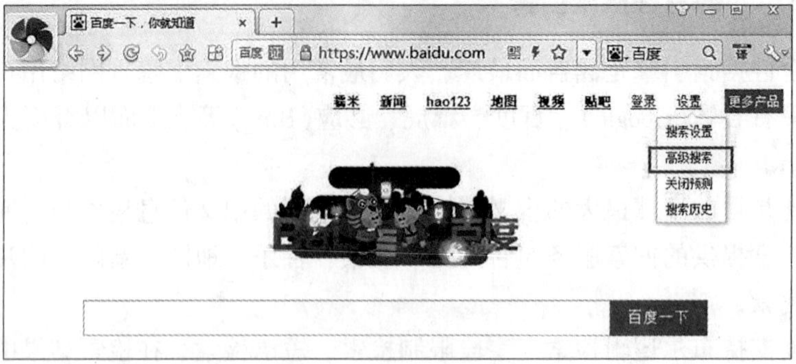

图 2-1　百度高级检索

进入百度高级检索后，即可以在限定时间、关键词、文档位置等基础上进行检索了。通过访问 http：//www. baidu. com/gaoji/advanced. html 网址，百度高级检索页面所有的高级语法集成，用户不需要记忆语法，只需要填写查询词和选择相关选项就能完成复杂的语法搜索，如图 2-2 所示。

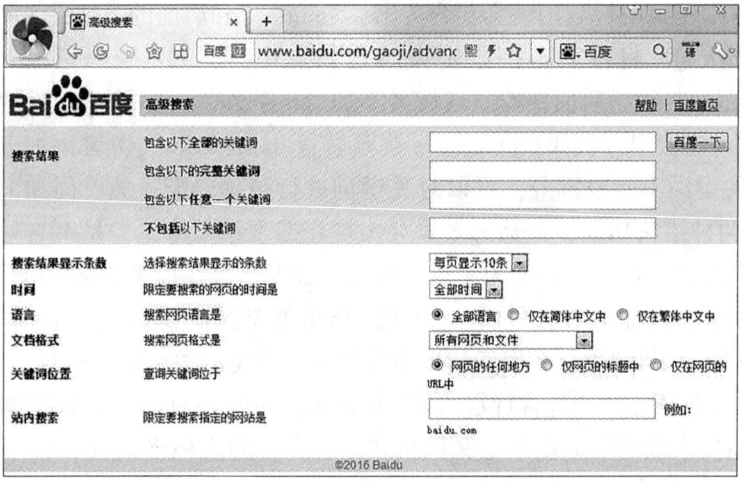

图 2-2　百度高级检索功能

2.3.2　专门用途的搜索引擎

有很多专门用途的搜索引擎能够帮助人们搜集信息、提高生活质量。较之于综合性搜索引擎整合的综合信息，专门用途的搜索引擎会针对生活的某一个方面进行信息的搜集和整合，比如旅游、购物、电影等。

旅游搜索引擎是收录旅游相关信息的搜索引擎，收录的内容包括旅游线路、旅游景点、旅游攻略、户外用品、酒店住宿等相关旅游信息。旅游搜索引擎与一般的网页搜索引擎相比的主要区别在于，除了搜索旅游景点、产品、了解商品说明等基本信息之外，通常还可以进行商品价格比较，并且可以对产品和在线商店进行评价，这些评比结果指标对于用户购买决策有一定的影响，这些信息也可以被别的用户参考，尤其对于购买决策能力不强的人或对产品信息了解不足的人。国内知名的旅游搜索引擎有去哪儿、携程旅行网、云旅游等，国外知名的旅游搜索引擎有 Kayak 等。由于操作的简便性和比价的实用性，旅游搜索引擎自产生以来就得到了快速发展，尤其是 2004 年之后，国外相继出现了包括 Kayak、QIXO、Mobissimo、Farecast 等在内的众多新成员。到目前为止，同类网站不下数百家，业务范围大多涵盖票务、酒店、行程、租车、签证、景点等多个旅游业务细分领域。Kayak 是其中最出色的旅游搜索引擎之一，整合了 440 家国内外旅游网站上包括数百条航线、158 000 家酒店在内的查询结果，支持 11 种语言版本，并于 2007 年 12 月以 2 亿美元收购了其最大的竞争对手 Sidestep。我国自 2005 年 3 月出现第一家旅游搜索引擎“去哪儿”以来，先后出现了近 10 家以旅游产品及相关信息为主题的专业搜索网站。最初以机票搜索为主，后来延伸到酒店及旅游线路、景点、游记等其他相关信息的搜索，有专注于机票搜索的“飞友网”，重在游记日志查询的“uuSpark”，也有综合类的“搜比”“e 游天下”等。

购物搜索引擎能够比较来自于不同的购物网站的价格，这样当用户检索某个商品时，所有销售该商品的网站上的产品记录都会被检索出来，用户可以根据产品价格、对网站的信任和偏好等因素进入所选择的购物网站购买产品。对于知名度不是很高的网上零售商，通过购物搜索引擎，不仅增加了被用户发现的机会，如果在评比上有较好的排名，也有助于增加顾客的信任。以 BizRate 为例，用户不仅可以用多种方式进行检索，如产品名称、品牌名、网站名称等，用户还可以对产品进行评比，发表自己的意见，这些信息也可以被别的用户参考。因此，当用户使用购物搜索引擎检索商品时，可以获得比较丰富的信息，对制定商品购买决策有较大的参考价值。国内知名的购物搜索引擎有聪明点、51 比价网、省省比较网、帮 5 买等，国外知名的购物搜索引擎有 froogle、BizRate 等。

电影/视频搜索引擎是汇集在线视频分享网站的视频索引资源而建立的。

百度视频搜索在内容、用户体验、页面等方面占据优势，在国内视频搜索引擎占据头一把交椅。谷歌视频有热门、幽默、娱乐、体育、音乐盒动画六大栏目，并对当天 100 大视频进行排名。

图片搜索引擎是凭着一张现有图片找出它的原始图片，或者是凭着一张小的缩略图找出原始大图，实现以图找图，以图搜图，以图片搜索相似的图片。例如 Google 实验室的图片搜索：输入一个关键词后，例如“lake”，在返回的页面里面点击某个图片下面的 Similar images，运用 Google 类似的图片搜索功能引擎，就可以将类似的图片全部搜索出来，展示给用户查看，其准确率、相似率相对比较高。

2.3.3　专门学科的搜索引擎

CiteSeer^{x}引文搜索引擎是一个可免费获得国外计算机科学论文全文的权威检索网站，由美国普林斯顿大学 NEC 研究院研制开发。其内容主要涉及计算机和信息科学领域，主题包括智能代理、人工智能、硬件、软件工程、数据压缩、人机交互、操作系统、数据库、信息检索、网络技术、机器学习等。

CiteSeer^{x}检索方法：启动 IE 浏览器，在地址栏输入 http：//citeSeerx. ist. psu. edu/cis，然后回车，即可打开 CiteSeer^{x}检索界面。CiteSeer^{x}的检索界面简洁清晰，默认为文献检索界面。如果要搜索某一特定作者的学术论文，选择“Authors”标签进入作者检索界面。若选择“Include Citations”可选项，则搜索范围不但包括 CiteSeer^{x}的学术文献全文数据库，还包括数据库中每篇论文的参考文献。

CiteSeer^{x}的检索首页只有一个检索框，默认为对篇名、作者、摘要、文本内容进行检索。CiteSeer^{x}还支持高级检索，点击“Advanced Search”进入高级检索界面，可以看到 CiteSeer^{x}支持以下检索字段的逻辑“与”运算：篇名、作者、作者单位、期刊或会议录名称、出版年、文摘、关键词、文本内容以及用户为论文定义的标签(Tag)。当然也可以在首页的单一检索框自行构造组合检索式，如 Author：(j kleinberg)、AND venue：(journal of the acm)。

CiteSeer^{x}支持布尔逻辑运算。逻辑组合查询的语法有逻辑与(and)、逻辑或(or)、无逻辑非(not)。逻辑算符不区分大小写，如要查找 Kleinberg 或 bollacker 的论文，则在检索框中录入“Kleinberg or bollacker”。需要注意的是：逻辑“或”只在检索首页的单一检索框适用，高级检索界面的各组合检索框之间为逻辑“与”关系。

CiteSeer^{x}支持邻近词运算匹配，邻近距离默认为一个单词。多个关键词之间有空格的作为词组或邻近词运算匹配。如输入"Virtual computer"，可检出包含"Virtual computer"或"Computer virtual"的文献。

CiteSeer^{x}不支持词组的精确匹配，这样处理对查出同一作者姓名的不同拼写有利。例如 J. R. Quinlan 和 Quinlan，J. R. 的拼法，若用精确匹配只能检出一个，若用亲近匹配则两个都能检出；再如，要检索"Jon Kleinberg"的文章，如果检索词为全名"Jon Kleinberg"，则不能得到所有该作者的论文，只有那些名字"Jon"未经缩写的作者的文章能够被检出。在作者检索中，只用姓或者名字缩写加姓进行检索，能使检索结果更全面。例如用检索词"J. Kleinberg"，CiteSeer^{x}的作者索引将扩展该检索式得到"Jon Kleinberg"和"Jon M Kleinberg"的文章。

CiteSeer^{x}查询时，词干法有效，而通配符语法是无效的。如录入关键词"Programme"，可检出含"Programme""Programming""Programmed"和"Programms"的文献。

CiteSeer^{x}支持位置算符，书写格式为 w/n，n = 词间相连数值。如输入 virtual w/3 computer，表示 2 个词中间允许出现 3 个或 3 个以内的单词或符号。

利用 CiteSeer^{x}查询时，遵循检索词大小写无差别原则，如输入检索词"bollacker""Bollacker"或"bolLackEr"，将返回同样的检索结果。

在 CiteSeer^{x}中检索完整字句，需用双引号，如"3D computer vision"。

若输入检索式后，CiteSeer^{x}搜索结果为零，无论何种原因，系统会自动给出检索建议和几种新检索式的链接供检索者选择。

在高级检索界面还可以对检索范围和检索结果排序规则作出规定。比如可对文献发表时间、文献引文的最小数目等作出限定，这样发表时间超出范围或引文数少于规定数目的文章将不被检出。排序规则包括被引次数、相关性和标引日期。

2.3.4 学术搜索引擎

1. 谷歌学术搜索

作为 Google 公司专门为科研人员开发的搜索引擎，谷歌学术搜索(Google Scholar)为全球用户提供丰富的学术资源搜索服务，囊括来自于学术出版商、专业学会、高等院校、图书馆以及其他学术机构的，涉及各学科领域的图书、同行评议的期刊论文、学位论文、论文预印本、技术报告等学术资源。

1) Google Scholar 专业检索

Google 学术搜索的应用范围较广，对于多数学者，主要应用于查找与研究项目相关的文献，获取项目的最新研究进展，为科研项目的基本思路及实验方法提供参考。因此，主要强调布尔逻辑运算符在 Google 学术搜索的关键词检索中的应用技巧，这些技巧包括关键词精确检索、逻辑或组配检索、逻辑与组配检索。下面一一论述其使用方法。

关键词精确检索的方法。例如，以“外来入侵植物对土壤微生物群落影响”为例，在搜索栏中输入：“外来入侵植物”(“Exotic invasive plants”)，检索到相关文献 705(630)项，耗时 0.06(0.09)s。如果对关键词：外来入侵植物(Exotic invasive plants)不加双引号，字段则可以分开检索，相当于检索“外来 AND 入侵 AND 植物”(“Exotic AND invasive AND plants”)，检索结果则急剧增加 3 456(78 366)项，耗时 6.86(6.96)s。因此，当检索关键词为固定词组且 Google 学术搜索结果过多时，使用精确检索。

逻辑或组配检索。在检索时，应根据关键词是否存在同义词或近义词，对关键词进行扩展和补充，避免遗漏相关研究文献。例如，在有些外文文献中“alien invasive plants”也翻译为外来入侵植物。因此，在搜索栏中输入检索提问式“外来入侵植物”(或“Exotic invasive plants” OR “alien invasive plants”)，检索到 559(2 000)项相关文献。假设检索结果还是太少，可以继续修正检索式，在检索框中同时输入“外来植物”OR“入侵植物”(“invasive plants”OR “Exotic plants”)，检索结果为 1 780(17 100)项相关文献，耗时 0.08(0.11)s。

逻辑与组配检索。如果 Google 学术搜索检索出的结果太多，且含有很多与研究课题不相关的文献信息，就在检索框中输入：(“外来植物”OR“入侵植物”)AND“微生物群落”((“invasive plants” OR“Exotic plants”)AND“Microbial community”)，检索到 54(675)项，耗时 0.08(0.02)s。然后，从检索结果中挑选与科研课题相关的文献，如果检索结果较多，读者可按需要再次进行逻辑与组配检索。

2)Google Scholar 高级检索

除 Google 学术搜索的关键词检索外，科研工作者也可以根据作者姓名、出版物名称及出版日期，通过高级检索进行文献查询。下面列举作者检索、出版物与出版日期检索的方法。

作者检索。国外文献作者姓名多用简称，姓氏用全称、名简写。在查找外文文献时，输入的作者名要注意使用名的首字母。例如，如果要检索物理学家史蒂芬·威廉·霍金(Stephen William Hawking)的文献，输入“SW Hawking”，而不是“Stephen William Hawking”。如果输入后者，会漏检很多文献。

出版物与出版日期检索。一本杂志名称可能会用多种方式进行拼写，例如

Journal of Biological Chemistry，经常被简写为“J Biol Chem”。仅仅一种拼写方式很容易造成检索结果遗漏，为了得到全面的搜索信息，需要尝试用同一出版物的几种不同拼写方法。以 *Knowledge and Information Systems* 一刊为例，除输入全称外，还需输入“knowl. inf. syst.”。在寻找某一特定领域的最新刊物时，日期限制搜索可能会比较实用。如有些网站资源没有标注出版日期，而日期限制不能搜索到 Google 学术搜索不能辨别的出版日期文章。如果通过日期限制搜索没能找到，就可尝试不加日期限制进行搜索。

3) Google Scholar 检索结果

Google 学术搜索按相关性对搜索结果进行排序，并将最相关的参考信息显示在页面顶部，结果排名会综合考虑每篇文章的完整性、作者、刊登出版物及他引频率。另外，搜索结果也包括以下链接：一是标题，链接到文章摘要或整篇文章；二是引用者，提供引用该组文章的其他论文，但与专业引文数据库相比，其提供的引文信息不够完全、不够准确；三是相关文章，查找与本组文章类似的其他论文；四是在线图书馆链接，通过已建立联属关系的图书馆资源找到该项成果的电子版本，登录后将自动显示这些链接；五是同组文章，查找可能看到的同属这组学术研究成果的其他文章，可能是初始版本，其中有预印本、摘要、会议论文或其他改写本。

综上所述，Google Scholar 可以帮助研究人员了解各个领域的研究成果与最新进展。Google Scholar 作为一个面向多学科的学术资源引擎，继承了 Google 简单实用的风格和搜索技术，将互联网搜索工具专门用于学术研究领域，而且完全免费，在检索专业文献方面有独特的优势。

2. Microsoft Academic Search

微软学术搜索(Microsoft Academic Search)是由微软研究院开发的免费学术搜索引擎。该学术搜索对检索结果的排序基于两个因素：一是检索词的相关度，二是检索对象在世界范围内的影响力。检索词的相关度通过其属性计算得出，检索对象在世界范围内的影响力根据它与其他对象的关系计算得出。目前正在使用的微软学术搜索是在旧版的基础上进行了一定程度的优化。一些功能被进行了整合，例如高级检索功能被整合到了自动建议功能中；而另一些功能则被删除，比如反映作者学术水平的 H 指数和 G 指数，以及学术研究发展趋势图等。在检索范围上，微软学术搜索索引全球学术数据库资源，主要以英文文献为主，中文文献正在不断丰富中。

1) 检索方式

微软学术搜索采用全新的语义搜索技术，通过自动提示和高级过滤来获取更加精准的检索结果。例如：当我们在检索框中输入"data"时，在下拉列表中则会出现如下词组：data mining、data analysis、data center、data type 等。所获得的检索结果可以通过检索界面左侧的标签栏进行进一步的筛选，可以从时间、作者、机构、领域、期刊和会议这几个方面进行筛选。

微软学术搜索没有单独的高级检索框，但是仍然具有高级检索功能。用户要想使用高级检索功能，只需要利用检索语法在检索框中输入"papers+介词+搜索内容"。例如我们可以在检索框中输入："papers by Wu Jun""papers about information retrieve""papers in nature""papers at Wuhan University""papers from 2015"等。上述语法还可以一次性综合使用，如"papers by Wu Jun about information retrieve from 2015"。

2)检索结果

检索结果默认的排序方式为"相关度"排序，即按照所检索出来的文献与用户检索要求的相关性来进行排序，也可以自己选择"时间"或者"被引次数"进行排序。对于每条检索结果的显示还可以通过检索界面左上方的"高级"选项选择压缩、常规和扩展三种方式进行显示。压缩显示只会显示该文献的发表日期、期刊和作者；常规显示相比压缩显示会提供文献所在期刊的期、卷和页码以及文献的关键词；扩展显示相比常规显示则会提供更多的作者信息和关键词。在检索界面的右侧则会显示检索词所在领域的出版物数量、引文数量、核心期刊、子学科等。

在检索结果列表界面中，每条检索结果的右下方都会有获取该文献的途径。大部分检索结果都可以通过 PDF 格式直接浏览全文，并提供下载。对于没有全文的文献，则会提供全文获取链接。

本章习题

1. 利用百度高级检索的功能，检索近一年来题名中含有信息素养的网页文本，且格式为 PDF 的英文文献。

2. 利用旅游搜索引擎"去哪儿"制定春节期间从湖北武汉出发到美国纽约的旅行计划，包括机票、酒店、旅游线路、景点及相关游记，请描述详细过程。

3. 利用 CiteSeer^{x}引文搜索引擎查找近三年美国麻省理工学院在计算机机器学习领域发表的相关文献。

4. 利用 Google Scholar 高级检索功能查找 2014 年诺贝尔化学奖得主威廉

姆·艾斯科·莫尔纳尔(William Esco Moerner)在单分子光谱和荧光光谱领域发表的文献。

5. 利用微软学术搜索查找近三年关于禽流感方面的文献，并将检索结果发送到你的电子邮箱。

第3章　国内常用数据库及其检索

3.1　实验目的与要求

(1)了解中国知网、维普、万方收录文献的学科特点。

(2)掌握中国知网、维普、万方检索的方法。

(3)掌握中国知网、维普、万方学术新特性。

3.2　实 验 内 容

(1)中国知网的一框检索、高级检索、专业检索、文献知识节点、新学术功能。

(2)维普的五大功能模块：期刊文献检索、文献引证追踪、快速获取主题线索、科学指标分析、高被引析出文献；以及三种重点检索方式：基本检索、传统检索、高级检索，会使用期刊检索模式等。

(3)万方数据库的普通检索、高级检索、专业检索功能；对检索结果二次检索和分析；万方数据库的知识脉络分析以及专利分析。

3.3　实验操作指导

本实验包括三个部分：中国知网数据库使用、维普数据库使用、万方数据库使用。

3.3.1 中国知网

中国知网(China National Knowledge Infrastructure，简称 CNKI)是中国学术期刊电子杂志社、同方知网(北京)技术有限公司共同创办的网络出版平台。中国知网知识发现网络平台面向海内外读者提供中国学术文献、外文文献、学位论文、报纸、会议、年鉴、工具书等各类资源统一检索、统一导航、在线阅读和下载服务。涵盖基础科学、文史哲、工程科技、社会科学、农业、经济与管理科学、医药卫生、信息科技等十大领域。建立了包括中国学术期刊网络出版总库、中国博士学位论文全文数据库、中国优秀硕士学位论文全文数据库、中国重要会议论文全文数据库、中国重要报纸全文数据库、中国年鉴网络出版总库、中国标准数据总库等在内的中国知识资源总库(China Integrated Knowledge Resources Database)。

1. 数据库检索方法

中国知网提供了多样化的检索方式，其中一框检索、高级检索、专业检索是本节重点。此外，数据库还包括外文文献、专利、标准、图片等其他检索类型。

1)一框检索

通过一框检索可以进行多种题名限定，如全文、主题、关键词等；也可以进行多种数据库切换，如文献、期刊、会议、报纸、外文文献等；同样也可以进行多种文献分类选择，如基础科学、农业科技、哲学与人文科学等，方便选择想要查找领域的文献。

下面我们结合具体案例来学习，检索图书馆学分类下以“信息检索”为主题的文献。

首先在文献全部分类中选择信息科技——图书馆学、图书馆事业分类；然后在字段分类中选择“主题”分类并在检索框中输入“信息检索”；最后，点击检索按钮。检索过程和结果分别见图 3-1 和图 3-2。

知网一框检索，可以根据所要查找信息的类别，随意切换，方便简洁；如果想同时查找某几个数据库中的资料，我们只需要在跨库检索中，勾选需要检索的数据库，就可以进行组合检索，大大减少了检索的繁杂度，见图 3-3。

2)高级检索

高级检索中的专业名词请参看表 3-1。

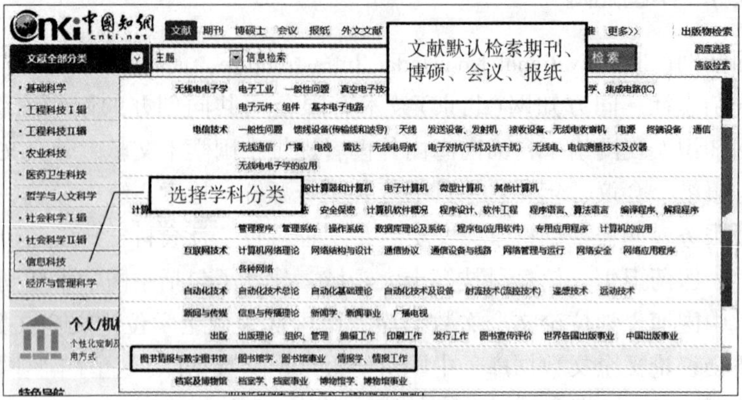

图 3-1　中国知网检索界面

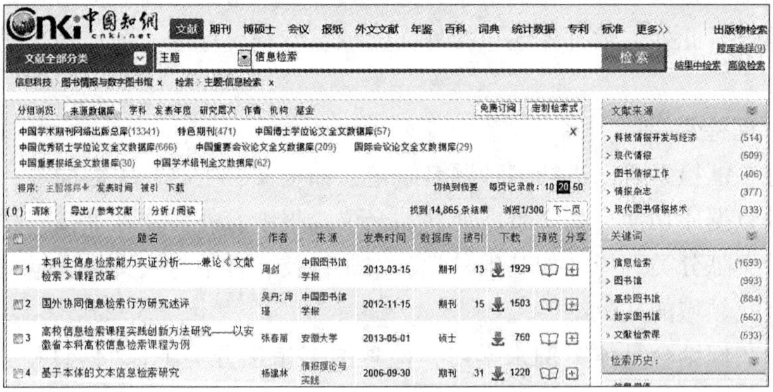

图 3-2　一框检索案例

图 3-3　跨库检索

表 3-1 **高级检索专业名词**

逻辑运算符	所有检索项按“并且(并含)”“或者(或含)”“不包含(不含)”三种逻辑关系进行组合检索；这三种逻辑关系的优先级相同，即按先后顺序进行组合。
词频	指检索词在相应检索项中出现的频次。词频为空，表示至少出现 1 次，如果为数字，例如 3，则表示至少出现 3 次。以此类推。
字段	在 CNKI 数据库中，题名、关键词、摘要、参考文献、全文等检索项按词检索。
控制条件	可按时间、来源、基金、作者及作者单位进行检索。
匹配	精确检索与模糊检索。
精确检索	检索结果中包含检索词的原形。
模糊检索	检索结果中包含检索词中所含各词素。模糊检索只在同段落检索。

高级检索的方式和结果见图 3-4。

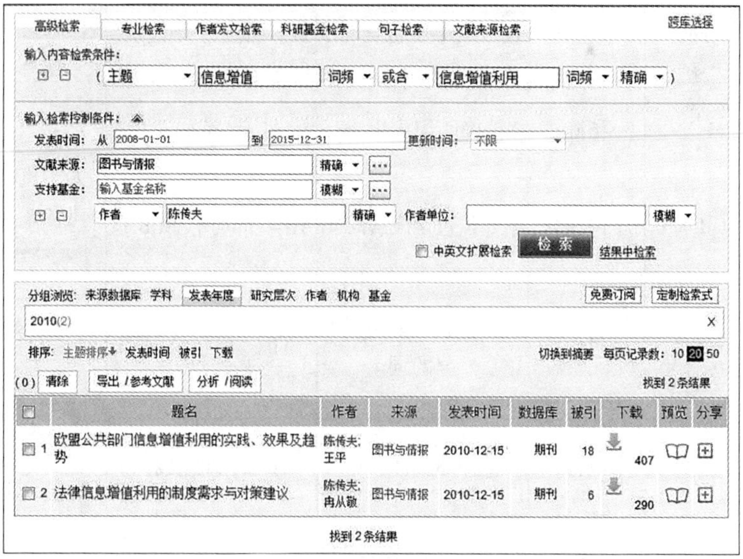

图 3-4 高级检索案例

3) 专业检索

专业检索是所有检索方式里面比较复杂的一种检索方法。需要用户自己输入检索式来检索，并且确保所输入的检索式语法正确，这样才能检索到想要的结果。

跨库专业检索支持对以下检索项的检索：SU=主题，TI=题名，KY=关键词，AB=摘要，FT=全文，AU=作者，FI=第一责任人，AF=机构，JN=文献来源，RF=参考文献，YE=年，FU=基金，CLC=中图分类号，SN=ISSN，CN=统一刊号，IB=ISBN，CF=被引频次。

可使用运算符说明，如表 3-2 所示。

表 3-2　**专业检索运算符说明表**

<table>
<tr><th>运算符</th><th>检索功能</th><th>检索含义</th><th>举例</th><th>适用检索项</th></tr>
<tr><td>=‘str1’*‘str2’</td><td>并且包含</td><td>包含 str1 和 str2</td><td>TI=‘信息’*‘检索’</td><td rowspan="3">所有检索项</td></tr>
<tr><td>=‘str1’+‘str2’</td><td>或者包含</td><td>包含 str1 或者 str2</td><td>TI=‘信息’+‘检索’</td></tr>
<tr><td>=‘str1’-‘str2’</td><td>不包含</td><td>包含 str1 不包含 str2</td><td>TI=‘信息’-‘检索’</td></tr>
<tr><td>=‘str’</td><td>精确</td><td>精确匹配词串 str</td><td>AU=‘黄如花’</td><td rowspan="2">作者、第一责任人、机构、中文刊名 & 英文刊名</td></tr>
<tr><td>=‘str /SUB N’</td><td>序位包含</td><td>第 n 位包含检索词 str</td><td>AU=‘邱均平/SUB 1’</td></tr>
<tr><td>%‘str’</td><td>包含</td><td>包含词 str 或 str 切分的词</td><td>TI%‘信息检索’</td><td rowspan="3">全文、主题、题名、关键词、摘要、中图分类号</td></tr>
<tr><td>=‘str’</td><td>包含</td><td>包含检索词 str</td><td>TI=‘信息检索’</td></tr>
<tr><td>=‘str1/SEN N str2’</td><td colspan="2">同段，按次序出现，间隔小于 N 句</td><td>FT=‘信息 /SEN 0 检索’</td></tr>
</table>

续表

运 算 符	检索功能	检 索 含 义	举　　例	适用检索项
='str1/NEAR N str2'	同句，间隔小于 N 个词		AB='信息 /NEAR 5 检索'	主题、题名、关键词、摘要、中图分类号
='str1/PREV N str2'	同句，按词序出现，间隔小于 N 个词		AB='信息 /PREV 5 检索'	
='str1/AFT N str2'	同句，按词序出现，间隔大于 N 个词		AB='信息 /AFT 5 检索'	
='str1/PEG N str2'	全文，词间隔小于 N 段		AB='信息 /PEG 5 检索'	
='str $ N'	检索词出现 N 次		TI='信息 $ 2'	
BETWEEN	年度阶段查询		YE BETWEEN ('2000','2013')	年、发表时间、学位年度、更新日期

需要注意的是，所有符号和英文字母，都必须使用英文半角字符；逻辑关系符号(与(AND)、或(OR)非(NOT))前后要空一个字节；使用"同句""同段""词频"时，需用一组西文单引号将多个检索词及其运算符括起。

下面我们通过具体案例来学习，例：要求检索黄如花以武汉大学为机构发表的题名或摘要中包含"信息检索"的文章。

检索式：AU =黄如花 and(AF =武汉大学)AND(TI =信息检索 or AB =信息检索)

检索过程与结果分别如图 3-5 和图 3-6 所示。

2. CNKI 检索的排序和分组

学会使用不同的排序和分组，可以简化检索过程，精化检索结果。

1)分组排序

可以将检索结果进行分组排序，方便找到我们最需要的文章。包括六种分组方式(学科、发表年度、基金、研究层次、作者、机构)，四种排序方式(主题排序、发表时间、被引次数、下载次数)，以图 3-7 为例。

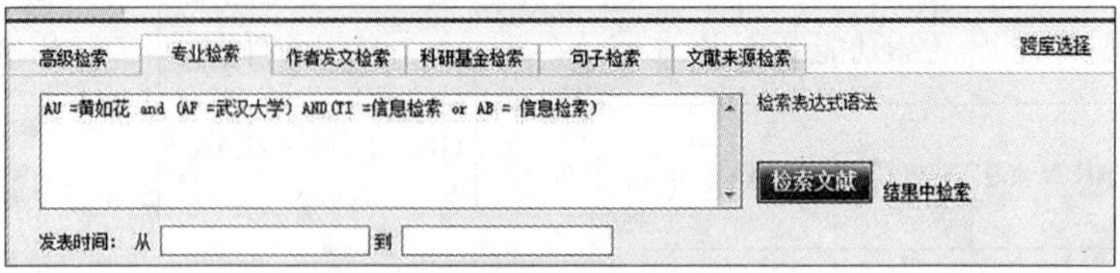

图 3-5　专业检索检索式示例

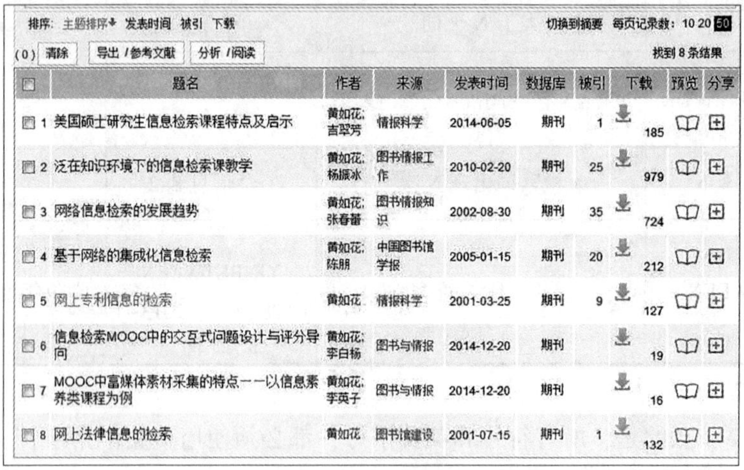

	题名	作者	来源	发表时间	数据库	被引	下载	预览	分享
1	美国硕士研究生信息检索课程特点及启示	黄如花;吉翠芳	情报科学	2014-06-05	期刊	1	185		
2	泛在知识环境下的信息检索课教学	黄如花;杨振冰	图书情报工作	2010-02-20	期刊	25	979		
3	网络信息检索的发展趋势	黄如花;张春蕾	图书情报知识	2002-08-30	期刊	35	724		
4	基于网络的集成化信息检索	黄如花;陈朋	中国图书馆学报	2005-01-15	期刊	20	212		
5	网上专利信息的检索	黄如花	情报科学	2001-03-25	期刊	9	127		
6	信息检索MOOC中的交互式问题设计与评分导向	黄如花;李白杨	图书与情报	2014-12-20	期刊		19		
7	MOOC中富媒体素材采集的特点——以信息素养类课程为例	黄如花;李英子	图书与情报	2014-12-20	期刊		16		
8	网上法律信息的检索	黄如花	图书馆建设	2001-07-15	期刊	1	132		

图 3-6　专业检索结果

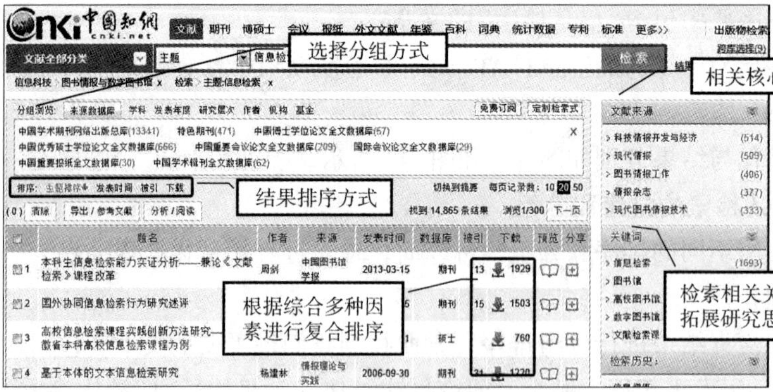

图 3-7　分组排序

2)复合排序

根据综合多种因素：下载量、引用率、时间、页数、影响因子进行排序、清洗。去除相关度低的文献，第一页显示则为价值量高的信息。

3)文献来源分组

查看主题相关核心期刊，按照发表相关期刊数量排列。

4)关键词

查看和主题相关的关键词，可以拓展研究主题宽度和思路。

3. CNKI 的文献知网节

1)文献知网节的说明

提供单篇文献的详细信息和扩展信息浏览的页面被称为“知网节”。它不仅包含了单篇文献的详细信息，还是各种扩展信息的入口汇集点。

节点文献信息包括：篇名(中文/英文)、下载阅读方式、作者、导师、作者基本信息、摘要(中文/英文)、关键词(中文/英文)、文内图片、网络出版投稿人、网络出版年期、分类号、被引频次、下载频次、攻读期成果、节点文献全文快照搜索、知网节下载。不同类型的知网节包含的信息不同。

“本文链接的文献网络图示”中包含本文的引文网络、本文的其他相关文献两部分，并以图形形式显示出来。引文网络部分包括：二级参考文献、参考文献、引证文献、二级引证文献、共引文献、同被引文献。

2)各类文献的含义

【参考文献】反映本文研究工作的背景和依据。

【二级参考文献】本文参考文献的参考文献。进一步反映本文研究工作的背景和依据。

【引证文献】引用本文的文献。本文研究工作的继续、应用、发展或评价。

【二级引证文献】本文引证文献的引证文献。更进一步反映本研究的继续、发展或评价。

【共引文献】与本文有相同参考文献的文献，与本文有共同研究背景或依据。

【同被引文献】与本文同时被作为参考文献引用的文献。

下面以图 3-8 和图 3-9 论文为例，示范文献知网节的使用方法。

图 3-10 列举了该论文的相似文献。

4. CNKI 新学术功能

新版中国知网具有以下新特性：一框式检索；智能输入提示；CNKI 指数分析；智能检索/智能排序；文献分析；订阅推送；多次查询结果一次性存盘

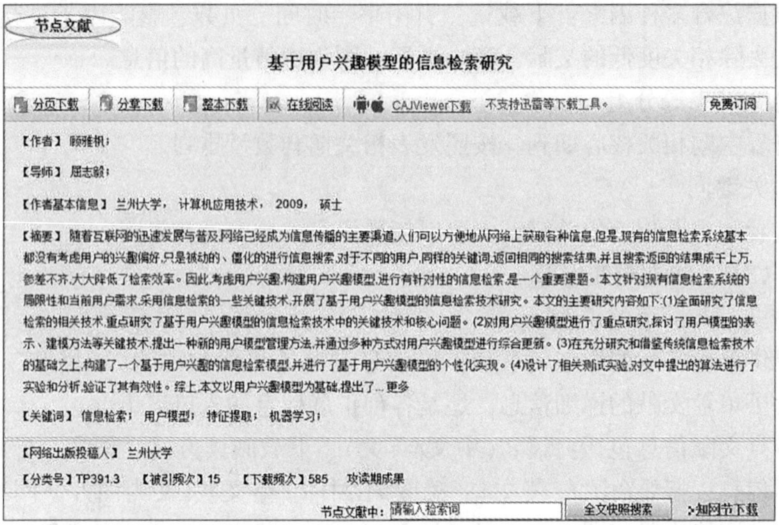

图 3-8　知网节论文

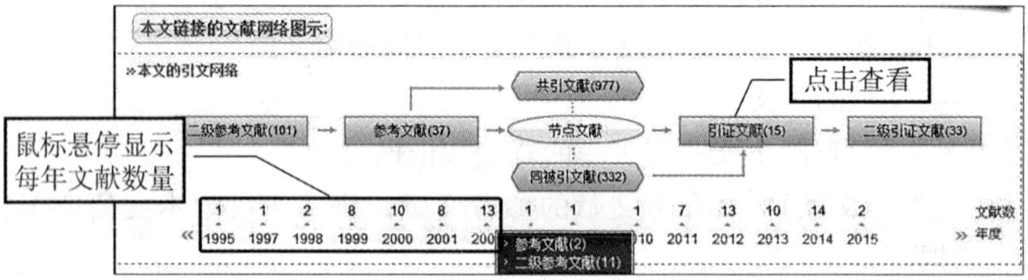

图 3-9　论文引文网络相关情况

导出；平面式分类导航；个性资源分类导航；在线阅读/组合在线阅读；跨平台文献分享。

以下将重点介绍 CNKI 指数分析和文献分析功能。

1) CNKI 指数分析

CNKI 指数多维度分析，有助于我们在选题调研及写作的过程中，来判断所研究主题目前的发展态势以及热点信息。

关注度指数涉及以下几个方面：

学术关注度：篇名包含此关键词的文献发文量趋势统计。

媒体关注度：篇名包含此关键词的报纸文献发文量趋势统计。

【引证文献】 说明：引用本文的文献。本文研究工作的继续、应用、发展或评价

全部

中国学术期刊网络出版总库 共找到 4条

[1] 宋艳娟,陈振标. 个性化检索系统中用户兴趣模型的研究[J]. 计算机与数字工程. 2013(02)

[2] 孙雅欣,王琳琳,董凯. 交互式数字参考咨询的用户模型[J]. 中华医学图书情报杂志. 2012(09)

[3] 熊回香,陈姗,许颖颖. 基于Web 3.0的个性化信息聚合技术研究[J]. 情报理论与实践. 2011(08)

[4] 赵全东,王芳,任力生. 农业智能问答系统中的用户偏好研究[J]. 河北农业大学学报. 2011(01)

中国优秀硕士学位论文全文数据库 共找到 11条 更多

[1] 张荣. 基于关联规则的用户兴趣模型的研究与应用[D]. 武汉理工大学 2013

[2] 陈林林. 移动学习中学习者偏好模型研究[D]. 华中师范大学 2013

[3] 蔺静. 基于用户兴趣度及距离双重约束的LOD模型调用算法研究[D]. 燕山大学 2012

[4] 袁方. 基于改进PageRank算法的个性化搜索的研究[D]. 北京邮电大学 2012

[5] 翟姗姗. 基于用户兴趣聚类的电子政务信息资源整合研究[D]. 华中师范大学 2011

[6] 孙在全. 基于用户认知的信息检索研究[D]. 郑州大学 2011

[7] 白瑾. 基于群体特性的搜索方法研究[D]. 武汉理工大学 2011

[8] 陈艳霙. 基于用户兴趣模型的校园网搜索引擎设计与应用[D]. 云南大学 2010

[9] 赵全东. 农业智能问答系统中的用户偏好研究[D]. 河北农业大学 2011

[10] 彭耶萍. 基于WEB的智能化信息检索系统研究[D]. 中南大学 2009

图 3-10 相似文献

学术传播度：篇名包含此关键词的文献的被引量趋势统计。

用户关注度：篇名包含此关键词的文献的用户下载量趋势统计。

学术关注度实例见图 3-11；热点文献见图 3-12；学科分布界面图见图 3-13。

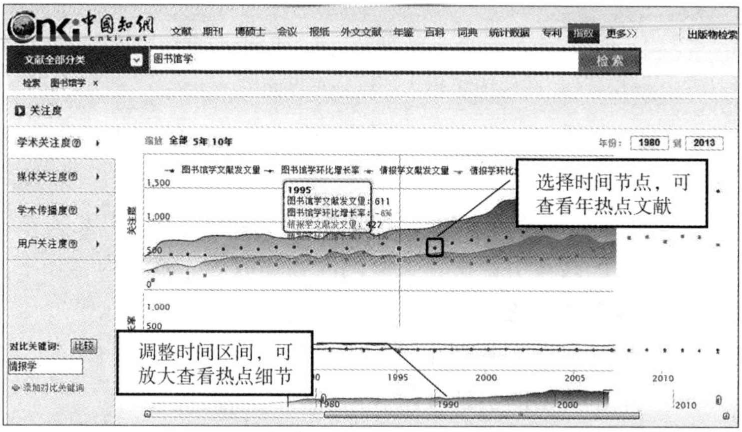

图 3-11 图书馆学学术关注度示例

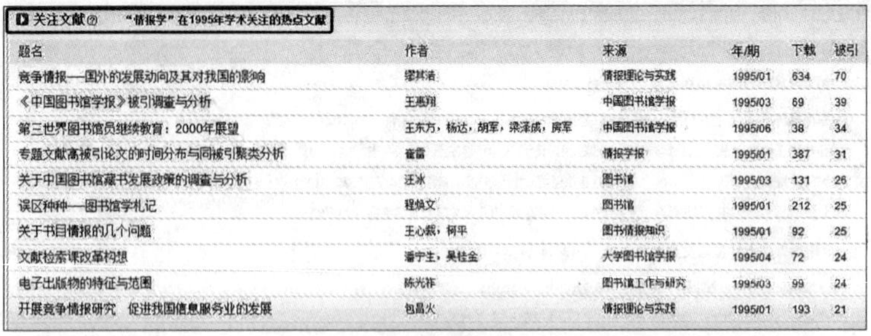

关注文献　“情报学”在1995年学术关注的热点文献

题名	作者	来源	年/期	下载	被引
竞争情报—国外的发展动向及其对我国的影响	缪其浩	情报理论与实践	1995/01	634	70
《中国图书馆学报》被引调查与分析	王惠翔	中国图书馆学报	1995/03	69	39
第三世界图书馆员继续教育：2000年展望	王东方，杨达，胡军，梁泽成，房军	中国图书馆学报	1995/06	38	34
专题文献高被引论文的时间分布与同被引聚类分析	崔雷	情报学报	1995/01	387	31
关于中国图书馆藏书发展政策的调查与分析	汪冰	图书馆	1995/03	131	26
误区种种—图书馆学札记	程焕文	图书馆	1995/01	212	25
关于书目情报的几个问题	王心裁，柯平	图书情报知识	1995/01	92	25
文献检索课改革构想	潘宁生，吴桂金	大学图书馆学报	1995/04	72	24
电子出版物的特征与范围	陈光祚	图书馆工作与研究	1995/03	99	24
开展竞争情报研究　促进我国信息服务业的发展	包昌火	情报理论与实践	1995/01	193	21

图 3-12　1995 年热点文献

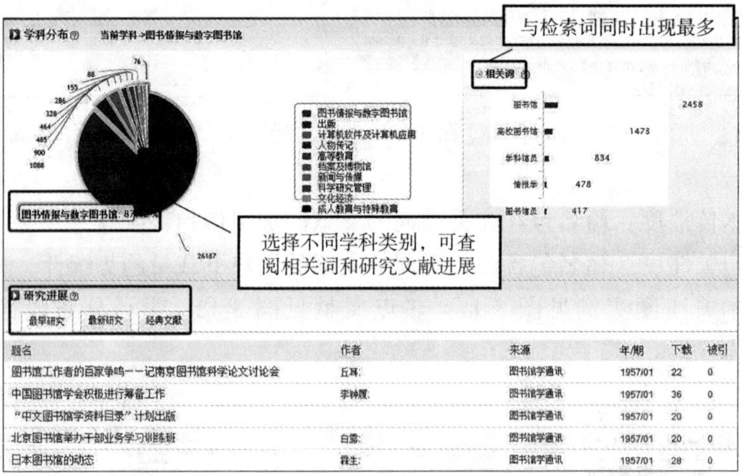

题名	作者	来源	年/期	下载	被引
图书馆工作者的百家争鸣——记南京图书馆科学论文讨论会	丘耳;	图书馆学通讯	1957/01	22	0
中国图书馆学会积极进行筹备工作	李钟履;	图书馆学通讯	1957/01	36	0
“中文图书馆学资料目录”计划出版		图书馆学通讯	1957/01	20	0
北京图书馆举办干部业务学习训练班	白露;	图书馆学通讯	1957/01	20	0
日本图书馆的动态	霖生;	图书馆学通讯	1957/01	28	0

图 3-13　学科分布界面图

2) CNKI 文献分析

CNKI 的分析可查看多篇文献之间的关系，实现形象化引文关系网络，参考、引证分析，引证共被引分析，关键词高频提取等。具体内容如下：

文献分析：本组文献的参考文献及出现频次。

文献共引分析：本组文献有相同参考文献的文献分组。

引证文献：本组文献的引证文献及出现频次。

关键词文献：本组文献中高频关键词，数字表现关键词在本组文献中出现的次数。

读者推荐分析：本组文献相关的读者推荐文献。

H 指数分析：本组文献中至少有 H 篇文献被引用 H 次以上。

文献分布分析：本组文献分布情况。

图 3-14 为查找主题为“信息检索”的文献，按照被引排序的结果。选择前三篇文献，勾中选择分析/阅读，点击分析，如图 3-15、3-16 所示。

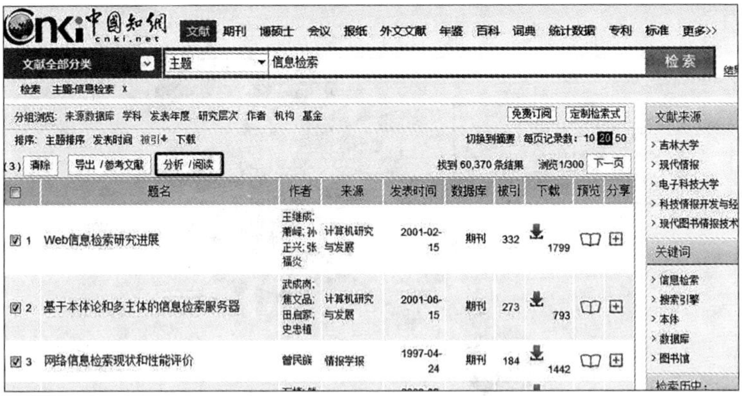

图 3-14　查找并勾选文献

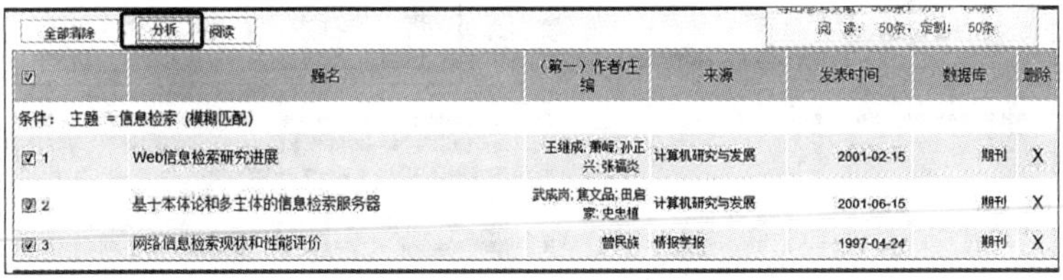

图 3-15　点选“分析”选项

图 3-17 为文献共引分析情况，图 3-18 为 H 指数分析图。

3.3.2　维普资讯网

维普资讯网是重庆维普资讯有限公司建立的网站，该公司是中文期刊数据库建设事业的奠基人。维普网建立于 2000 年，经过 13 年的商业建设，已经成为全球著名的中文信息服务网站，是中国最大的综合性文献服务网，并成为 Google 搜索的重量级合作伙伴，是 Google Scholar 最大的中文内容合作网站。目前维普资讯网的注册用户数超过 500 万，累计为读者提供了超过 5 亿篇次的文章阅读服务。

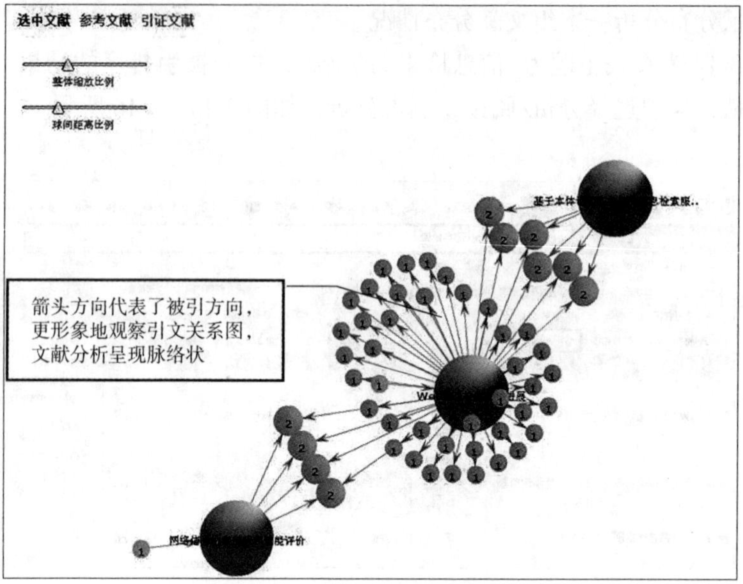

图 3-16　脉络图

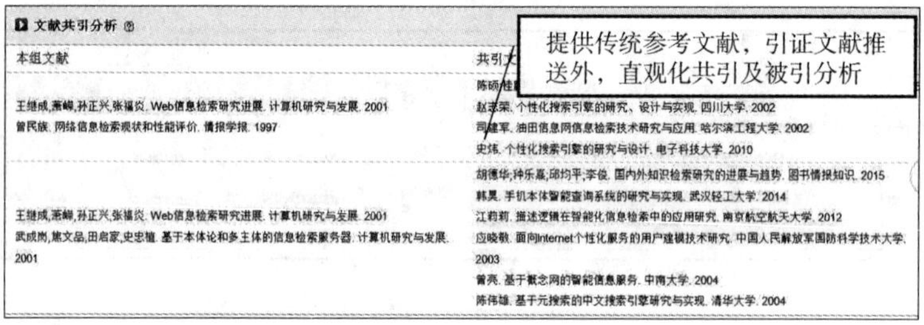

图 3-17　文献共引情况

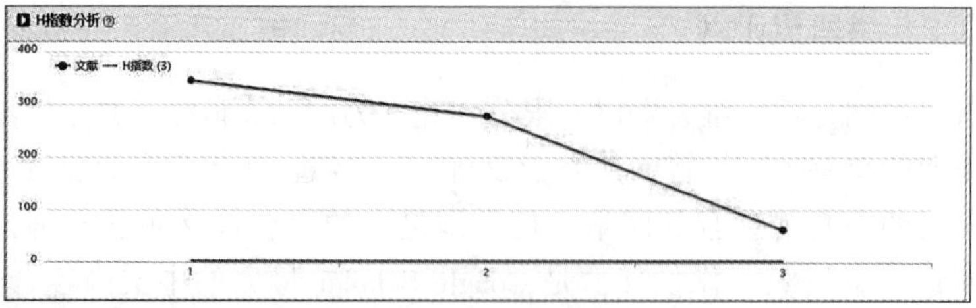

图 3-18　H 指数分析

其主导产品《中文科技期刊数据库》是我国数字图书馆建设的核心资源之一，涉及期刊种数 12 000 余种，核心期刊种数 1 957 种，文献总量达到 4 000 余万篇，所有期刊回溯年限至 1989 年，部分期刊回溯至 1955 年。学科范围包括：社会科学、自然科学、工程技术、农业科学、医药卫生、经济管理、教育科学和图书情报。

《中文科技期刊数据库》目前已经成为中国最大的综合文献数据库，该库自推出就受到国内图书情报界的广泛关注和普遍赞誉，目前已拥有包括港澳台地区在内 2 000 余家固定单位用户，是我国数字图书馆建设的核心资源之一，高校图书馆文献保障系统的重要组成部分，也是科研工作者进行科技查证和科技查新的必备数据库。

1. 文献检索模块

《中文科技期刊数据库》是我国最大的数字期刊数据库，该库受到国内图书情报界的广泛关注和普遍赞誉，目前已拥有包括港澳台地区在内 6 000 余家大型机构用户，是我国数字图书馆建设的核心资源之一，高校图书馆文献保障系统的重要组成部分，也是科研工作者进行科技查证和科技查新的必备数据库。

“期刊文献检索”功能下 5 种检索方式切换：基本检索、传统检索、高级检索、期刊导航、检索历史；对检索条件做时间、期刊、学科范围限制；包括任意字段、题名或关键词、题名、关键词、文摘、作者、第一作者、机构、刊名、分类号、参考文献、作者简介、基金资助、栏目信息 14 个检索入口；可增加或减少检索框，进行任意检索入口“与、或、非”的逻辑组配检索。

下面通过具体案例来学习检索方法：分别利用基本检索和传统检索，查找黄如花教授在 2010 年后发表于核心期刊上以“科学数据”为关键词的文章。

1) 基本检索

添加两个字段选择框，并分别选择“作者”——“黄如花”；“关键词”——“科学数据”；

选择检索控制条件，时间选择“2010”—“2015”；逻辑关系：“与”；范围选择“核心期刊”并点击检索；如图 3-19 所示。

2) 传统检索

传统检索使用专用的检索界面，检索功能非常丰富，可实现同义词索引功能防止漏检、同名作者功能缩小检索范围检索等特殊检索请求。

熟练的检索者能利用传统检索实现绝大部分检索需求，对查准率和查全率要求很高的检索者也能利用这种方式满足需求。

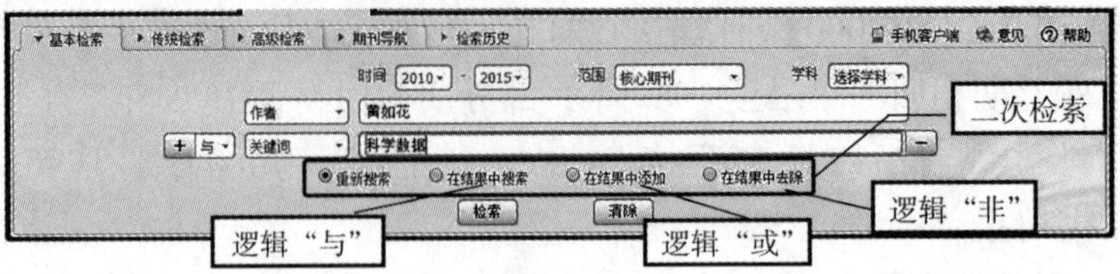

图 3-19　基本检索

第一种方法：直接输入检索式，见图 3-20。
选择检索控制条件，时间选择 2010—2015；
期刊范围选择“核心期刊”，匹配“精确”，并进行第一次检索：
在检索式框中输入：（K=科学数据）*（A=黄如花）。

图 3-20　检索步骤

第二种方法：进行二次检索，见图 3-21。
选择字段“K=关键词”，在检索式中输入“科学数据”；
选择检索控制条件，时间选择 2010—2015；

图 3-21　二次检索

期刊范围选择“核心期刊”，匹配“精确”，并进行第一次检索：
选择字段“A=作者”，在检索式输入“黄如花”，匹配“精确”，见图 3-22。

图 3-22　精确检索

选择关系“与”，点击二次检索，结果如图 3-23 所示。

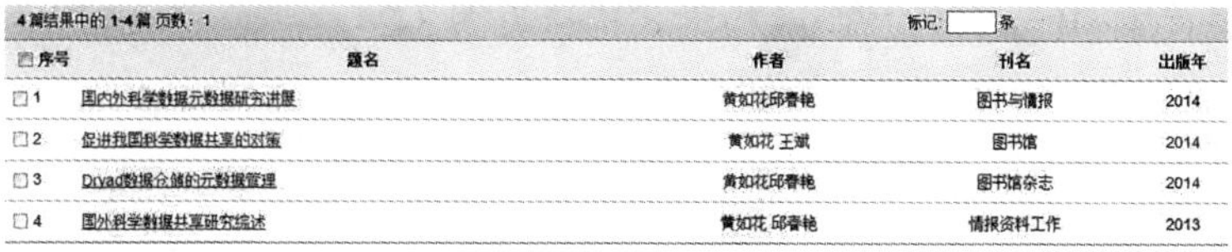
4篇结果中的 1-4篇 页数：1　　标记：条

序号	题名	作者	刊名	出版年
1	国内外科学数据元数据研究进展	黄如花 邱春艳	图书与情报	2014
2	促进我国科学数据共享的对策	黄如花 王斌	图书馆	2014
3	Dryad数据仓储的元数据管理	黄如花 邱春艳	图书馆杂志	2014
4	国外科学数据共享研究综述	黄如花 邱春艳	情报资料工作	2013

图 3-23　检索结果

3）高级检索

高级检索增加了多个检索条件输入区，实现了由上至下的组配检索，通过检索条件限制区对条件进行时间、学科或期刊范围的更多限制。多检索条件逻辑组配检索，更支持一次输入复杂检索式查看命中结果，通过在检索式中加括号的方式实现优先级加权。

检索执行的优先顺序：向导式检索的检索操作严格按照由上到下的顺序进行，用户在检索时可根据检索需求进行检索字段的选择。逻辑运算符对照表见表 3-3，检索字段代码对照见表 3-4。

表 3-3　**逻辑运算符对照表**

逻辑运算符	逻辑运算符	逻辑运算符
*	+	-
并且、与、and	或者、or	不包含、非、not

表 3-4　**检索字段代码对照表**

代　码	字　段	代　码	字　段
U	任意字段	M	题名或关键字
K	关键词	A	作者
C	分类号	S	机构
J	刊名	F	第一作者
T	题名	R	文摘

以案例说明高级检索使用方法。要求检索黄如花在武汉大学期间发表的题名或摘要中都包含“信息检索”的文章。

通过输入检索式进行检索：如输入检索式：A = 黄如花 * S = 武汉大学 *（T=信息检索+R=信息检索），检索式构造见图 3-24。

图 3-24　检索式构造

检索过程和结果分别见图 3-25 和图 3-26。可通过多项检索条件进行组配检索。

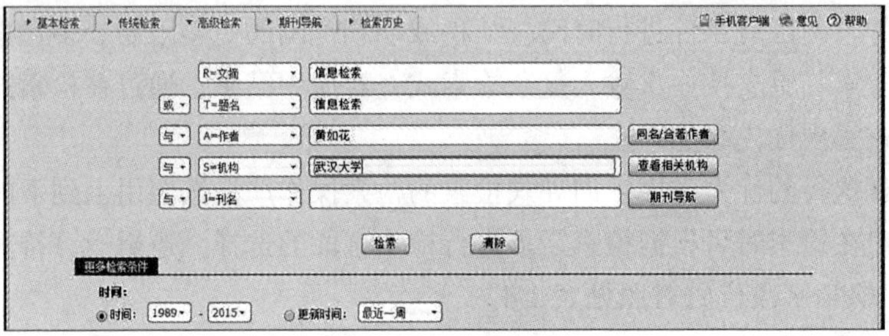

图 3-25　增添选择项目

图 3-26　检索结果

注：向导式检索严格遵守从上到下的搜索顺序，同样限制字段由于检索顺序不同得到的结果也完全不同。

2. 期刊检索模式

1)期刊检索模式

期刊检索模式下有多种分类导航，详见表 3-5。

表 3-5　**期刊检索模式说明**

期刊学科分类导航	按期刊所属学科统计和浏览期刊列表，分为 5 个大学科 64 个二级学科。
核心期刊导航	按《中文核心期刊要目总览》(2008 年版)统计和浏览期刊列表。
国内外数据库导航	汇总 23 家国内外知名数据库收录期刊的最新情况。
期刊地区分布导航	按出版机构所属区域统计和浏览期刊分布情况。

点击切换该学科下的核心期刊或全部期刊显示；查看“科学指标分析”模块下该学科近 10 年的所有高影响力期刊情况。

2)期刊检索模式案例

利用期刊导航查看《中国图书馆学报》的 ISSN 号，并查看其 2013 年影响因子，选择期刊名，输入“中国图书馆学报”，示例见图 3-27。

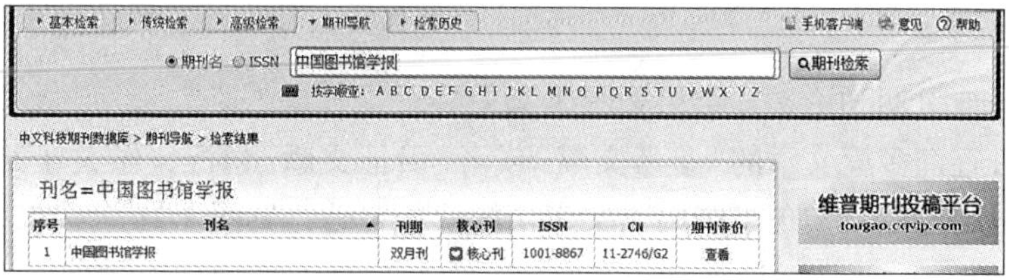

图 3-27　期刊检索

点击期刊评价，查看详细信息，结果如图 3-28 所示：

期刊名	ISSN	被引次数	影响因子	立即指数	发文量	被引半衰期	引用半衰期	期刊他引率	平均引文率
中国图书馆学报	1001-8867	2644	3.8537	0.7143	77	5.7336	3.8542	0.9837	28.7403

图 3-28　影响因子

3. 文献引证追踪模块

1) 文献引证追踪模块特点

《中文科技期刊数据库(引文版)》收录文摘覆盖8 000多种中文科技期刊，能帮助客户实现强大的引文分析功能，并采用数据链接机制实现同维普资讯系列产品的功能对接定位，提高科学研究的效率。其具有灵活的检索方式：基本检索、作者索引、机构索引、期刊索引；更有着强大的分析功能：多种文献类型引用统计、参考文献汇总、引证文献汇总、引用追踪、H 指数、知识节点链接等。

2) 文献引证追踪教学案例

利用文献引证追踪模块的基本检索，查询黄如花教授自 2000 年后发表的主题或关键词为“信息检索”的文章中被引用期刊论文的前 5 名。

选择“题名/关键词”，输入“信息检索”；

选择关系“与”，选择“作者”输入黄如花，点击检索，检索过程见图 3-29。

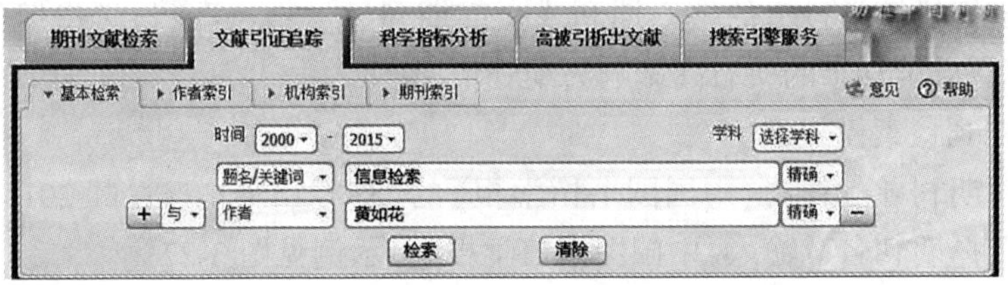

图 3-29　文献引证检索案例

选择被引期刊论文，结果如图 3-30 所示。

同时查询多篇文章的“参考文献”或者“引证文献”情况，做关于某一研究主题的引用追踪，实现了国内引文库功能的新突破，见图 3-31。

3.3.3　万方数据知识服务平台

万方数据库是由万方数据公司开发的，涵盖期刊、会议纪要、论文、学术成果、学术会议论文的大型网络数据库，也是和中国知网齐名的中国专业的学术数据库。其开发公司——万方数据股份有限公司是国内第一家以信息服务为核心的股份制高新技术企业，是在互联网领域集信息资源产品、信息增值服务和信息处理方案为一体的综合信息服务商。

期刊论文是万方数据知识服务平台的重要组成部分，集纳了多种科技及人文和社会科学期刊的全文内容，其中，绝大部分是进入科技部科技论文统计源

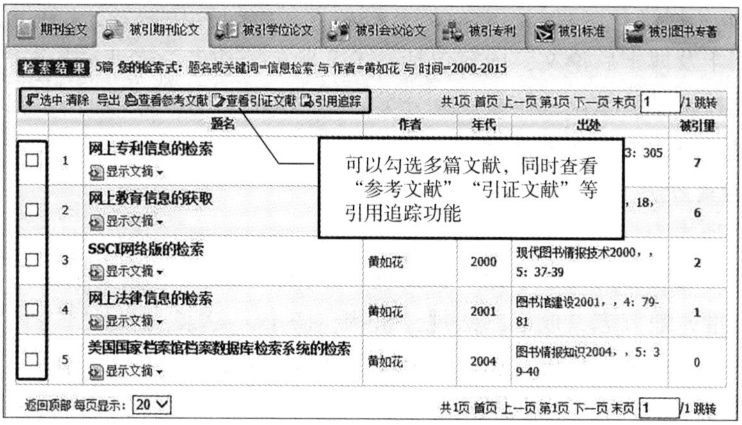

图 3-30　被引用论文

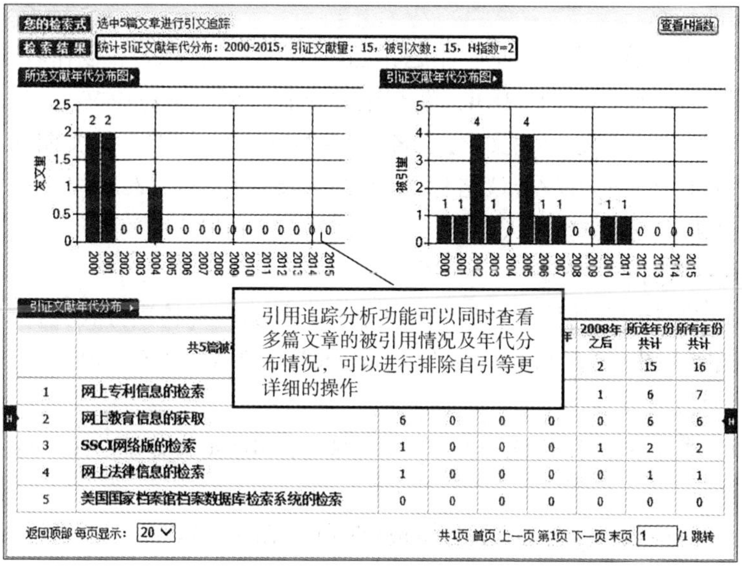

图 3-31　引用追踪

的核心期刊。内容包括论文标题，论文作者，来源，论文的年、卷、期，中图分类法的分类号，关键字，所属基金项目，数据库名，摘要等信息，并提供全文下载。总计约3 175余万篇。

学位论文收录了国家法定学位论文收藏机构——中国科技信息研究所提供的自 1980 年以来我国自然科学领域各高等院校、研究生院及研究所的硕士研究生、博士及博士后论文，内容包括：论文题名、作者、专业、授予学位、导师姓名、授予学位单位、馆藏号、分类号、论文页数、出版时间、主题词、文摘等信息，总计约 332 余万篇。

1. 检索方法

1) 普通检索

按学科分类分为：学术论文，期刊，学位，会议，外文文献，科技报告，专利，标准，地方志，成果，法规，机构，图书，专家，学者，还有刊名库、会议名库和志书名库。可直选检索字段：题名，关键词，摘要，作者，作者单位。

2) 高级检索

高级检索有多个检索框，可进行组配检索，逻辑关系有：*（与），+（或），-（非），需构建检索式。

3) 专业检索

专业检索可检索字段包括：主题，题名或关键词，题名，创作者，作者单位，关键词，摘要，日期，DOI，期刊论文/刊名/期，学位论文/专业/学位授予单位/导师/学位，会议论文/会议名称/主办单位/会议 id，外文期刊/期刊刊名/期刊刊期，外文会议/会议名称，专利/申请、专利号/专利权人/公开、公告号/主权项/优先权/代理人。

2. 检索案例

下面分别使用普通检索、高级检索和专业检索三种检索方式，查询黄如花老师在《图书与情报》期刊上发表的以“MOOC”为题名的所有文献。

1) 普通检索

选择学术论文，在检索框中输入：题名：MOOC；作者：黄如花。见图 3-32。

进行二次检索，选择《图书与情报》期刊，见图 3-33。

2) 高级检索

选择创作者——精确——黄如花——“与”；

选择题名——精确——MOOC——“与”；

选择期刊/刊名——精确——图书与情报；

时间选择至 2015 年，点击“检索”，高级检索过程和检索结果分别见图 3-34及图 3-36 所示。

图 3-32　普通检索

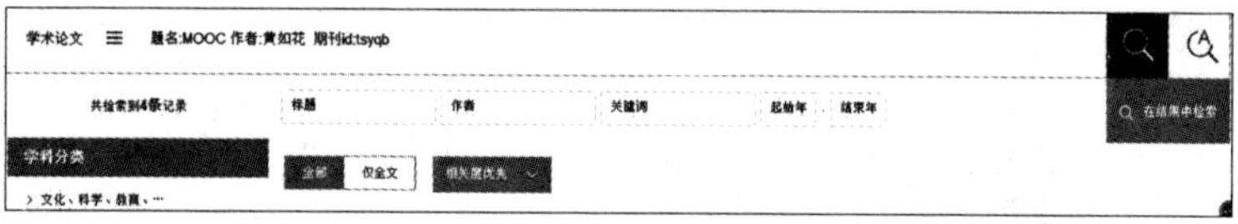

图 3-33　二次检索

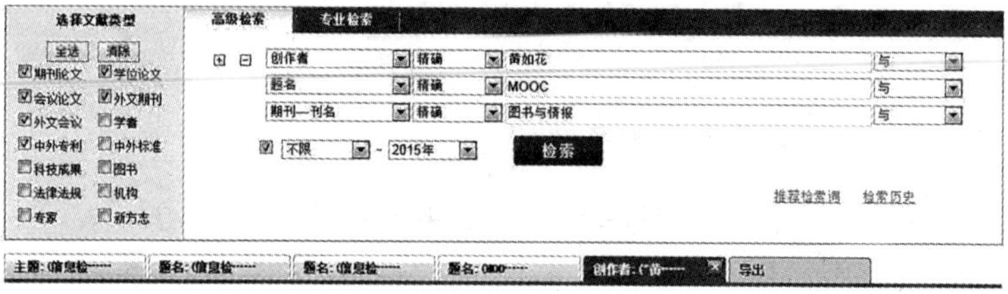

图 3-34　高级检索截图

3) 专业检索

专业检索如图 3-35 构建检索式。

3. 知识脉络分析

知识脉络分析以上千万条数据为基础，以主题词为核心，统计分析所发表论文的知识点和知识点的共现关系，并提供多个知识点的对比分析。同时也体

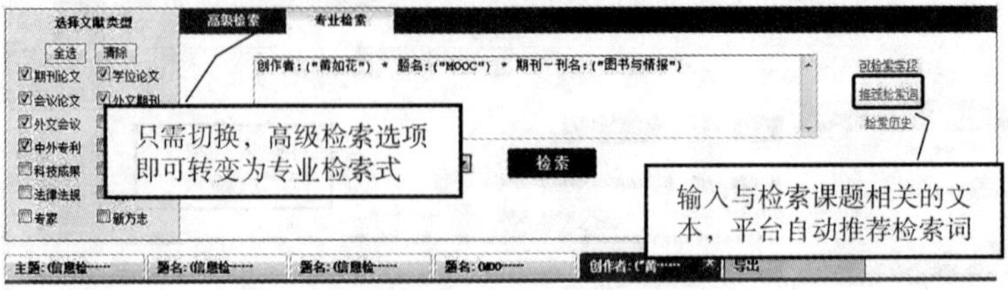

图 3-35　专业检索截图

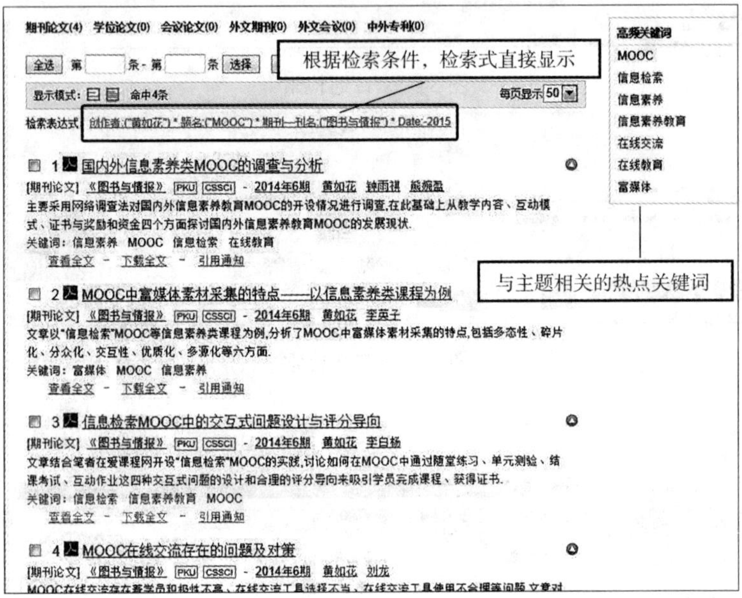

图 3-36　高级检索结果

现着知识点在不同时间的关注度，显示知识点随时间变化的演化关系，发现知识点之间交叉、融合的演变关系及新的研究方向、趋势和热点。

图 3-37 以“开放存取”主题为例，详细解析主题内容。

滑动选择框，可以查看不同年份的以“开放存取”为主题的文章，并且深入了解相关热词，拓展研究范围，见图 3-38。

还可查看领域前沿文献，和带头学者的发文信息、被引量以及 H 指数，见图 3-39。

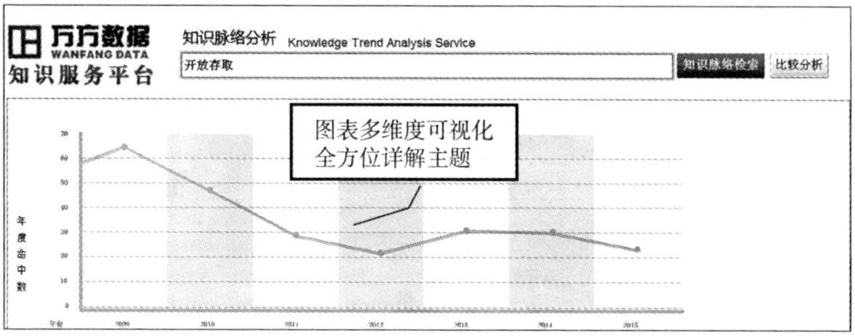

图 3-37　开放存取可视化

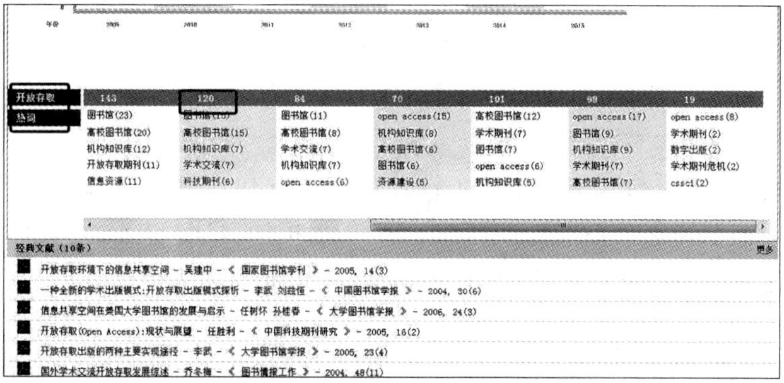

图 3-38　相关热词及经典文章

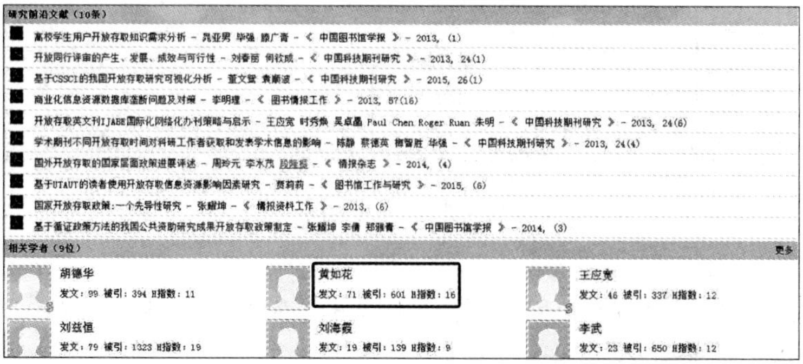

图 3-39　H 指数

万方也支持主体的分析比较，在输入框分别输入了开放存取、信息检索、信息素养，检索结果见图 3-40。

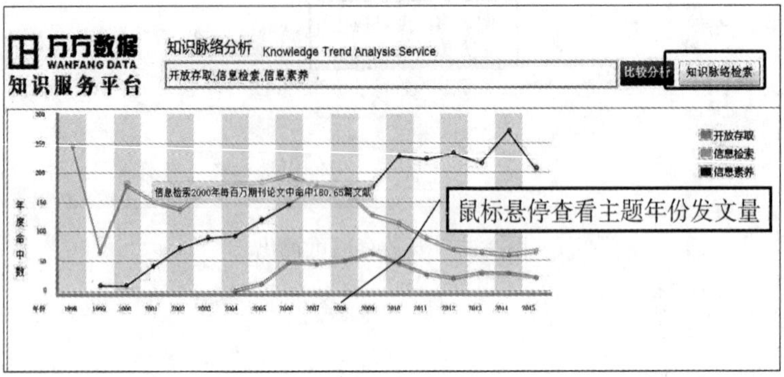

图 3-40 主题比较分析

4. 专利分析

万方提供了专利文献检索、个性化订阅及专利分析等功能。专利分析包括：竞争环境分析、专利技术生命周期分析、机构对比分析、文献对比分析。图 3-41 搜索以“移动终端”为主题的发明专利文献，并选择其中两篇文献进行文献对比分析。

图 3-41 专利文献

点击文献可以查看并下载全文，见图 3-42。对比文献和对比文献的结果分别见图 3-43 和图 3-44。

图 3-42 下载全文

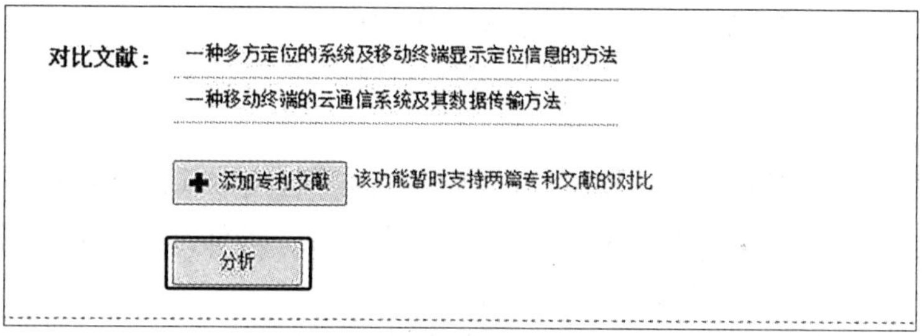

图 3-43 对比文献

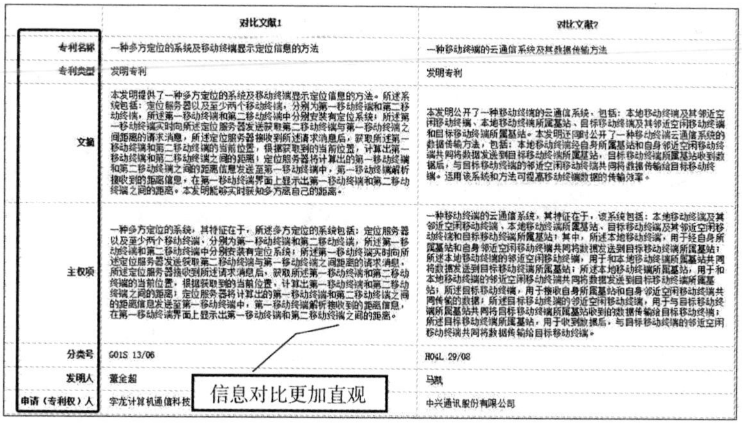

图 3-44 对比文献结果

本章习题

1. 检索《中国图书馆学报》从 2010 年发表至今的论文，并按以下要求操作：

(1)按被引频次找出排名前十的文章。

(2)将作者按发表文章的数量降序排列。

(3)按机构进行排序，并找出前 5 的发文机构。

(4)找出由武汉大学发表的被引频次最多的前 5 篇文章，并对其进行 H 指数分析。

2. 利用中国知网专家检索查找武汉大学的黄如花教授于 2009 年发表在《中国图书馆学报》杂志上的、以“开放存取”为题名的论文，列出表达式、检索结果的参考文献以及引证文献。

3. 利用维普网期刊文献检索中的高级检索的两种方式，查找黄如花教授发表于 2005 年后与“信息检索”或“信息素养”有关的文章，并写出对应的检索式(检索字段可放在题名或主题字段)。

4. 利用维普网文献引证追踪中的期刊索引，查找《图书与情报》被引用次数最高的五篇期刊论文。

5. 利用万方数据知识服务平台的知识脉络分析功能，对“图书馆学”和“情报学”两个主题进行对比分析。

第4章 Web of Science的检索

Web of Science(WOS)是美国Thomson Reuters公司基于Web开发的产品，是世界上有影响的多学科的学术文摘索引数据库，涵盖了自然科学、工程技术、社会科学、艺术与人文等诸多领域内具有较高影响力的10 000多种学术期刊。它由7个数据库组成：即三大引文索引数据库——科学引文索引扩展版(Science Citation Index Expanded，简称SCIE)、社会科学引文索引(Social Sciences Citation Index，简称SSCI)和艺术与人文科学引文索引(Arts & Humanities Citation Index，简称A&HCI)，两个会议论文引文索引——科学会议录引文索引(Conference Proceedings Citation Index-Science，简称CPCI-S)和社会科学与人文科学会议录引文索引(Conference Proceedings Citation Index-Social Science & Humanalities，简称CPCI-SSH)，以及两个化学数据库——化学反应数据库(Current Chemical Reactions，简称CCR)和化合物索引数据库(Index Chemicus，简称IC)。

4.1 实验目的与要求

(1)掌握WOS的核心合集(三大引文索引、两个化学数据库、会议论文集引文索引)收录的资源类型与范围以及三大特点(one source、one search、one solution)。

(2)掌握WOS所支持的几种运算及其检索方法：布尔逻辑运算符(AND、OR、NOT、SAME)、截词检索(?、*)、短语检索(“”)。

(3)掌握WOS所支持的5种检索方式：基本检索、被引参考文献检索、高级检索、化学结构检索、作者检索，重点掌握前三种检索方式的特点、可检字段和功能。

(4)掌握WOS检索结果的多种排序(相关性、出版日期、最近添加、被引频次等)和分析功能(作者、来源出版物、机构名称、语种等)，以及个性化服务(保存检索历史、创建主题跟踪以及其他一些重要的引文服务功能)。

4.2 实验内容

(1)WOS 的基本检索。

(2)WOS 的被引参考文献检索。

(3)WOS 的高级检索。

(4)WOS 检索结果的多种排序。

(5)WOS 检索结果的分析功能。

(6)WOS 的个性化服务功能。

4.3 实验操作指导

本实验包括以下三个部分：WOS 的基本检索、被引参考文献检索、高级检索。

4.3.1 WOS 的基本检索

1. 基本检索的特点

① 可以进行多种限定，如时间、文献类型、语种等。

② 可以运用各种各样的运算符，如布尔逻辑运算符、截词检索、短语检索等。

③ 支持多个字段同时检索，如主题、标题、出版物名称、地址等，最多可达 20 个字段。数据库默认的是主题字段，可按照自己的需求选择“添加另一字段”来添加其他字段。

2. 基本检索的检索案例

检索 2005 年以来题名中含有“信息素养”的英文文献。

① 在出版年字段输入 2005—2015(或者在下方“时间跨度”里选择“从 2005 至 2015”)。

② 添加另一字段，在标题字段输入“information literacy”。

③ 在语种字段选择“English”，点击检索按钮，如图 4-1 所示。

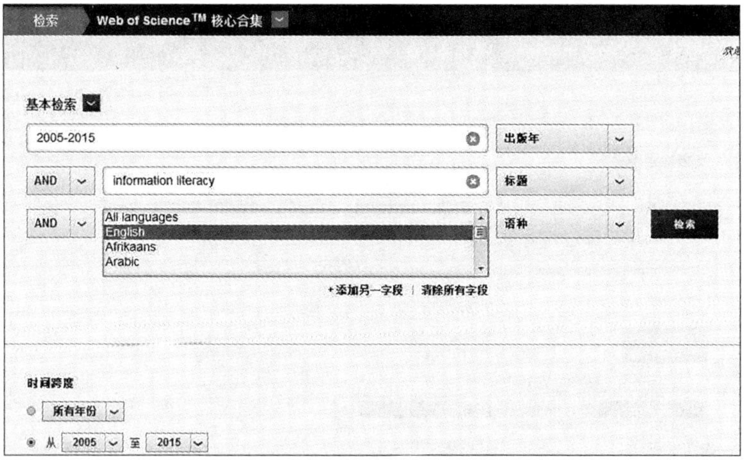

图 4-1 WOS 基本检索

需要注意的是，在基本检索中输入作者名时要采用姓的全称，空一格，再加上“名”的首字母，如黄如花的英文名，输入形式为：Huang RH ；此外，在使用地址字段检索时，机构名和通用地址通常采用缩写，可以单击下方的“查看缩写列表”链接查找，如“武汉大学”是属于地址字段而非机构字段，并采用缩写形式“Wuhan Univ”。

4.3.2 WOS 的高级检索

1. 高级检索的特点

高级检索适合于有经验的用户，它的可检字段比基本检索更多，并且还提供了字段标识参照表。高级检索是使用两个字母的字段标识、布尔逻辑运算符（AND，OR，NOT，SAME）、截词符、括号来构造检索式，也可使用字段标识、检索式组配或二者的组配来检索，还可利用检索结果集合的编号进一步检索，如#3 AND #4。可用括号改变运算的先后顺序，可在线查看作者、团体作者和出版物名称，也可限制入库时间、语种和文献类型。

2. 高级检索的检索案例

查找 2009 年发表的关于“信息组织”的文献。

TS =（“information organization” OR “knowledge organization”）AND PY = 2009，如图 4-2 所示。

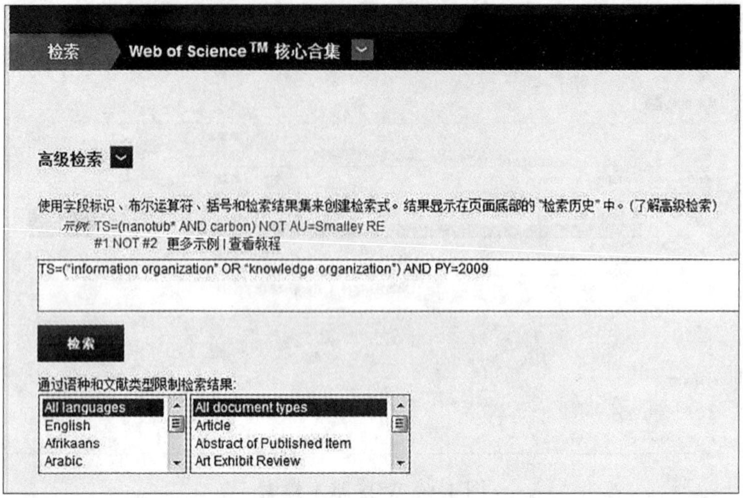

图 4-2　WOS 高级检索

4.3.3　WOS 的被引参考文献检索

1. 被引参考文献检索的特点

被引参考文献的检索是 WOS 很有特色的一个功能，它是指从被引作者、被引文献入手检索文献的被引用情况，适用于检索一篇文献或一个课题的发展并了解和掌握其研究思路。做引文检索时，被引文献是 1994 年以前的，只能从第一作者检索；反之，如果是 1994 年以后的，则可以从任何一个作者检索。

被引参考文献检索的可检字段共有 7 个：被引作者(Cited Author，可在线查看作者名称)、被引著作(Cited Work，可在线查看期刊缩写列表)、被引年份(实际上指被引文章发表的年份)、被引卷、被引期、被引页、被引标题。

2. 被引参考文献检索的检索案例

查找 Spink A 教授 2006 年发表在"INFORMATION PROCESSING & MANAGEMENT"期刊上的题名为"How are we searching the World Wide Web? A comparison of nine search engine transaction logs"的论文被引用次数。

① 在 WOS 检索界面选择"被引参考文献检索"。

② 在被引作者字段输入"Spink A"。

③ 在被引著作字段输入"INFORM PROCESS MANAG"(可点击"查看缩写列表"链接查找)。

④ 在被引年份字段输入“2006”。

可得到 4 条记录，点击“查看记录在 Web of Science 核心合集中”找到要查找的论文，可查看引用论文的详细记录。如图 4-3、4-4 所示。

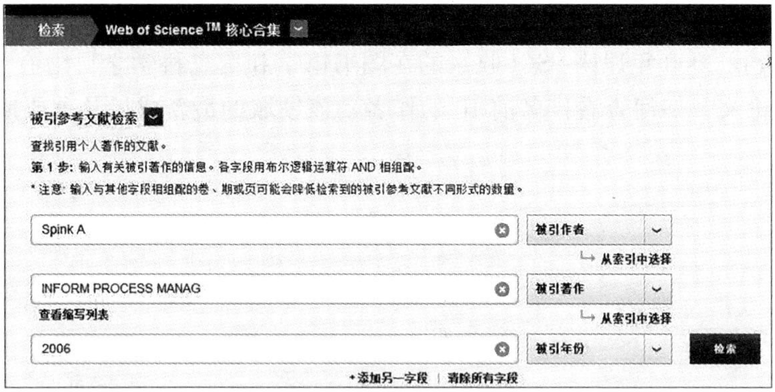

图 4-3　WOS 被引参考文献检索步骤

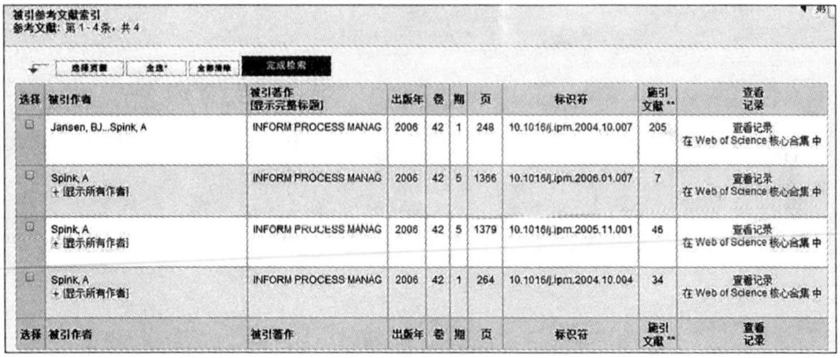

选择	被引作者	被引著作 [显示完整标题]	出版年	卷	期	页	标识符	施引文献	查看记录
	Jansen, BJ...Spink, A	INFORM PROCESS MANAG	2006	42	1	248	10.1016/j.ipm.2004.10.007	205	查看记录 在 Web of Science 核心合集中
	Spink, A + [显示所有作者]	INFORM PROCESS MANAG	2006	42	5	1366	10.1016/j.ipm.2006.01.007	7	查看记录 在 Web of Science 核心合集中
	Spink, A + [显示所有作者]	INFORM PROCESS MANAG	2006	42	5	1379	10.1016/j.ipm.2005.11.001	46	查看记录 在 Web of Science 核心合集中
	Spink, A + [显示所有作者]	INFORM PROCESS MANAG	2006	42	1	264	10.1016/j.ipm.2004.10.004	34	查看记录 在 Web of Science 核心合集中
选择	被引作者	被引著作	出版年	卷	期	页	标识符	施引文献	查看记录

图 4-4　WOS 被引参考文献检索结果

本章习题

1. 2000 年以来三大引文索引收录的武汉大学信息管理学院的师生的论文有多少篇？请查找。其中，有几篇来自图书情报学或计算机学领域排名前十名期刊的论文(以最新的 JCR 收录的信息为准)？

2. 查找武汉大学黄如花发表在 *Journal of Academic Librarianship* 上的有关大

学图书馆的论文的被引用情况。

3. 试用 WOS 的高级检索的方式，查找 2009 年美国以外的国家的作者撰写的题名中含有“Open access”的文献。

4. 查找 Hansen. P 教授于 2005 年发表在 *Information Processing & Management* 这个期刊上的论文被引用的情况？有哪几种检索方式？

5. 查找 2000 年以来 SSCI 收录的在图书馆学和信息科学学科中有关“信息组织”的论文，如何查看排名前 10 的作者、该领域的最新成果及重要期刊？

第5章 ScienceDirect 的检索

ScienceDirect 是 Elsevier 涵盖范围最广、最具特色的全文典藏中心，是全球著名的科技数据库之一。该数据库的快速检索、高级检索和专家检索方法及对结果的处理方法是本章学习的重点和难点。

5.1 实验目的与要求

(1)了解 ScienceDirect 收录的主题和学科。

(2)掌握 ScienceDirect 的快速检索、高级检索和专家检索的方法。

(3)掌握 ScienceDirect 的主题浏览和字顺浏览等方法。

(4)掌握 ScienceDirect 的个性化服务功能和结果保存方法。

5.2 实 验 内 容

(1)练习使用 ScienceDirect 的快速检索、高级检索、专家检索方法。

(2)练习使用 ScienceDirect 的主题浏览和字顺浏览方法。

(3)练习使用 ScienceDirect 的个性化功能和结果处理方法。

5.3 实验操作指导

本实验包括以下五个部分：熟悉 ScienceDirect 的总体情况、检索方法、浏览方法、检索结果的处理方法以及账号注册与个性化功能。

5.3.1　数据库简介

ScienceDirect 由荷兰著名的学术出版商 Elsevier Science 出版发行，是全球著名的科技数据库之一。ScienceDirect 是 Elsevier 涵盖范围最广、最具特色的全文典藏中心。平台上包含了超过 2 500 种同行审核期刊，超过 33 000 本书，目前系统中有超过 13 000 000 篇文章①。ScienceDirect 数据库主页见图 5-1。

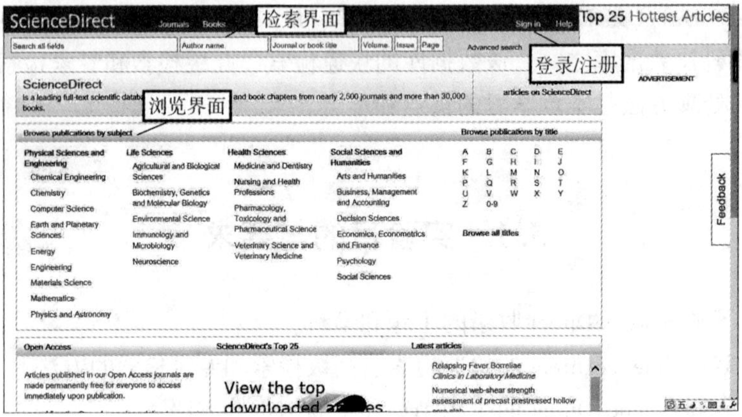

图 5-1　ScienceDirect 数据库主页

ScienceDirect 按照主题将文献分为 Physical Sciences and Engineering、Life Sciences、Health Sciences、Social Sciences and Humanities 四个大类。每个大类下又划分成若干细类，共计 24 个学科类别。ScienceDirect 数据库的主题和学科分类见表 5-1。

表 5-1　**ScienceDirect 数据库的主题和学科分类**

主 题 名 称	包 含 学 科
Physical Sciences and Engineering（物理科学与工程）	Chemical Engineering（化学工程）
	Chemistry（化学）
	Computer Science（计算机科学）
	Earth and Planetary Sciences（地球与行星科学）

续表

主题名称	包含学科
Physical Sciences and Engineering（物理科学与工程）	Energy(能源科学)
	Engineering(工程)
	Materials Science(材料科学)
	Mathematics(数学)
	Physics and Astronomy(物理和天文学)
Life Sciences（生命科学）	Agricultural and Biological Sciences(农业和生物科学)
	Biochemistry, Genetics and Molecular Biology(生物化学、遗传学和分子生物学)
	Environmental Science(环境科学)
	Immunology and Microbiology(免疫和微生物学)
	Neuroscience(神经科学)
Health Sciences（健康科学）	Medicine and Dentistry(医学和牙医)
	Nursing and Health Professions(护理与健康专业)
	Pharmacology, Toxicology and Pharmaceutical Science(药理、毒理和制药科学)
	Veterinary Science and Veterinary Medicine(兽医学)
Social Sciences and Humanities（人文社会科学）	Arts and Humanities(艺术与人文)
	Business, Management and Accounting(商业、管理与会计)
	Decision Sciences(决策科学)
	Economics, Econometrics and Finance(经济、计量和金融)
	Psychology(心理学)
	Social Sciences(社会科学)

5.3.2 数据库检索方法

输入网址 http://www.sciencedirect.com/，可直接进入数据库检索界面。数据库分为快速检索、高级检索、专家检索三种方式。

1. 快速检索(Quick Search)

快速检索位于页面的顶部，直接在所给的字段中输入检索词，点击搜索即可，快速检索提供的字段有：所有字段(All fields)、作者名(Author Name)、书刊题名(Journal or Book Title)、卷(Volume)、期刊(Issue)、页(Page)。快速检索的界面见图 5-2。

图 5-2　ScienceDirect 快速检索界面

快速检索使用方法比较简单直观，只需在对应字段框中输入检索词即可。例如，要在 Procedia Computer Science 这个刊物上检索含 digital library 这个检索词的结果，其检索方式如图 5-3 所示。

图 5-3　ScienceDirect 快速检索示例

2. 高级检索(Advanced Search)

进入数据库检索界面后，点击“Advanced Search”，则进入高级检索界面。高级检索提供更多的检索输入选择和检索限定条件，能够进行更精准的检索。高级检索界面见图 5-4。

ScienceDirect 高级检索的步骤如下：

首先，进行检索文献类型的选择。数据库提供了全部文献类型(All)、期刊(Journals)、书(Books)、参考文献(Reference Works)、图像(Images)五种类型的选择。默认情况下是在全部文献类型(All)界面进行检索。

其次，选择要检索的字段，输入检索词。选定的文献类型不同，检索字段略有不同。数据库提供的主要字段包括：所有字段(All Fields)、摘要/题名/关键词(Abstract, Title, Keywords)、作者(Authors)、特殊作者(Special Author)、来源(Source Title)、题名(Title)、关键词(Keywords)、摘要(Abstract)、参考文献(References)、国际标准刊号(ISSN)、国际标准书号

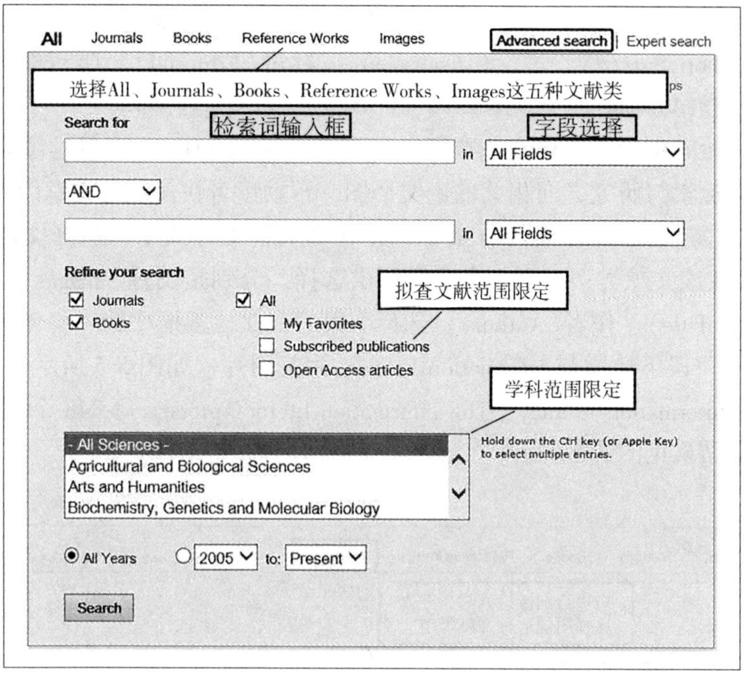

图 5-4 ScienceDirect 高级检索界面

(ISBN)、机构(Affiliation)、文章或章节名(Article or Chapter Title)、图像(Images)。本数据库中，含有“特殊作者(Special Author)”这个字段，其使用方法举例说明如下。例如，在特殊作者字段输入检索词 J Smith，则要求“J” and“Smith”出现在同一作者名中，如可以检索出 J. Smith、David J. Smith、J. R. Smith、Stephen J Craig-Smith 等结果，而不能检索出 J Wilson、Bob Smith 这样的两个作者的结果[②](本章后面介绍的专家检索特殊作者使用方法与之相同，可使用检索式：specific-author(J Smith))。

最后，进行检索限定条件的选择。根据前面选择的文献类型不同，检索限定条件略有不同。可以将检索的文献限定为以下三种类型：最喜欢的文献(My Favorites)、订购出版物(Subscribed publications)、仅限开放获取文献(Open Access article only)。还可以对学科和时间进行限定，学科可选择一个，也可以选择多个，在选择多个学科时可以按 CTRL 键进行多项选择，时间仅限定到年，不能限定到月份和日期。在检索类型为期刊时，还会增加一个文献子类型的限定，包括文章(Article)、短篇论著(Short Communication)、书评(Book

Review)、出版者注(Publisher's Note)、评论文章(Review Article)、信函(Correspondence, Letter)、产品综述(Product Review)、勘误表(Erratum)、简短调查(Short Survey)、讨论(Discussion)、社论(Editorial)。期刊检索时，还可以限定卷(Volume)、期(Issue)、页(Page)。

高级检索中的图片检索是数据库的特色。ScienceDirect 提供的图片检索功能够快速检索与研究方向相关的论文插图，帮助读者快速理解文章内容，获取成果精华。进行图片检索的方法是，先在高级检索方式下，选择文献类型为 Images，在该文献类型下有三个字段可供选择，分别是图像(Images)、书刊名称(Source Title)、作者(Author)。选择字段后，在检索框中输入检索词。例如在 Images 字段下检索与 information literacy 相关图片，如图 5-5 所示，得到 Six frames of information literacy、The information literacy process 等 848 个相关图形，图片检索结果见图 5-6 所示。

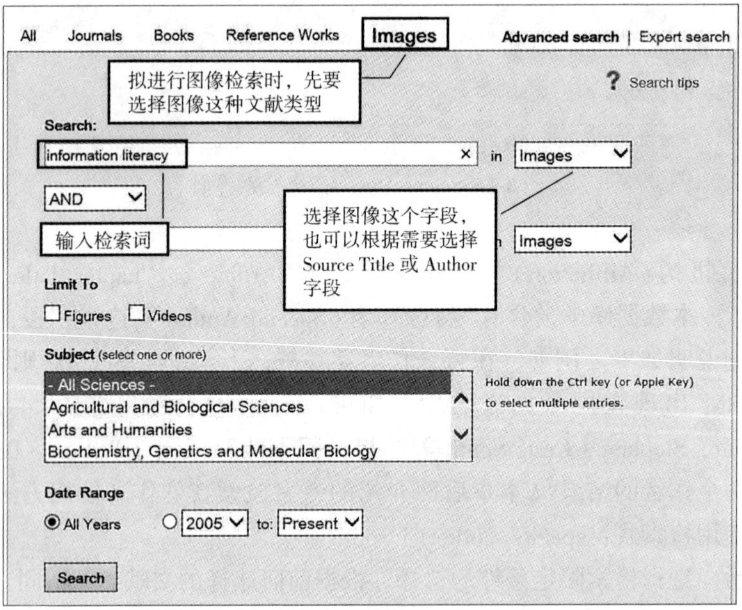

图 5-5　ScienceDirect 图片检索示例

3. 专家检索(Expert Search)

在高级检索界面，点击 Expert Search 可进入专家检索界面。专家检索界面只有一个输入框，在输入框中输入检索表达式，再在限定区进行文献类型、学

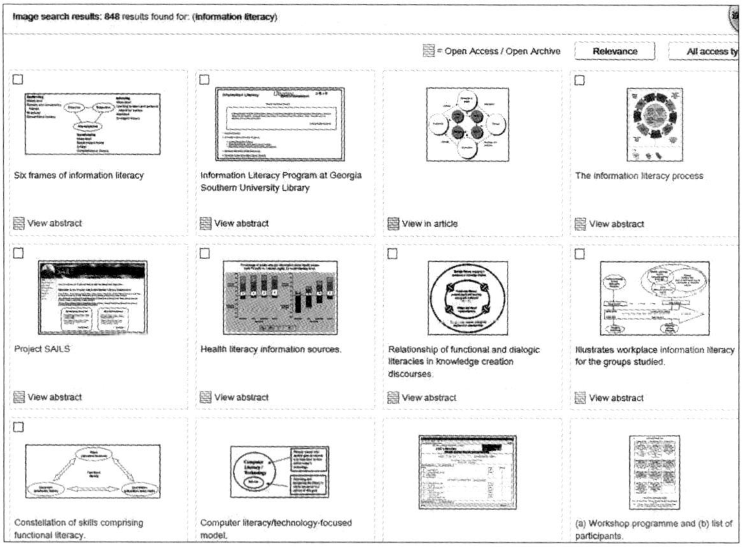

图 5-6　ScienceDirect 图片检索结果

科和时间的限定(其限定方法同高级检索)，点击搜索即可。专家检索界面见图 5-7。专家检索通过布尔逻辑算符、位置算符和截词算符等构建检索式，能生成更复杂高级的检索式，由于其要求较高，适合有较高检索技巧者。专家检索的常用字段见表 5-2[③]。

表 5-2　　**专家检索的常用字段**

字 段 名 称	字 段 缩 写	字 段 描 述
All		所有字段
Title-Abstr-Key	tak	题名、文摘和关键词
Abstract	abs	摘要
Authors	aut	作者
Affiliation	aff	机构
Pub-Date	pdt	出版日期

续表

字段名称	字段缩写	字段描述
Keywords	key	关键词
References	ref	参考文献
Title	ttl	题名
ISSN		国际标准刊号
ISBN		国际标准书号

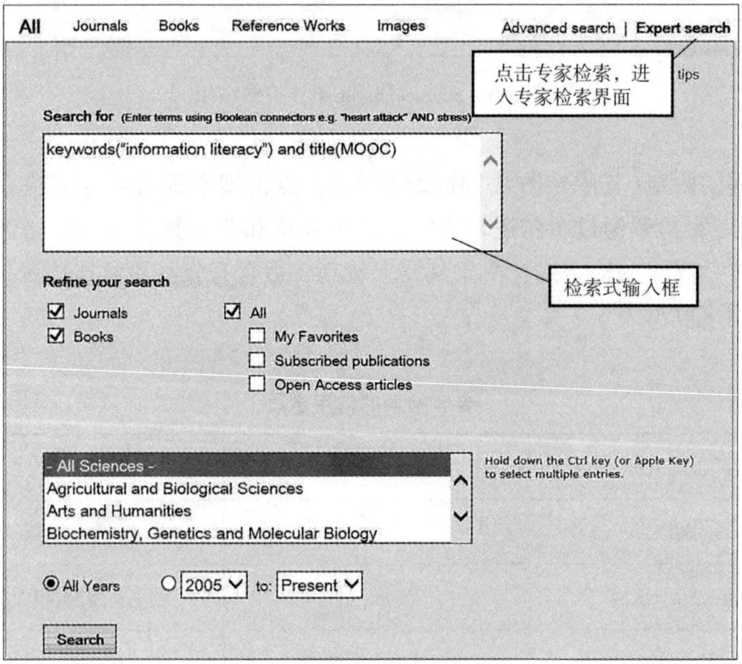

图 5-7　ScienceDirect 专家检索界面

专家检索的检索方式是 field_name(search_term)。如在关键词中检索含有“information literacy”和题目中含有“MOOC”的文献，检索式可以写成 keywords(“information literacy”)and title(MOOC)；要在题名文摘和关键词中检索 digital library，检索式可以写成 title-abstr-key(digital library)或 tak(digital library)。

4. ScienceDirect 检索运算符

ScienceDirect 存在常用检索规则或技巧，其检索运算符见表 5-3。

表 5-3　**ScienceDirect 检索运算符**

算　符	含　　义	示例(说明)
AND	检索词同时出现在文章中	travel AND China，表示检索结果中必须同时出现 travel 和 China 两个关键词才符合检索条件
OR	检索词中的任意一个或多个出现在文章中	University OR college，检索结果中只要出现 university 或 college 其中的一个词就符合检索条件
AND NOT	后面所跟的词不出现在文章中	television AND NOT cable，检索结果中出现 television 但不能出现 cable 才符合检索条件
“”	词组查询，用于对词组进行精确检索	“remote sensing”表示只检索 remote sensing 作为词组形式的结果
通配符 *	取代单词中的任意个(0，1，2，…)字母	educat * 可检出 educator、educators、educated、educating、education 等
通配符 ?	取代单词中的 1 个字母	wom? n 可以检索到 woman、women
W/n	两词相隔不超过 N 个词，词序不定	Econom * W/2 recovery 可以检出 economic recovery、recovery of the economy 等结果
PRE/n	两词相隔不超过 N 个词，词序固定	electronic PRE/2 resources 可以检出 electronic resources、electronic information resources 等结果

5.3.3 数据库浏览方法

数据库提供按主题(学科)和字顺浏览两种方式。

1. 按学科浏览(Browse publications by subject)

数据库在检索页列出了期刊的 4 个大类 24 个学科类目，见表 5-1。可以根据需要在 24 个学科类目中进行浏览。在进行浏览时，同样可以在单一刊物或所有出版物中进行检索。

例如，浏览 Life Sciences 主题下的 Environmental Science 这个学科，如图 5-8，显示共有 922 种书或刊，点击每种书或刊，则可以浏览该书或刊的全文。

同时还可以在该书或刊内再进行检索，见图 5-9。

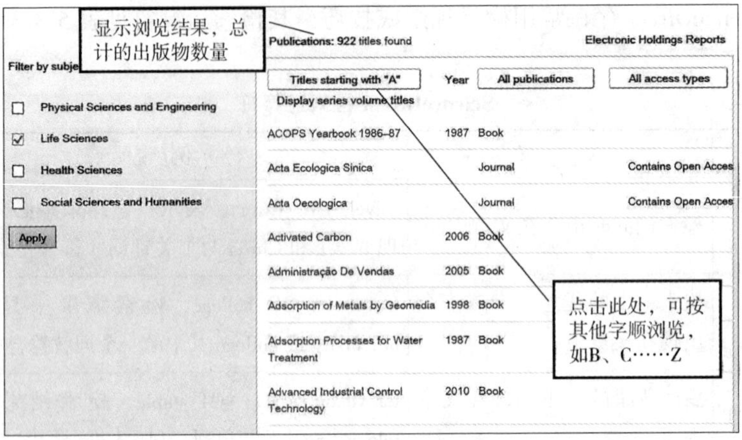

图 5-8　ScienceDirect 按学科浏览页面

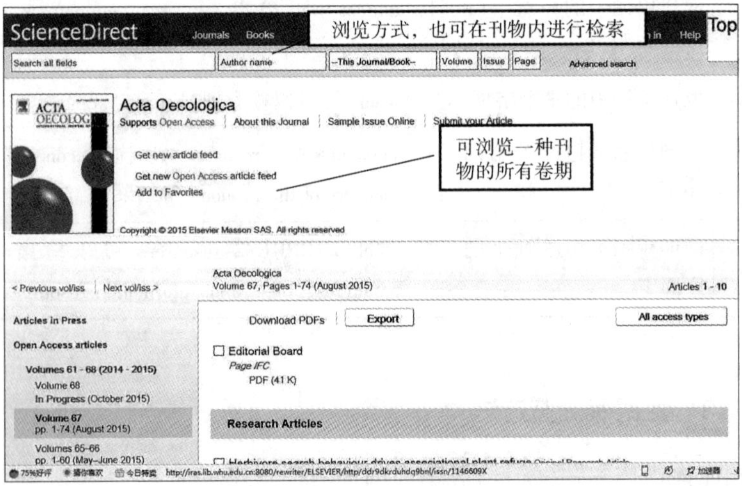

图 5-9　ScienceDirect 刊物浏览页面

2. 按字顺浏览(Browse publications by title)

在字顺浏览起始页面，如图 5-10 所示，点击任意一个字母，如 D，则可显示以 D 开头的所有书刊名称。浏览结果中还可以提供该刊物的文献类型是期刊(Journal)还是图书(Book)。此外，为进一步精炼，在页面左边，还提供按主题精炼(Filter by subject)，即按 Physical Sciences and Engineering(物理科学与工程)、Life Sciences(生命科学)、Health Sciences(健康科学)、Social Sciences and Humanities(人文社会科学)四大主题进行精炼，如图 5-11 所示。

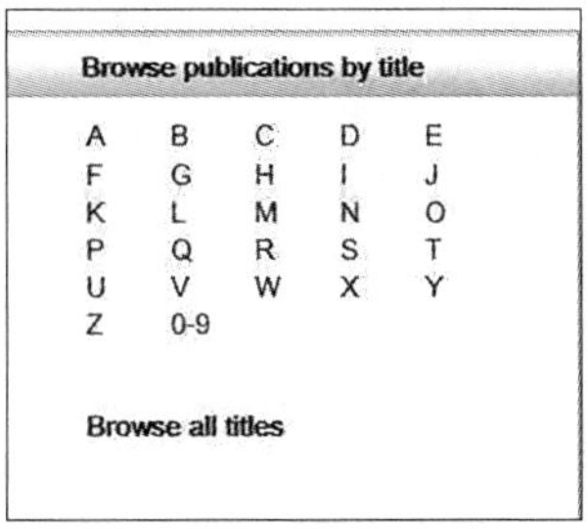

图 5-10 字顺浏览起始页面

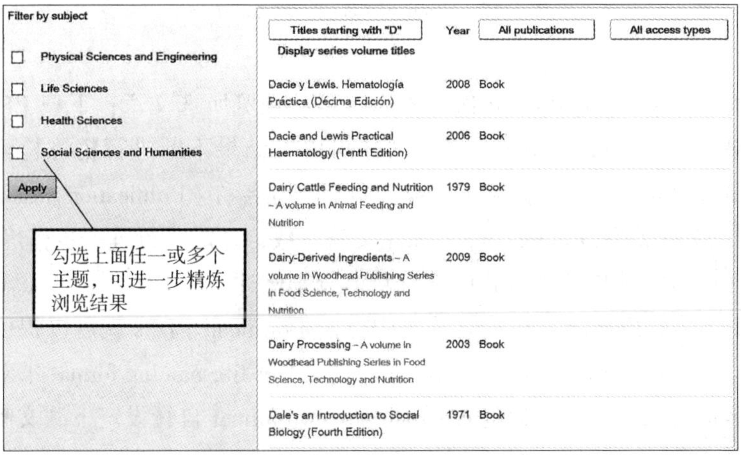

图 5-11 点击字母 D 浏览的结果

5.3.4 检索结果的处理

利用快速检索、高级检索和专家检索三种检索方式中的任何一种进行检索之后，系统显示检索结果。图 5-12 是以 information and MOOC 为检索词获得的检索结果。

对于检索结果，可以按相关度(Relevance)或日期(Date)进行排序；进行

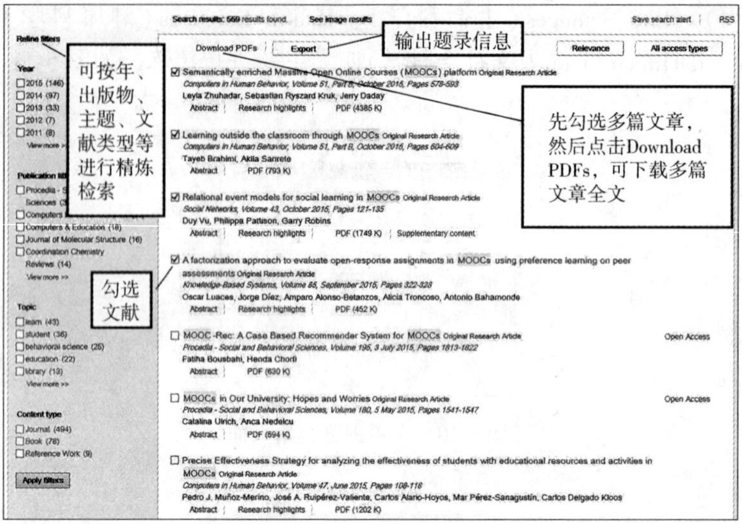

图 5-12　ScienceDirect 检索结果示例

批量下载(Download PDFs，每次最多 20 篇)；预览所选文章；下载 PDF 全文；发送题录信息(Export)。ScienceDirect 还可以对结果不断进行精炼检索，在页面左端的 Refine filters，按年(Year)、出版物名称(Publication title)、主题(Topic)、文献类型(Content type)标注文献篇数，并能进行进一步精炼检索。

下面就检索结果处理方式中部分功能分别阐述。

(1)批量下载功能。在检索结果中点击 Download PDFs 就可以提供一次不多于 20 篇文章的下载。批量下载可以通过 Select file naming format 来对下载文件的命名进行选择，也可以通过 Create my own format 自行设定下载文献命名格式。批量下载格式如图 5-13 所示。

(2)导出题录信息(Export)。点击 Export 可输出相关文献的题录信息。输出格式包括直接输出的方法："Save to Mendeley"或"Save to RefWorks"。其中的 Mendeley 和 RefWorks 是文献管理软件，要求注册 Mendeley 或 RefWorks 相应账号才能直接输出。另外，还可以输出为 RIS(for EndNote，Reference Manager，ProCite)、BibTeX、Text 这些格式；在输出的内容上，可以选择仅输出题录(Citations Only)或题录与摘要(Citations and Abstracts)。题录输出页面见图5-14。

(3)存储检索历史(Save search alert)。点击 Save search alert 后，系统会将本次检索式存储到个人账户中(使用此功能需注册个人账户，并登录)。

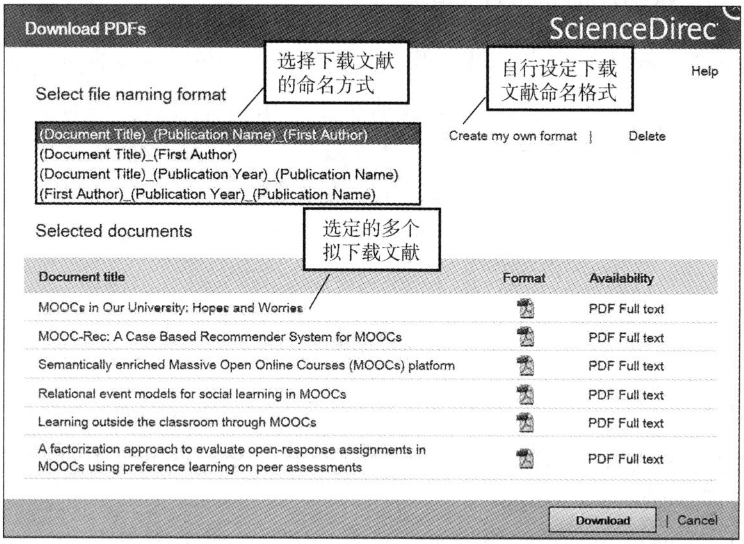

图 5-13 ScienceDirect 批量下载页面

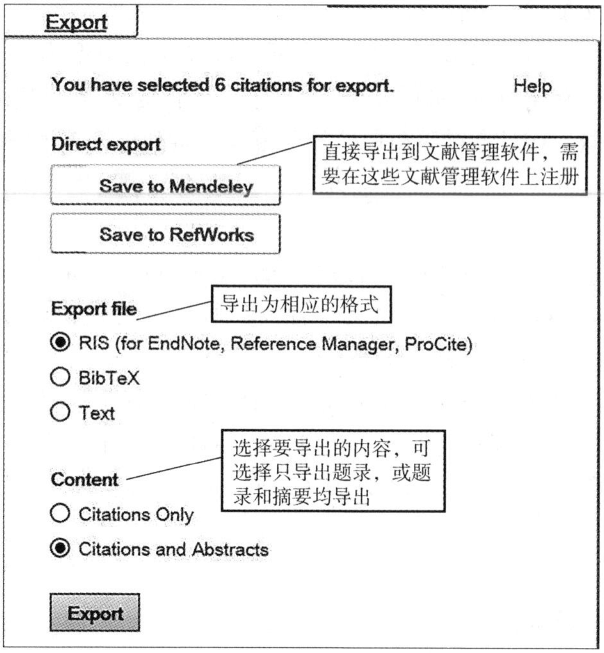

图 5-14 ScienceDirect 输出题录页面

5.3.5　账号注册与个性化功能

ScienceDirect 注册用户可以获得个性化服务。在 ScienceDirect 任何页面的右上方选择 Sign in 即可进入登录/注册页面。用户注册时需要提供有效的邮箱，以便忘记密码时找回密码。同时注册过程中需在 ScienceDirect 的学科范围中至少选择一项感兴趣的学科。输入用户名及密码登录后，页面右上角会出现用户的姓名，可以查看用户保存的检索历史(Search Alert)等。

本章习题

1. 在 ScienceDirect 的快速检索方式下，在"Journal or Book title"框中输入 information Management 进行检索，获得的结果有多少条？其中有多少是图书(Book)，多少是期刊(Journal)？

2. 在 ScienceDirect 的高级检索方式下，选择文献类型为 Journals，然后在刊名字段查找"Accounting Forum"，题名字段查"financial crises"，并限定年代为 2005—2014 年，请说明查出多少条文献。按相关度(Relevance)排序方式，请列出第 2 篇文献的题录信息(至少含题名、作者和来源、年代等信息)。

3. 在 ScienceDirect 的高级检索方式下，选择文献类型为 Images，然后在 Images 字段查找有关"financial crises"，并限定年代为 2009—2014 年，请说明查出多少个图像。按日期排序(Date)排序方式，请列出第 3 个图像的名称。

4. 在 ScienceDirect 的高级检索方式下，选择文献类型为图书，请列出其检索字段。

5. 在 ScienceDirect 中找出篇名为"Geographic information systems in mountain risk and disaster management"的论文作者及其所登载的刊物名称、发表时间。请写出(1)检索步骤；(2)检索结果。

6. 通过浏览的方式查找"Medicine and Dentistry"这个学科下，总计有多少种书刊？请浏览以 H 开头的书刊，并列出三种 H 开头的书刊。

7. 在字顺浏览方式下，浏览以 M 开头的刊，有多少种？列出三种以 M 开头的刊。

第 6 章　EBSCOhost 系列数据库的检索

EBSCOhost 是综合类的期刊全文数据库，涉及自然科学、社会科学、人文和艺术等多种学科领域。该数据库的检索方法和对结果的处理，以及个性化功能是本章学习的重点和难点。

6.1　实验目的与要求

(1)了解 EBSCOhost 系统特点及包含的主要数据库。

(2)掌握 EBSCOhost 系统的关键词检索方法(初级检索和高级检索方法)。

(3)掌握 EBSCOhost 系统的辅助检索方法。

(4)掌握 EBSCOhost 系统的个性化功能和结果保存共享方法。

6.2　实验内容

(1)使用 EBSCOhost 系统的关键词检索进行练习。

(2)使用 EBSCOhost 系统的辅助检索方法练习。

(3)使用 EBSCOhost 系统的个性化功能和结果处理方法。

6.3　实验操作指导

本实验包括以下四个部分：EBSCOhost 概述、EBSCOhost 的检索方法、数据库检索技术、数据库检索结果显示与保存共享。

6.3.1　EBSCOhost 数据库概述

EBSCO 是一个具有 60 多年历史的大型文献服务专业公司，提供期刊、文献订购及出版等服务。EBSCO 公司制作和出版 300 多种集成期刊数据库，涉及260 000种以上的期刊、杂志。专业涉及理、工、农、医、天、地、生、经济等全部学科。其中心理学数据库系列更是知名学术机构的必备研究工具。

EBSCO 公司目前有全文数据库 10 余个。2009 年推出两个全文数据库：Academic Source Complete(ASC)和 Business Source Premier(BSC)，替代了之前的两个全文数据库 Academic Source Premier(ASP)和 Business Source Premier(BSP)。ASC 和 BSC 这两个新的全文库除了完全覆盖原 ASP 和 BSP 的所有收录内容外，还在全文文献收录种类和内容上做了大幅度升级与扩展。EBSCOhost 的主要数据库如下：

1. Academic Search Complete：学术参考类(商学除外)全文数据库

Academic Search Complete 是世界上最有价值、最全面的学术型多学科全文数据库，全文收录了 8 900 多种全文期刊，其中有 7 600 多种通过同行评审。此外，13 000 多种包括期刊、专题论文、报告、会议记录等出版物在内的出版物的索引和摘要，1887 年至今的 PDF 文件(绝大部分全文标题都采用原始可搜索 PDF 格式)，以及 1 400 多本期刊的可搜索参考文献。ASC 为综合学科类数据库，包括社会科学、教育、法律、医学、语言学、人文、工程技术、工商经济、信息科技、通信传播、生物科学、教育、公共管理、社会科学、历史学、计算机、科学、传播学、法律、军事、文化、健康卫生医疗、宗教与神学、生物科学、艺术、视觉传达、表演艺术、心理学、哲学、妇女研究、各国文学等学术研究领域。

2. Business Source Complete：商管财经类全文数据库

BSC 收录从 1886 年开始的数据，提供 3 700 多种期刊的全文(包括 1 900 多种同行评审的期刊)，4 900 多种期刊索引，其中部分全文期刊可回溯至 1965 年甚至更早。该数据库通过 EBSCOhost 每日更新。BSC 提供商管财经领域的数据，除 BSP 原已收录的同行评审期刊、行业杂志和大众商业杂志、书籍/专著、案例研究、企业资料、国际学术会议论文、国家经济报告、产业报告、市场研究报告、SWOT 分析报告、Working Paper 之外，还新增加了作者个人记录和访谈录(对高层管理人员 & 分析家)两种文献类型。而且增加了更多独家的文献收录渠道，如华尔街手稿(Wall Street Transcript)、伯恩斯坦财务分析报告(Bernstein Financial Data)、美国会计师协会(AICPA)独家出版物、EIU 272 种全文出版品、8 种晨星基金股票分析出版品、ICAPA 美国会计师协会出版品、Richard K. Miller & Associates 市场研究报告及 Global Insight、ICON Group International 等。此外，还收录美国哈佛大学(Harvard University)及斯坦福大学(Stanford University)商学院教授的 55 种研讨会视频(Seminar Videos)。

3. PsycARTICLES

PsycARTICLES ®由 American Psychological Association(APA)创建，是心理分析领域同行评审学术文章和科学文章的权威来源。此数据库收录了大约 153 000篇论文，分别来自 American Psychological Association(APA)出版的近 80 多种期刊、Educational Publishing Foundation(EPF)以及联盟组织，包括 Canadian Psychology Association 和 Hogrefe Publishing Group。其包括每本期刊的所有文章、书评、给编者的信以及勘误，涵盖从 1894 年至今，包括自第 1 卷、第 1 期的几乎所有 APA 期刊。

4. PsycINFO

PsycINFO 数据库是 American Psychological Association(APA)提供的著名资源，收录了学术期刊文章、书刊目录、书籍和专题论文的摘要，是世界上最大的行为科学、心理健康同行评审文献的资源数据库。该数据库包含 17 世纪至今的超过 300 万篇记录和摘要，具有出版行业中最高的 DOI 匹配率之一。此外，其中还收录了 19 世纪至今的期刊，包括精选自约 2 500 种各语种期刊的国际材料。

5. ERIC

ERIC，全称 Education Resource Information Center，提供了教育文献和资源。数据库中包含超过 130 万条记录，并提供了 Current Index of Journals in Education 和 Resources in Education Index 中所含期刊的信息。

6. Medline

Medline 提供了有关医学、护理、牙科、兽医、医疗保健制度、临床前科学及其他方面的权威医学信息。Medline 由 National Library of Medicine 创建，采用了包含树、树层次结构、副标题及展开功能的 MeSH(医学主题词表)索引方法，可检索 5 400 多种流行生物医学期刊中的引文。

7. Newspaper Source

Newspaper Source 完整收录了 40 多种美国和国际报纸以及精选的 389 种美国地方性报纸全文，此外，还提供电视和广播新闻脚本。

8. Regional Business News

Regional Business News 提供综合型地区商务出版物的全文信息。Regional Business News 包含 80 多篇涉及美国所有城市和农村的地区商务报告。

9. Library, Information Science & Technology Abstracts

Library, Information Science & Technology Abstracts(LISTA)将 560 多本核心期刊、近 50 本领先期刊和近 125 本精选期刊，以及书籍、研究报告和学报编入索引。主题涵盖图书馆管理、分类、编目、文献计量学、网络信息检索、信息管理等。收录的内容最早可追溯到 1960 年代中期。

10. GreenFILE

GreenFILE 提供人类对环境所产生的各方面影响的深入研究信息。其学术、政府及关系到公众利益的标题包括全球变暖、绿色建筑、污染、可持续农业、再生能源、资源回收等。数据库提供近 384 000 条记录的索引与摘要，以及 4 700 多条记录的 Open Access 全文。

11. eBook Collection(EBSCOhost)

可搜索并查看电子图书的全文。

12. Teacher Reference Center

Teacher Reference Center 提供 280 种最流行教师和管理人期刊和杂志的索引和摘要，用以协助专业教育工作者。

13. Funk &Wagnalls New World Encyclopedia

此数据库提供涵盖多种主题范畴的 25 000 多条百科全书条目。

14. Middle Search Plus

Middle Search Plus 收录了超过 140 种面向初中生的畅销杂志、84 774 部传记、105 786 篇原始文献和一些历史论文的全文，以及包含照片、地图和标志的学校图片集。其中的所有文章均指明了阅读水平(Lexiles)。

15. TOPICsearch

TOPICsearch 全文引述了约150 961篇文章，它们有 475 种不同的来源，包括国际性和区域性报纸、EBSCO 搜罗广泛的期刊、传记、民意测验、书评、宣传册和政府信息汇编。

16. Professional Development Collection

此数据库为职业教育者而设计，它提供了近 520 种非常专业的优质教育期刊集，包括超过 350 个同行评审期刊。此数据库还包含 200 多篇教育报告。

17. Health Source-Consumer Edition

数据库收录近 80 种消费者健康杂志的全文，向全球图书馆提供最丰富的消费者健康信息，包括医药科学、食品科学与营养、儿童保育、运动医学及一般保健等在内的众多健康相关主题的信息。

18. MAS Ultra-School Edition

MAS Ultra-School Edition 专为中学图书馆设计，收录了 500 多种面向中学生的热门杂志的全文。此外，它还提供超过 360 种全文参考书籍、85 670 本传记、107 000 多篇主源文档以及包含超过 510 000 张照片、地图和标志的图片集、主要杂志的彩色 PDF 文件和扩展的全文回溯文件(可追溯至 1975 年)。

19. Psychology & Behavioral Sciences Collection

Psychology & Behavioral Sciences Collection 是一个综合型数据库，包含有关精神和行为特征、精神病学和心理学、心理过程、人类学以及观察和实践方法的信息。它是世界上最大的全文心理数据库，收录了近 400 种期刊的全文。

20. European Views of the Americas：1493 to 1750

这个新的书目数据库对图书管理员、学者以及爱好与美国相关的欧洲作品的个人而言，是十分珍贵的索引工具。EBSCO Publishing 与 John Carter Brown Library 通力合作，在受全世界学者推崇的权威数据库“European Americana：A Chronological Guide to Works Printed In Europe Relating to The Americas，1493—1750”的基础上，编制了这个新的数据库。该数据库收录超过 32 000 个条目，针对 1750 年以前欧洲创作的美国相关作品的书面记录提供了全面指南。

21. Communication & Mass Media Complete

Communication & Mass Media Complete 提供通信和大众传播相关领域的最健全优质研究方案。CMMI 合并了 CommSearch(原由 National Communication Association 制作)和 Mass Media Articles Index(原由 Penn State 制作)的内容，以及其他众多通信、大众传播方面的期刊及其他相关领域的研究，建立广度与深度空前、包含全部通信学科的研究与参考资源。CMMI 收录 570 多种期刊的完整(“核心”)索引和摘要，以及 200 多篇精选(“重要”)内容，覆盖 770 多个标题。此外，该数据库还包括超过 450 本期刊的全文。

22. Newswires

EBSCO 的 Newswires 持续提供对美联社、合众国际社、美通社、新华社、美国有线电视新闻网和美国商业资讯的世界头条新闻的实时访问。该收藏包含 AP 的金融新闻、头条新闻、WorldStream、美国政治和政府、50 个州的新闻报道，及 UPI 的安防行业、潜在威胁、商务、娱乐、体育、头条新闻，以及 Arabia 2000 等。最终用户可通过记录中的链接即时访问网站的全文内容。EBSCO Newswires 中全文内容的索引由 EBSCO 保存在 30 天滚动档案中，因此用户可以阅读与其搜索内容相关的 30 天内的新闻。

23. PsycCRITIQUES

PsycCRITIQUES ®是由 American Psychological Association(APA)编制的书评全文数据库，涵盖心理学方面的最新学术及专业书籍。它还提供从心理学角度对热门电影及商业书籍所做的评论，共收录了 1956 年至今的书评及影评约 40 000 篇。

24. PsycBOOKS

PsycBOOKS 是 American Psychological Association(APA)创建的数据库，收录了 APA 和其他著名出版商出版的 2 500 多部书籍，共 38 000 多章节(PDF 格式)，并包括来自美国心理学历史档案(AHAP)的具有历史意义的数字化内容。此外，它还收录了 17 世纪至今心理学发展历史上具有里程碑意义的超过 1 600 部经典书籍，以及 APA/牛津大学出版社出版的 Encyclopedia of Psychology 的 1 500多个原创条目的独家电子版。

25. PsycTESTS

PsycTESTS ®由 American Psychological Association(APA)编制，它所收录的精选心理测试和评估数量不断增长，包括数千种实际测试工具和测试项目，可即时下载并用于研究和教学。PsycTESTS ®的范围之广遍及国际，还可访问除英语外的其他语言进行的测试，这些测试的数目也在不断增长。PsycTESTS ®是相关领域(例如精神病学、管理、商业、教育、社会科学、神经科学、法律、医学和社会工作)的心理学家和专业人员获得相关性测试的系统化信息的权威来源。虽然侧重于测试在现代的使用情况，其涵盖的时间也超过了一个世纪。

6. 3. 2　EBSCOhost 数据库的检索

1. 初始登录界面及基本设置

采用远程登录的方式(一般是 IP 限制)，用户可以进入主页，单击 EBSCO 按钮，进入 EBSCOhost 系统。EBSCOhost 初始页面如图 6-1 所示。

通过点击界面右上角的“语言”栏，可以更改界面语言。点击页面上的“首选项设置”，可以设置每页检索结果设置、检索结果显示设置、检索结果输出设置。“自动完成搜索建议”“查询未返回结果时运行智能文本检索”“图像快速查看”有“开启”“关闭”两种选择，需要设置选择为“开启”状态才能启用这些功能，此外还可以设置页面布局。图 6-2 所示是数据库首选项设置界面。

此外，还可以对数据库选择实现多数据库同时检索。点击“选择数据库”

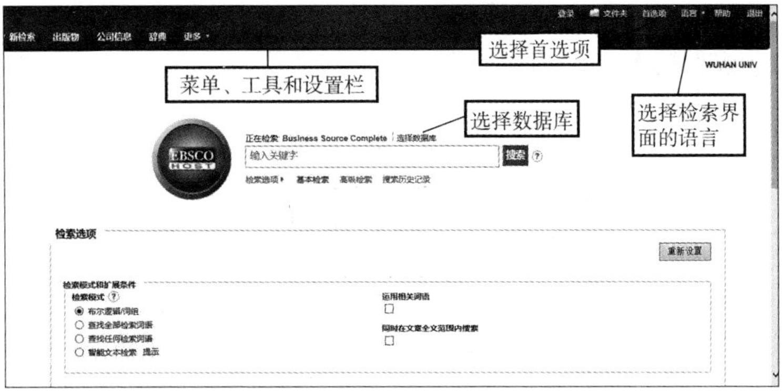

图 6-1　数据库初始登录界面和基本设置界面

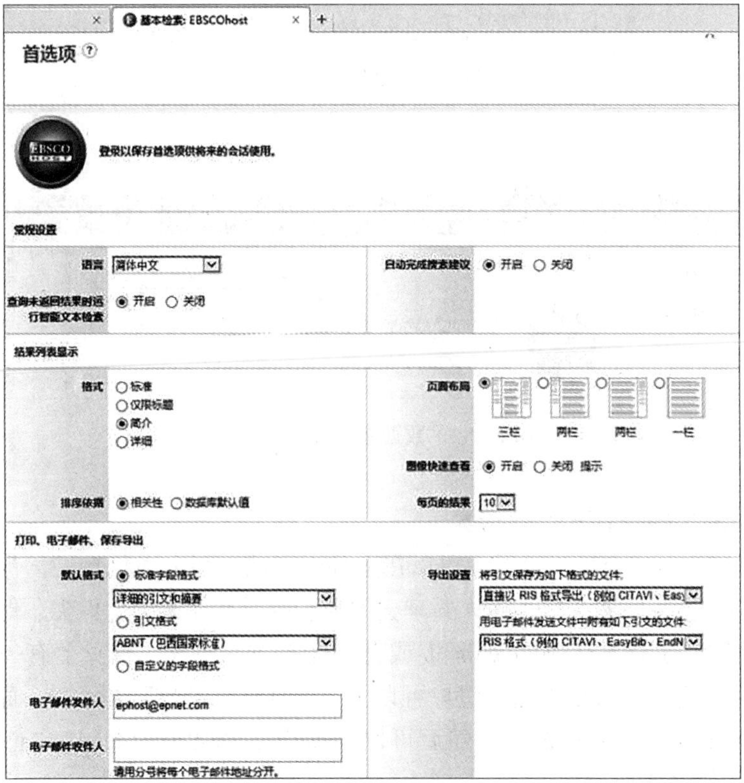

图 6-2　数据库首选项设置界面

后，可以在本机构所订购的所有数据库中，选择拟进行检索的数据库并进行勾选，可以对多数据库进行选择和检索。选择数据库界面如图 6-3 所示。图 6-4 所示是进行多数据库选择后的界面。

图 6-3　数据库选择界面

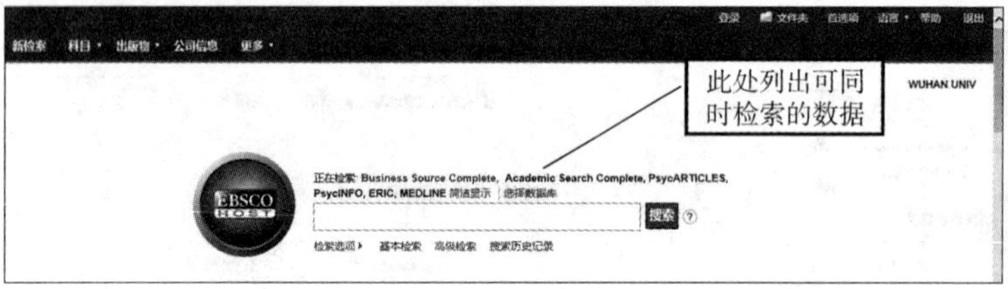

图 6-4　多数据库检索检索界面

2. EBSCOhost 的个性化设置

EBSCOhost 的个性化设置，可以在系统中实现更多个性化功能，包括保存首选项、使用文件夹、与其他人共享文件夹、查看其他人的文件夹、保存并检索历史记录、创建电子邮件快讯和/或进行远程访问保存。首页上有一个登录按钮。首次登录，未注册过的用户可以进入"创建新账户"界面，全面填写内容，会提示注册成功的标志。随后可以用账户、密码进行登录。"创建新账户"界面如图 6-5 所示。

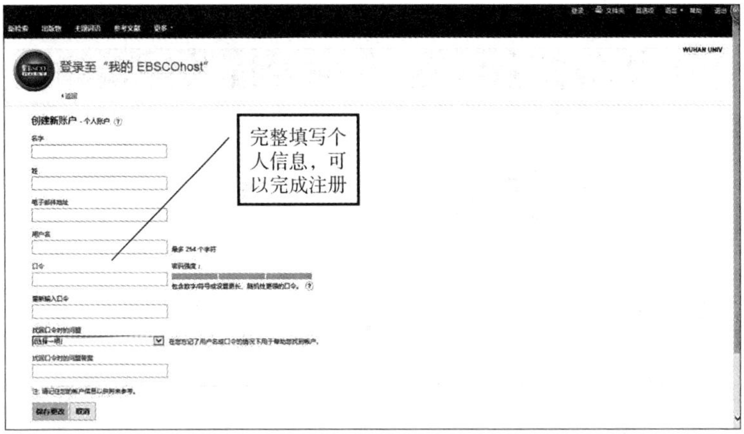

图 6-5 “创建新账户”界面

3. 数据库主要检索方法

在 EBSCOhost 检索平台下，选择多个数据库与选择单个数据的检索方式不同，而多数据库检索方式中，数据库不同，检索限制条件和辅助检索方法也有所不同。本文以两个主要的数据库 ASC 和 BSC 为例，详细介绍该平台的检索技术与方法。

1)关键词检索(Keyword Search)

关键词检索可通过两种检索界面来进行，一种是基本检索界面，另一种是高级检索界面。

先看看基本检索(Basic Search)方式。登录检索平台后默认的就是“基本检索”。基本检索界面提供独立的检索文本输入框，用户在文本框中输入关键词，也可以输入词组。关键词或词组之间可根据需要加入布尔逻辑关系算符(And, Or, Not)，输入的词越多，检索的结果越准确。例如：information literacy, information literacy and china。检索输入框下还列出限制结果选项(Limit your results)，供用户做出相应选择。基本检索界面如图 6-6 所示。

以 ASC 和 BSC 说明初级检索的方法，首先看看界面中的检索选项。初级检索的检索选项分为：布尔逻辑/词组、查找全部检索词语、查找任何检索词语、智能文本检索方式。智能文本检索可以输入一个短语、一个句子、一段话，甚至整篇文章。启动该选项可以防止零检索结果的产生，即如果检索式返回零检索结果，智能文本检索将自动进行输入的关键词的相关搜索，避免检索结果为零[④]。智能文本检索方法见图 6-7。

图 6-6　ASC 和 BSC 同时检索时初级检索的检索选项

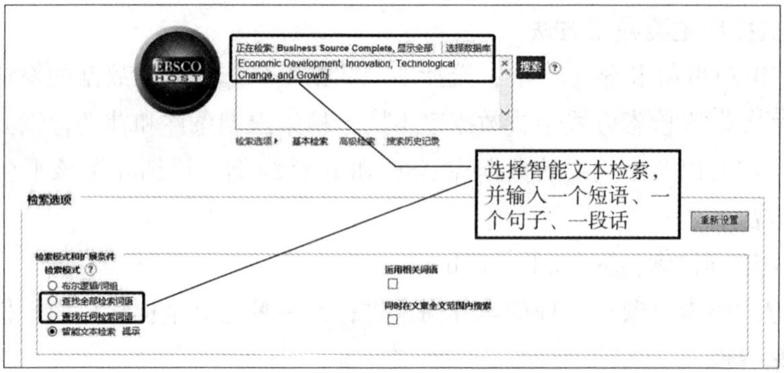

图 6-7　智能文本检索界面

初级检索中不同数据库的“限制结果”选项有所不同。EBSCO 的一些常用限定选项见表 6-1[⑤]。图 6-8 所示是同时检索 ASC 和 BSC 时的“限制结果”选项。

表 6-1　**EBSCO 的一些常用限定选项**

英 文 选 项	对应的中文选项	表 示 意 义
Full text	全文	只检索有全文的文章
References Available	有参考	只检索有参考文献的文章

续表

英 文 选 项	对应的中文选项	表 示 意 义
Scholarly(Peer Reviewed) Journals	学术(同行评审)期刊	只检索专家评审的期刊
Published Date	出版日期	在限定的出版时间检索
Publication	出版物	在限定的出版物中检索
Publication Type	出版物类型	出版物的类型(期刊、报纸、书)
Number Of Pages	页数	全文页数
Images Available	有图像	检索有图片的文章
Cover Story	封面报道	在期刊封面上着重介绍的文章中检索

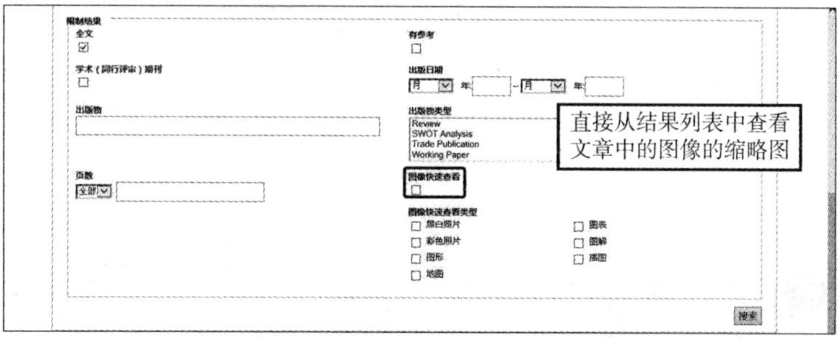

图 6-8 同时检索 ASC 和 BSC 时初级检索的检索限制条件

基本检索举例。如要查找妇女购物行为或心理，可以写出检索式：wom?n and(shop * or trade *)and(behavio#r or psychology *)，检索示例见图 6-9。

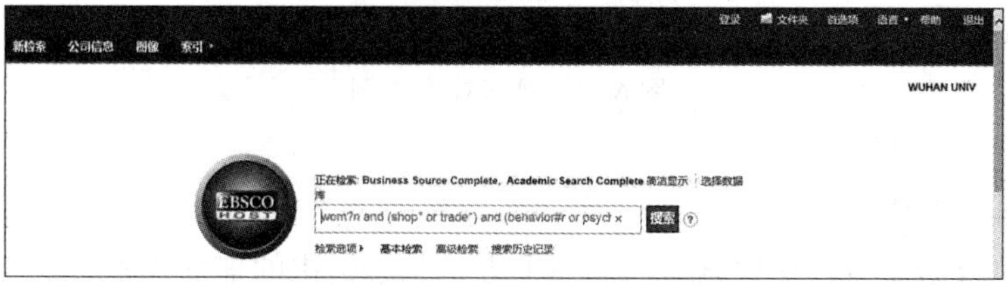

图 6-9 同时检索 ASC 和 BSC 时初级检索举例

再看看关键词检索中高级检索(Advanced Search)方式。高级检索界面提供三个检索文本输入框，每个文本输入框后面对应一个字段下拉列表框。用户根据需要选择检索字段，然后输入对应的检索词，框与框之间可以使用逻辑算符进行逻辑组配。利用检索框下的各项选择可以使检索更准确。高级检索界面如图 6-10 所示。如要查找“妇女购物行为”方面的文献，可以用逻辑符进行组合，其方法见图 6-11 所示。

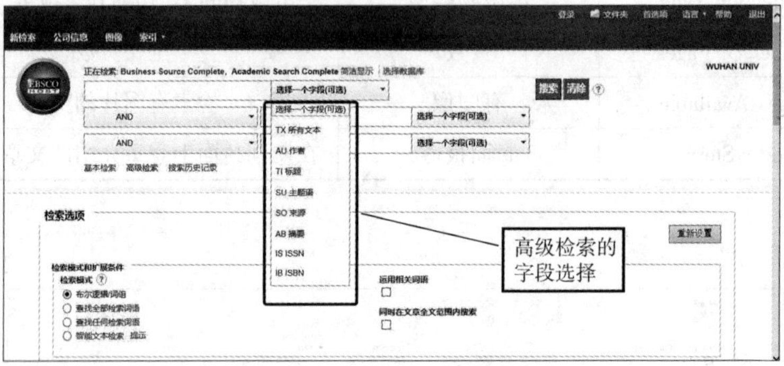

图 6-10　高级检索界面和高级检索字段

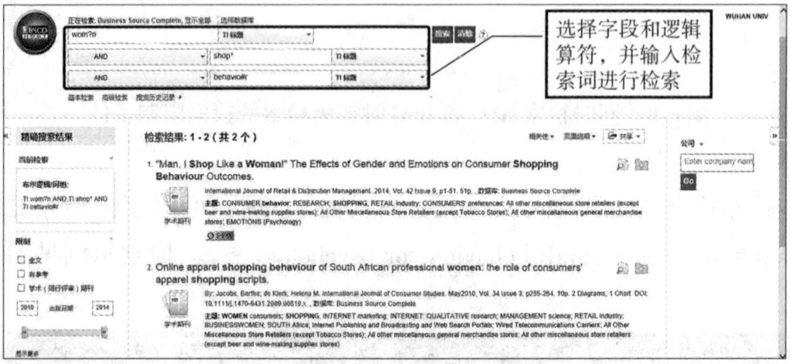

图 6-11　高级检索举例

2)辅助检索

进入数据库后，在检索页面的左上方，系统提供的辅助检索方式有：出版物检索(Publications)、主题词检索(Subject Terms)、引用参考文献检索(Cited References)、索引浏览(Indexes)、图像检索(Images)、公司信息(Company

Information)等。不同数据库的辅助检索功能不完全一样，选择单个数据库检索时辅助检索功能最多，下面以 ASC 为例说明辅助检索的功能。

出版物检索(Publications)功能。在检索方式菜单中选择“出版物”(Publications)，进入出版物检索页面。出版物检索收录了数据库中所有的刊物，利用系统提供的出版物(期刊)名称进行检索，可以选择一种或多种出版物检索。检索时首先对出版物名称进行检索，然后选定某个特定出版物，检索出在该出版物上发表的论文，对带有全文的论文，可以直接查看其全文内容。通过这种检索还可以了解该数据库收录的期刊名称、刊号、出版周期、出版者、刊物报道范围等。出版物检索提供了三种方式：包括“按字母顺序”“按主题和说明”“匹配任意关键字”。以匹配关键字为例查找“business”的刊物的方法见图 6-12，对检出的刊物进行组配检索的方法见图 6-13，组配时系统默认用“OR”连接检索词。

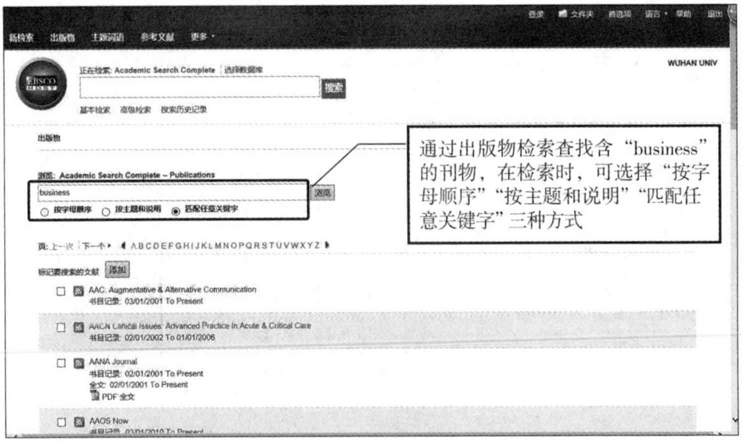

图 6-12 通过出版物检索查找含“business”的刊物

主题词检索(Subject Terms)。利用规范化主题词检索，可以提高检索效率，使检索结果更精确和相关。要查找相关主题词，在检索方式菜单中选择“主题词(Thesaurus)”，进入主题词选择页面，即可查找所要检索的主题词。例如查找含 GIS 的主题词，方法见图 6-14。以 GIS 查出的主题词进行组配检索，方法和结果见图 6-15。

引用参考文献检索(Cited References)。该检索方式提供引文检索，可通过“被引著者”(Cited Author)、“被引题目”(Cited Title)、“被引文献来源”(Cited

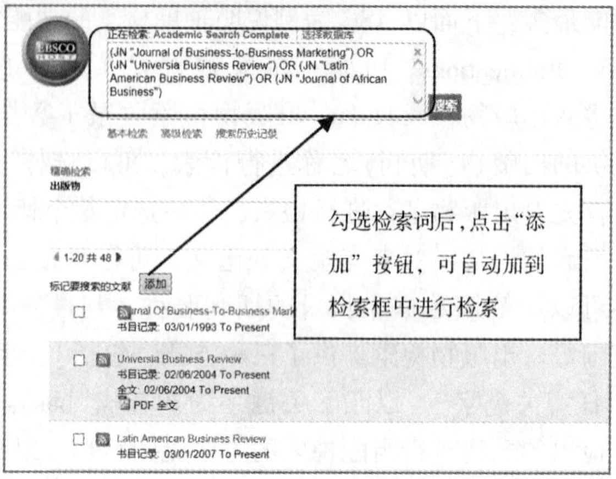

图 6-13 对含"business"的刊物进行组配检索

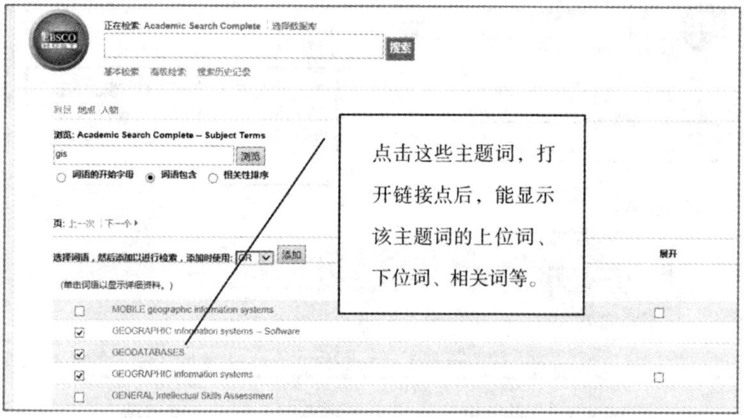

图 6-14 查找含 GIS 的主题词

Source)、"被引年代"(Cited Year)等途径检索论文被引用情况。例如，要查 *Information Technology & Libraries* 这个刊上"Geographic Information and Technologies in Academic Libraries：An ARL Survey of Services and Support"这篇文章的引用情况，可以分别在被引题名和被引来源上输入对应的检索词。具体检索方法见图 6-16。

图像检索(Images)方法。检索系统中的 Image Collection 是数据库自带的图片库，含关于人物、地点、自然风景、历史等方面的照片、图片甚至地图、旗

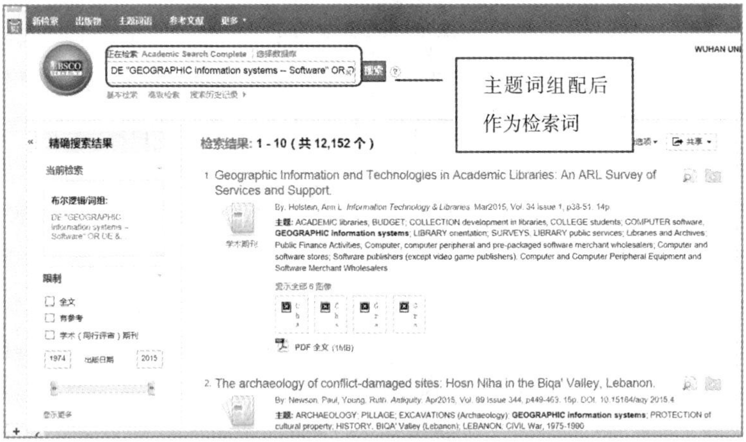

图 6-15 以 GIS 查出的主题词进行组配检索的方法和结果

图 6-16 引用参考文献检索方法

帜。Image Quick View Collection 收录系统中文献的附图，图片类型包括黑白照片、彩色照片、图形、地图、图表、图解、插图等。以查找英国前首相“温斯顿·丘吉尔(Winston Churchill)”相关的图片为例，检索方法见图 6-17，检索结果见图 6-18。其中选择了所有的图片类型，点击其中一张图片，能看到详细的关于图片的说明，见图 6-19。

索引(Indexes)检索方法。数据库提供的索引包括作者、关键词、文献类型、刊名、语种、人物、主题词等多达 18 项索引，见图 6-20。以关键词索引为例，以 information retrieval 为关键词，检出的相关结果见图 6-21。经勾选，并加到检索框，选择词语间的连接方式 AND、OR、NOT，可以进行检索。

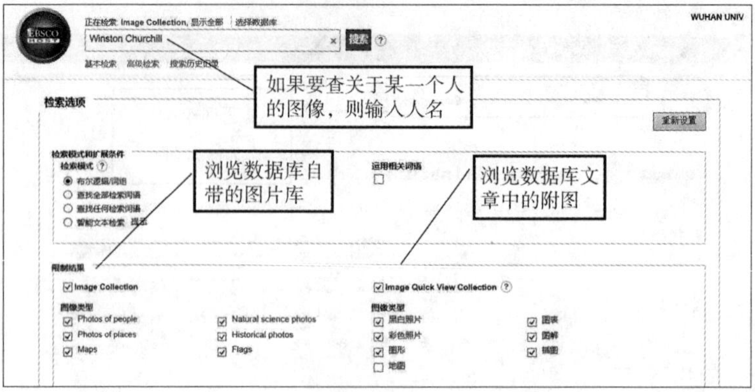

图 6-17　图像检索(Images)方法举例

图 6-18　图像检索结果

图 6-19　图像检索结果：关于某一张图像的详细说明

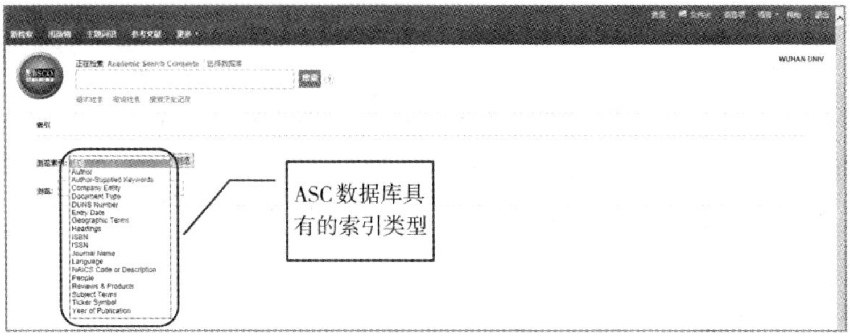

图 6-20　数据库提供的 18 项索引

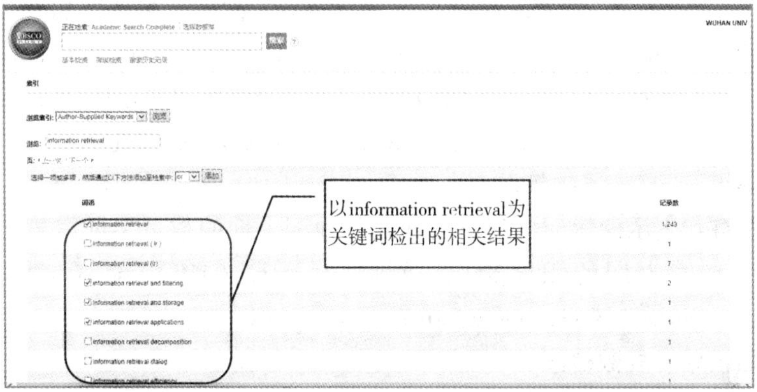

图 6-21　以 information retrieval 为关键词检出的相关结果

6.3.3　数据库检索技巧

1. 逻辑检索

该系统使用的逻辑检索算符有：AND、OR、NOT。

AND 表示概念的相交、限定，缩小检索范围，提高检准率。如 apple and pear 表示检索同时含 apple 和 pear 的文献。OR 表示概念的平行、并列，用于扩大检索范围，提高查全率。如 apple or pear 表示检索含 apple 或 pear 的文献。NOT 表示去掉一个主题中某一部分的主题，用于缩小检索范围，提高查准率。例如 apple not pear 表示检索含 apple 但不含 pear 的文献。

2. 截词检索

所谓截词检索，是指在检索标识中保留相同的部分，用相应的截词符代替可变化部分。检索中计算机会将所有含有相同部分标识的记录全部检索出来。截词检索中用“?”“#”作为通配符，代表一个字符。用“ * ”符号作为截词符，代表多个字符。

? 和#只替代一个字符，例如输入 ne? t，可检索出 neat、nest、next。

* 可以替代一个字符串，例如输入 comput * ，可检出 computer computing 等，输入 librar * 可查出 library、librarian、libraries。

3. 位置检索

EBSCOhost 的位置算符有 N 算符和 W 算符。

N 算符：表示检索词之间可以加入其他词，词的数量根据需要而定，词的顺序任意。例如，tax N5 reform 表示在 tax 和 reform 之间最多可以加入 5 个任意词，顺序任意，这个检索式可检索出 tax reform、reform of income tax 等。econom?? N2 recovery 表示在 econom?? 和 recovery 之间最多可以加入 2 个任意词，可能检出 economic recovery、recovery of the economy、recovery from economy troubles 等。输入 information N3 retrieval，可检索出 information retrieval、retrieval informaiton、retrieval of information、retrieval of law information、retrieval of Chinese law information 等。

W 算符：表示检索词之间可以加入其他词，词的数量根据需要而定，词的顺序应与输入词的顺序相同。例如 electronic (1W) resources 可检索出 Electronic resources、Electronic information resources。

4. 名词单、复数检索

EBSCOhost 在执行检索时会返回检索词的单数及复数形式。当输入单数时，该词的复数及所有格形式均被检索。但如果该词被引号括起，则不会查出其复数形式，如输入 alley cat 作检索词，含有以下词的检索结果均有可能被查出：alley cat、alley cat's、alley cats、alley's cat、alley's cat's、alley's cats、alleys cat、alleys cat's、alleys cats。而输入某词的复数形式时，EBSCOhost 也会自动搜索该词的单数形式。对名词的不规则复数形式，如“child/children”，选中“运用相关词语(Apply related words)”选项即可解决[6]。

5. 精确检索

在检索词组加引号，可以实现精确检索。如检索含引号的“information literacy”，则只会查出严格的 information literacy 这个词组。

6. 扩展检索功能

在检索选项中选中“运用相关词语(Apply related words)”选项，可在检索结果的子标签“搜索采用的相关文字”中找到已输入检索词的同义词及检索词的复数形式，如输入 neoplasm，则 Tumor、Tumour、Tumors、Tumor's、Tumours 和 Tumour's 均被检出。

6.3.4 检索结果显示、优化与保存共享

1. 检索结果显示

检索命中的文献，系统首先以题录方式显示。直接点击某一篇文献后，可以看到文摘(如果无全文)或全文链接。该系统提供 HTML 和 PDF 两种格式全文显示。如系统未提供全文，用户还可通过点击“国内馆藏及全文链接”查看国内哪个图书馆收藏该文献，如果用户所在的图书馆订购了该文献的电子版，用户可直接通过链接看到其全文。检索结果显示见图 6-22。

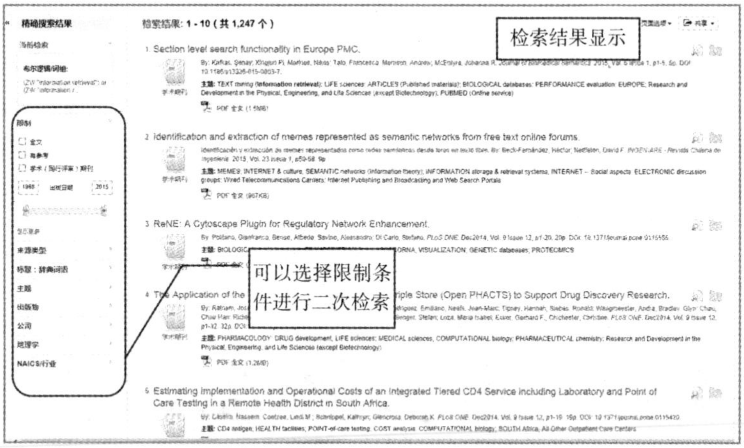

图 6-22 EBSCOhost 检索结果

检索完成后，如对结果不满意，还可以对结果进行二次检索。图 6-23 是设定了限制条件后的检索结果，限定结果要求“全文”“有参考”“学术(同行评审)期刊”。当然，在限定中，还可以用文献类型、主题、出版物等多项功能进行限定，直到获得满意的结果。检索结果也可以按照相关性、日期、作者、来源等进行排序。

2. 检索结果的保存和共享

对于某一条文献，点击打开其链接点后，可看到文献的详细信息，见图 6-24 所示。可将该文章添加到文件夹、打印、电子邮件发送、保存、引用、导出、添加注释、永久链接、共享。以下逐一说明这些功能。

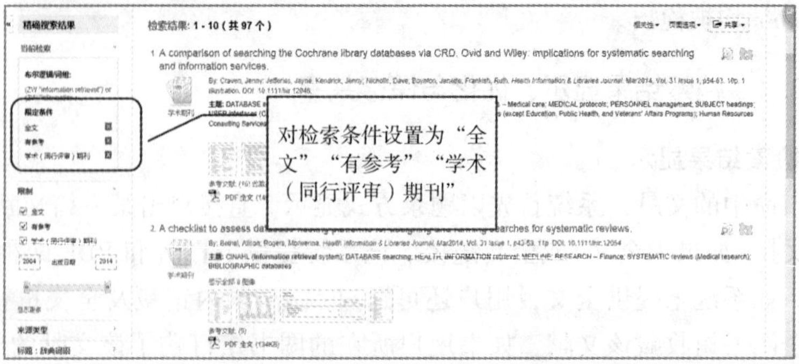

图 6-23　EBSCOhost 二次检索结果

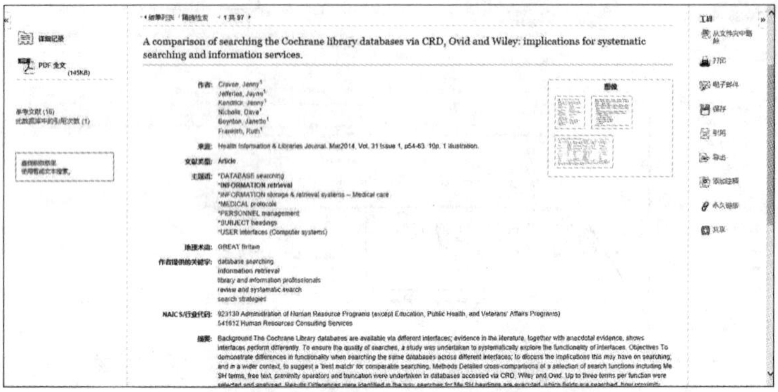

图 6-24　EBSCOhost 中题录详细信息页面

① 添加到文件夹功能。如果用户注册了 EBSCOhost，那么可将结果加入到用户的文件夹中。见图 6-25。

② 打印功能。该选项可将文章的部分字段输出，但不包括全文。全文可以将 PDF 下载后打印，如图 6-26 所示。

③ 电子邮件发送功能。可以将该文章以电子邮件的形式发送给相关人员，如图 6-27 所示。

④ 引用功能。该字段列出了多种引文格式，方便用户引用，另外还可导出至文献目录管理软件（EndNote、ProCite、Reference Manager、RefWorks、BibTeX 等）。如图 6-28 所示。

⑤ 导出功能。将要保存的信息以限定格式导出。如图 6-29 所示。

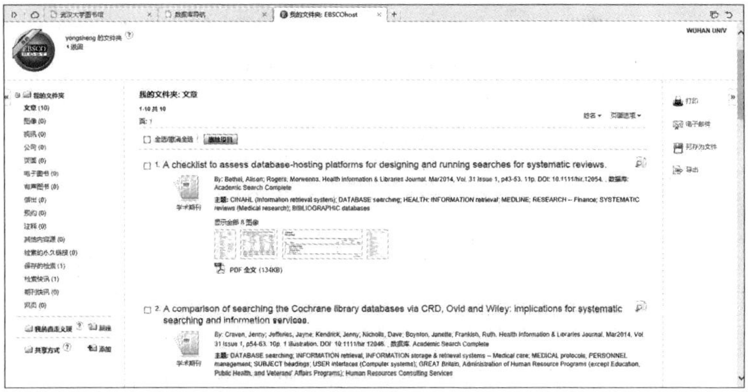

图 6-25 个人账户的文件夹管理

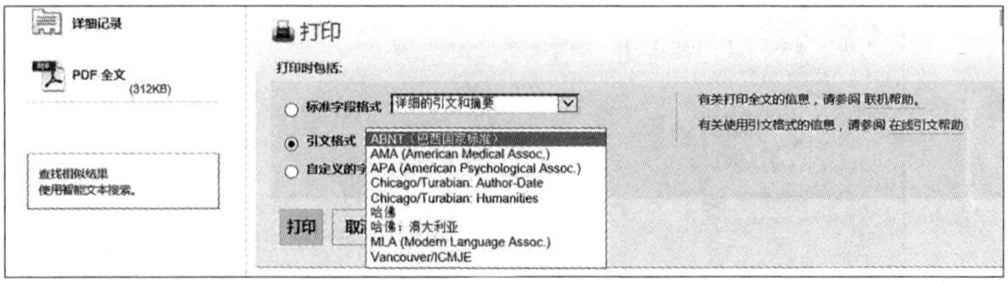

图 6-26 EBSCOhost 中题录信息的输出页面

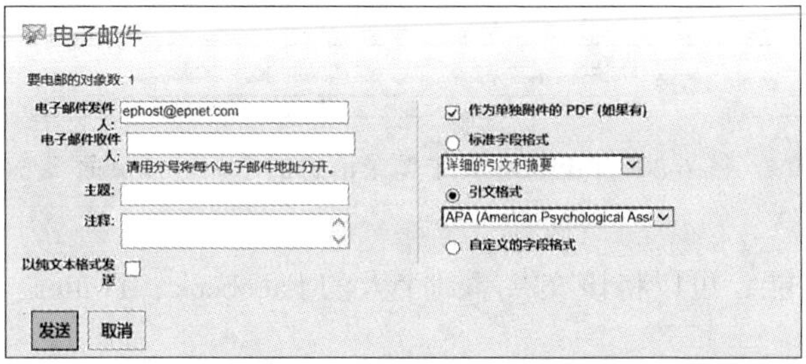

图 6-27 EBSCOhost 中题录信息的邮件发送页面

⑥ 添加注释功能。该功能需注册并登录后才能使用。登录后，可对该条文献进行注释，便于以后查看。

⑦ 永久链接功能。该功能给出了该篇文章的永久链接，可保存到相关的个人主页上，如图 6-30 所示。

图 6-28　EBSCOhost 中题录信息的引文格式页面

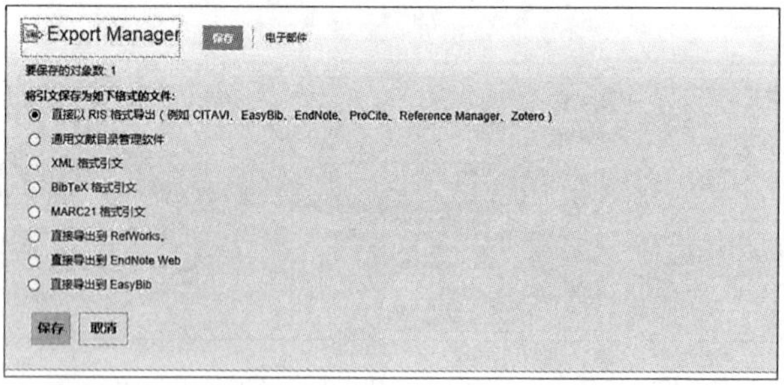

图 6-29　EBSCOhost 中题录信息的导出页面

图 6-30　EBSCOhost 中题录信息的永久链接页面

⑧ 共享功能。可以将该文共享到个人的 Facebook、Twitter、Google 等，如图 6-31 所示。

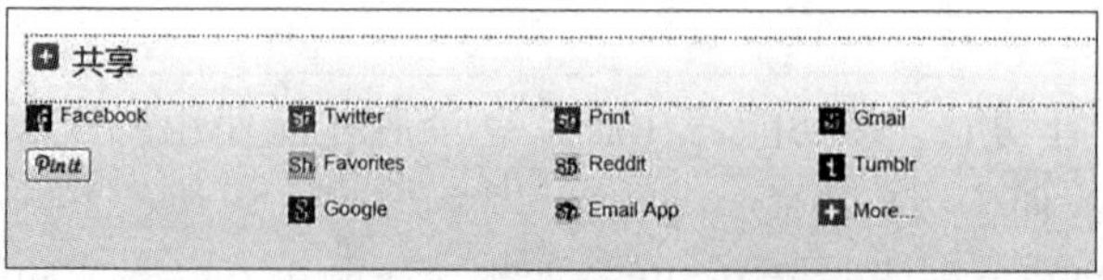

图 6-31　EBSCOhost 中题录信息的共享页面

3. 检索历史的应用

每次在检索中点击“Search”按钮进行新的检索，都会在历史记录表中产生一条新的检索历史记录，如图 6-32 所示。每一条历史记录均会有一个编号(如 S1、S2、……)，可以用这个编号代替检索命令用于构建检索表达式。用历史记录构建表达式也会在历史记录表中产生一条新的历史记录。申请个人账号并登录后可以保存历史记录表，以便再次检索时使用。

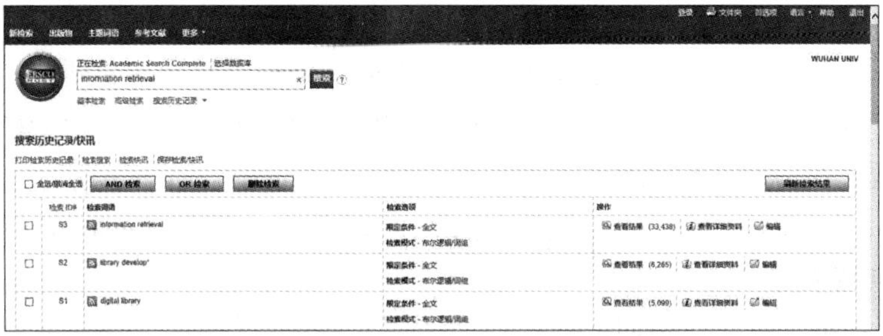

图 6-32　EBSCOhost 中检索历史记录

点击“检索历史”链接点可以查看本次检索的全部检索式及检索结果。检索历史还可以进行组合操作。组合检索的方法见图 6-33。

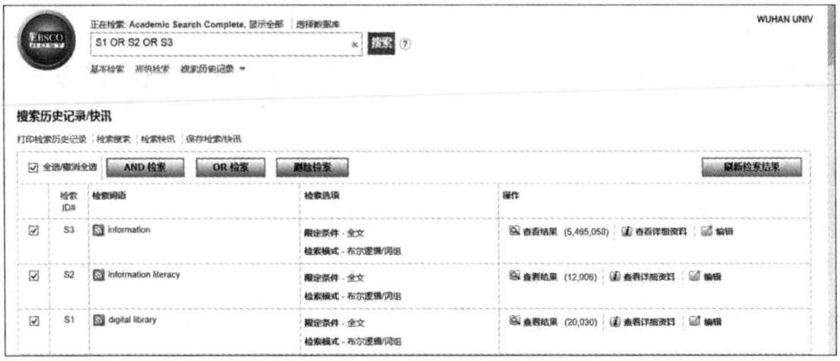

图 6-33　EBSCOhost 中检索历史组合检索

本章习题

1. 分别用初级检索和高级检索方法检索以下课题(选做一题)，并进行如下操作：

(1)可供选择的课程如下：

① MOOC 理念与信息素养教育；

② 美国对外贸易；

③ 艾滋病治疗药物。

(2)了解该课题可选用的 EBSCOhost 平台的数据库(1~3 个)。

(3)对检索结果进行精炼，选择限制条件，如只要有“全文”的文献，或“学术(同行评审)期刊”。

(4)在 EBSCOhost 平台上注册账户，选取一条检索结果尝试进行操作，如学习将该文章添加到个人文件夹、打印、电子邮件发送、保存、引用、导出、添加注释、保存永久链接的方法。

2. 用 Academic Search Complete 的 Subject Terms 查找“electronic media”这个词的规范主题词。

(1)列出其正式主题词。

(2)其上位主题词(Broader Terms)有哪些，列出两个。

(3)其下位主题词(Narrower Terms)有哪些，列出两个。

(4)其相关主题词(Related Terms)有哪些，列出两个。

3. 利用 EBSCO-ASC 查找 2005—2014 年间主题为 information literacy、并且题名含 America 共多少条文献。按最近日期排序，列出第三条记录(至少含题名、作者、来源)。

4. 选择 EBSCO-ASC 数据库，在“高级检索”方式下，列出该库具有的检索字段(仅需列出简写英文即可)。

5. 利用 EBSCO-BSP 数据库检索包括 tax reform 这一词组(精确匹配)的记录，应该在文本框中输入哪个检索式或检索词？(　)

A. (tax reform)　　B. tax and reform　　C. tax reform　　D. “tax reform”

6. 请在 EBSCO 的 ASP 数据库中找出篇名为“Information security goes mainstream”的论文作者及其所登载的刊物名称、发表时间。记录：(1)检索步骤；(2)检索结果。

7. 请在 EBSCO-ASP 中查找音乐家“路德维希 · 范 · 贝多芬 Ludwig Van Beethoven(1770—1827)”的图像，共检出多少幅，请简要说明检索方法(提示：利用该数据库的图像检索功能)。

第7章　Ei Compendex 的检索

Ei Compendex 涵盖一系列工程、应用科学领域高品质的文献资源。该数据库的快速检索、专家检索、叙词检索方法和对结果的处理方法是本学习的重点和难点。

7.1　实验目的与要求

(1) 了解 Ei Compendex 收录文献的学科特点；
(2) 掌握快速检索、专家检索、叙词检索的方法；
(3) 掌握浏览索引等辅助检索工具；
(4) 掌握 Ei Compendex 的个性化功能和结果保存共享方法。

7.2　实验内容

(1) 练习使用 Ei Compendex 的快速检索、专家检索、叙词检索方法；
(2) 练习使用 Ei Compendex 的浏览索引等辅助检索工具；
(3) 练习使用 Ei Compendex 的个性化功能和结果处理方法。

7.3　实验操作指导

本实验包括以下五部分：Ei Compendex 数据库简介、数据库检索方法、数据库索引使用方法、Ei 检索算符以及检索结果的处理方法。

7.3.1　数据库简介

Ei Compendex(http://www.engineeringvillage.com)是由 Elsevier Engineering Information Inc. 出版，涵盖一系列工程、应用科学领域高品质的文献资源。

Ei Compendex 提供了 1969 年至今的 1 600 多万条文献记录，每年收录超过 3 600 种期刊，4 100 种会议录和行业杂志，每年新增约 100 万条摘要引文信息。Ei 收录的文献内容涵盖 190 种工程和应用类学科，包括机械工程、土木工程、环境工程、电气工程、结构工程、材料科学、固体物理、超导体、生物工程、能源、化学和工艺工程、生物工程、照明和光学技术、空气和水污染、固体废弃物的处理、道路交通、运输安全、控制工程、工程管理、农业工程和食品技术、计算机和数据处理、电子和通信、石油、宇航、汽车工程以及这些领域的子学科和其他主要的工程领域，而且涉及这些领域从研究、开发、生产到咨询和教育等各方面文献。收录的文献中 90%的文献语种是英文，期刊文献约占 80%，会议文献约占 20%，数据库内容每周更新。Ei 从 1992 年开始收录中国期刊，1998 年在清华大学图书馆建立了 Ei 中国镜像站。

7.3.2　数据库检索方法

Ei Compendex 提供三种检索方式：快速检索(Quick Search)、专家检索(Expert Search)、叙词检索(Thesaurus Search)。此外，数据库还具有浏览索引(Browse Indexes)等其他辅助检索工具。

1. 快速检索(Quick Search)

快速检索是 Ei 默认的检索方式，如图 7-1 所示。快速检索界面显示了专家检索和叙词检索的标签，可以对检索方式进行切换。快速检索默认为三个检索框，可以点"Add search field"增加检索框，选择检索的字段，并在检索框中输入检索词即可对关注的主题进行检索，点击检索界面的"i"标记可以获得该功能的详细介绍和帮助。在 Ei Compendex 中可以通过设置检索字段、限制检索条件、设置排序方式以及词根检索(Autostemming)开关对结果进行控制。各设置功能区解释或代码如表 7-1 和表 7-2 所示。

快速检索界面系统将自动执行词干检索(除作者字段)。例如，输入 management 后，系统会将 managed、manager、managers、managing、management 检出。在快速检索界面，如果不希望执行词干检索，则需要勾选"Autostemming off"。

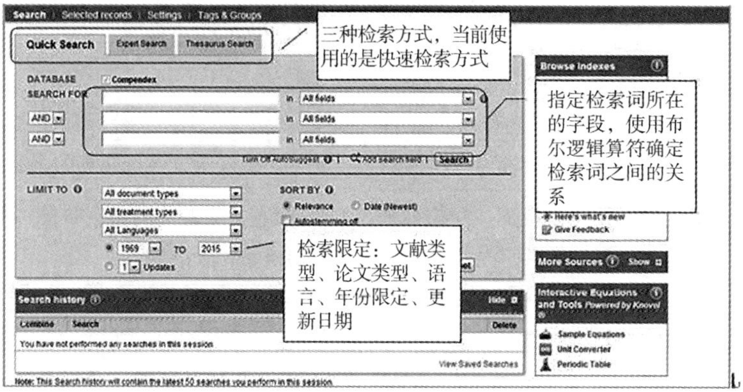

图 7-1 Ei 快速检索界面

表 7-1 **Ei 快速检索区字段说明**

名　称	说　明
All fields	指 Ei 数据库全部著录项目，该字段为系统默认字段
Subject/Title/Abstract	在文摘、标题、标题译文、主题词表、标引词、关键词等字段进行检索，检索词可为词、词组或短语
Abstract	摘要
Author	作者或编者。输入时姓在前名在后。作者名后可以使用截词符，如 Smith，A * 表示系统将就 Smith，a.；Smith，A. A.；Smith，A. B；Smith，Aarom；Smith，Aaron C 等作者进行检索。用作者字段检索时可参考作者索引
Author affiliation	作者机构名称
Title	文章的标题。检索时可以输入词、词组或短语，如 radio frequency
Ei Classfication code	Ei 分类代码
CODEN	丛刊代码
Conference information	会议信息
Conference code	会议代码
ISSN	国际标准刊号

续表

名　称	说　明
Ei main heading	Ei 主标题
Publisher	出版者
Source title	出版物名称，包括期刊、专著、会议录、会议文集的名称
Ei controlled term	Ei 受控词。受控词来自 Ei 叙词表，从专业的角度将同一概念的主题进行归类，因此使用受控词检索比较准确
Country of origin	来源国家

表 7-2　**Ei 检索限制条件说明**

文献类型说明(All document types)		文献处理类型分类(All treatment types)	
名称	说明	名称	说明
All document types	所有文献类型	All treatment type	所有类别
Journal article	期刊文献	Application	应用类
Conference article	会议文献	Biographical	传记类
Conference proceeding	会议论文集	Economic	经济类
Monograph chapter	专论论文	Experimental	实验类
Monograph review	报告综述	General review	一般性综述
Report chapter	报告论文	Historical	历史类
Report review	报告综述	Literature review	文献综述
Dissertation	学位论文	Management aspect	管理类
Patent	专利文献	Numerical	数值类
Article in Press	在印文献	Theoretical	理论类

2. 专家检索(Expert Search)

点击“Expert Search”即可进入专家检索界面。专家检索使用命令行方式在单一检索框内进行文本检索，需要合理地使用检索字段和检索运算符。专家检索使专业的用户能更快速且准确地得到所需的信息。专家检索的特点如下：

① 专家检索使检索更加灵活、准确，适宜于专业检索人员使用。简单检索中的规则适用于专家检索。

② 使用专家检索时，应用算符“within”限定某一特定字段，否则系统默认在全字段检索。同时可以使用逻辑算符、位置算符、截词符和通配符等。检索式可以同时进行多种限定，系统严格按检索式进行检索。限定形式举例：{Global Positioning System} wn TI，或者{remote sensing} wn TI and geology wn KY，或者 geographic information system wn KY，或者 Smith，A * wn AU，等等。

注：在专家检索中，系统不自动进行词干检索。若要做词干检索，需在检索词前加上“ $ ”符号。如：$ management 可检到 managed、manager、managers、managing、management 等词。

专家检索举例说明，如要检索题名中出现“geographic information system”(地理信息系统)且文摘中出现“global positioning system”(全球定位系统)的文献，则可以使用检索式(geographic information system or gis) wn ti and (global positioning system or gps) wn ab 进行检索，如图 7-2 所示。

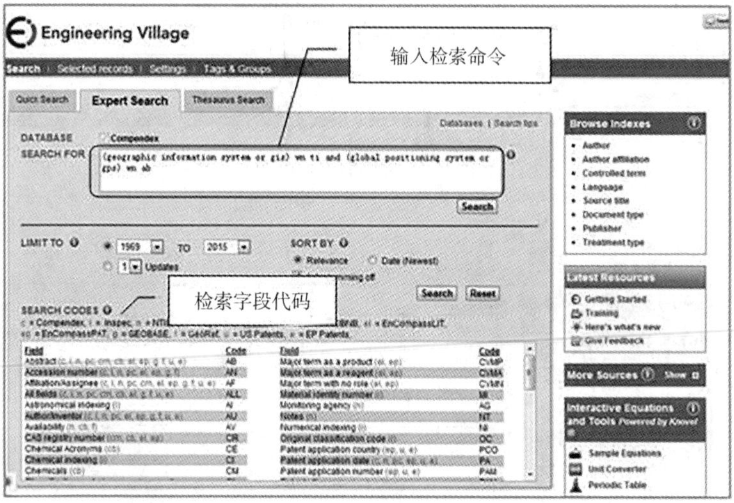

图 7-2　专家检索界面

3. 叙词检索(Thesaurus Search)

叙词检索是从 Ei 叙词表中选择所需的叙词进行检索，如图 7-3 所示。在检索框中输入检索词后，可以通过 Search(查询)、Exact Term(精确匹配)和 Browse(浏览)三种方式进行检索。其中“查询”是指检索词表中含有输入的词汇条目，“精确匹配”是指在词表中精确查找检索词，“浏览”是指检索到条目中以检索词开头的条目。例如在 Search 状态下输入“air cleaners”，则可以得到

"air filters""air pollution""air purification""air quality"等结果。可以勾选待检索的词目，同时将词目加到检索框中。在限制条件(Limit to)中对文献类型、文献领域、文献语言及其时间等进行设置，通过 Combine Search With 按钮下的 AND/OR，对叙词的逻辑关系进行设置后检索。图 7-4 显示点击查询到的主题词后，可以看到其上位词、下位词和相关词。

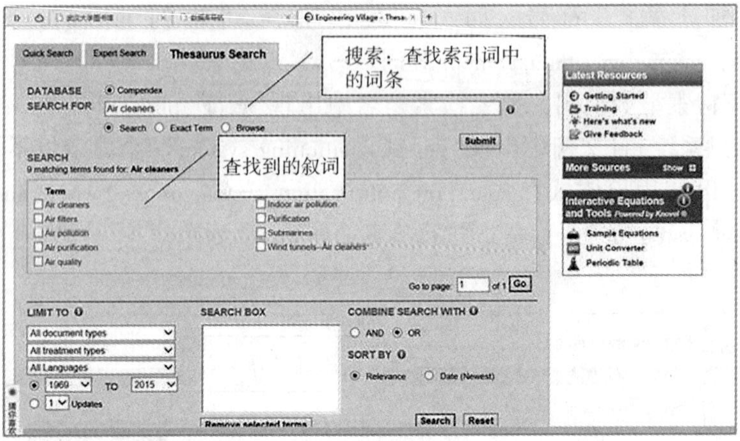

图 7-3　叙词检索界面

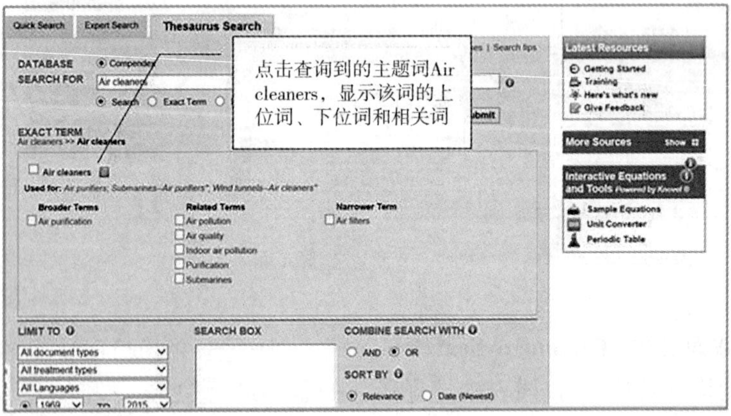

图 7-4　某一主题词的上位词、下位词和相关词

7.3.3 数据库索引使用方法

浏览索引可帮助用户选择合适的检索词。在快速检索和专家检索中都提供索引浏览功能。快速检索中有作者(Author)、作者机构(Author Affiliation)、Ei受控词(Controlled term)、出版物名称(Source title)、出版者(Publisher)的索引；专家检索除含有快速检索中的索引外，还增加了论文类型、文献类型和语种的索引浏览功能。快速检索中的索引见图 7-5，专家检索中的索引见图 7-6。

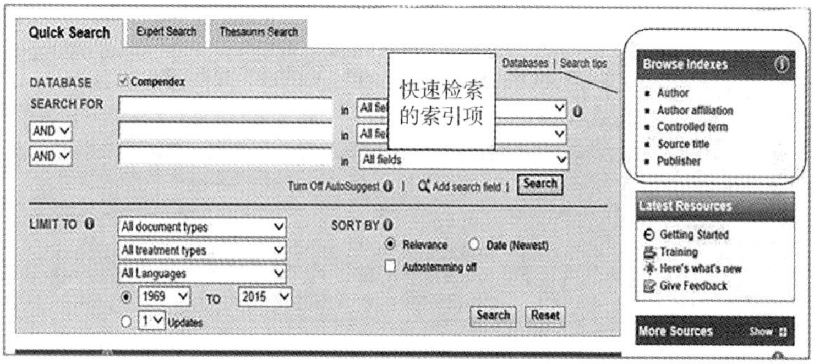

图 7-5 快速检索中的索引项

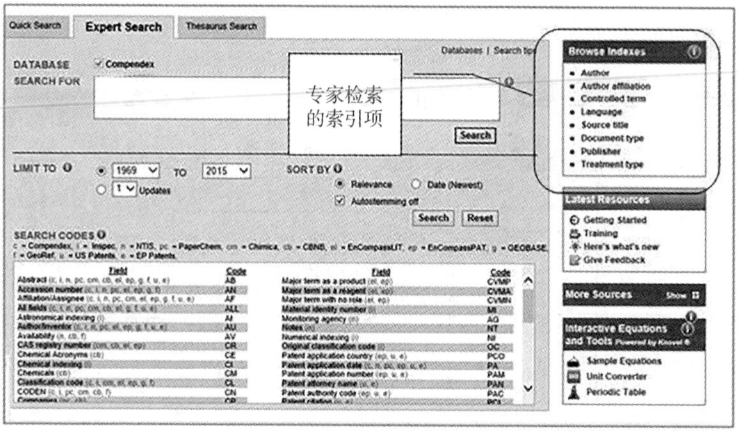

图 7-6 专家检索中的索引项

从索引词典中选择检索词的步骤如下：在 Browse Indexes 下，选择需要查找的索引，在索引中，可以按词语检索，或者字顺浏览。

使用索引词典检索的方法如下：在输入框中输入检索词的前几个字符，单击“Find Submit”按钮，即可将词典定位到所需检索词，勾选所需的检索词，则该词自动粘贴到 Ei 检索界面中。需要说明的是，在索引词典中一次可以选择多个检索词，系统将词间关系默认为逻辑关系“OR”，可视需要改为逻辑关系“AND”或逻辑关系“NOT”。下面以作者索引为例说明索引的使用方法。图 7-7 是按字顺浏览索引的方法。图 7-8 是检索索引的方法，在输入框中输入需检索的词。图 7-9 是将作者索引获得的检索词勾选后粘贴到检索框中的页面。

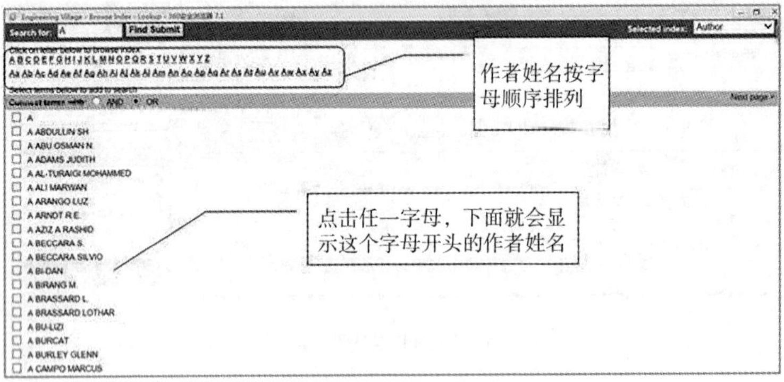

图 7-7　作者索引按字顺排列

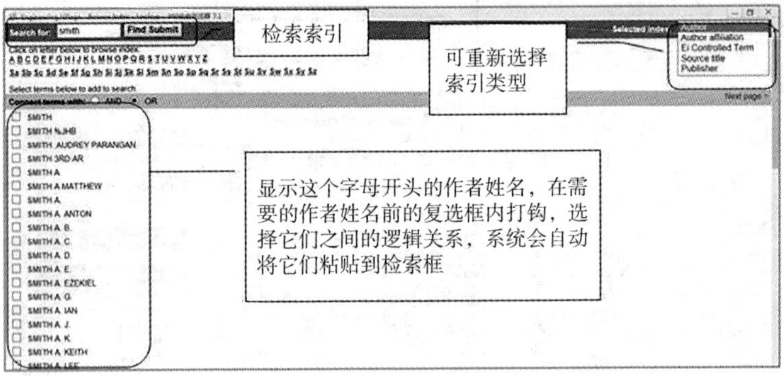

图 7-8　检索索引的方法

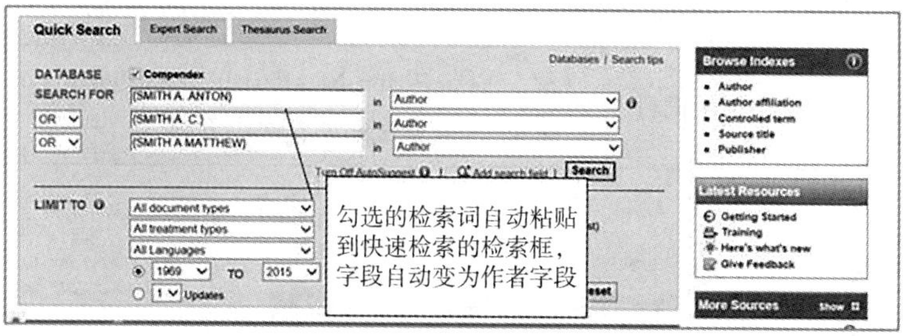

图 7-9　作者索引获得的检索词勾选后可粘贴到检索框

7.3.4　Ei 检索算符

1. 布尔逻辑运算符

布尔逻辑运算符 AND、OR、NOT 定义了词或词组之间的关系。采用 AND 连接检索词，可以使结果更精确。例如：输入 Smith，A wn AU and gis wn ti，则检索出由 Smith，A 写的篇名含 gis 的文献。采用 OR 连接检索词，则可以扩大检索范围。例如：检索式 gis or geographic information system 则提示检索结果中含 gis 或 geographic information system 均可。采用 NOT 连接检索词，则可以从检索中删除不需要的检索词。例如：要检索与“工程”相关的文献，但排除掉“电力工程”方面的文献，则可以用 engineering not electric engineering 这样的检索式。

2. 位置检索

Ei 中的位置检索主要在专家检索中使用。位置检索符的运用见表 7-3。图 7-10 是 Ei 应用位置算符检索结果图示，是以“digital NEAR/4 library”为检索词，在题名中检索 2014—2015 年文献的结果示意图。

表 7-3　**Ei 位置算符**

算　符	代表含义	举例说明
NEAR/n	两词之间可以插入 0～n 个词，次序不限	digital NEAR/4 library 表示 digital 与 library 间可插入 0～4 个词，次序不限
ONEAR/n	两词之间可以插入 0～n 个词，前后位置不可调换	digital ONEAR/5 library 表示 digital 与 library 间可插入 0～5 个词，前后位置不可调换

续表

算 符	代 表 含 义	举 例 说 明
NEAR/0	检索相邻的词目	digital NEAR/0 library 表示 digital 与 library 紧密相邻，次序不限

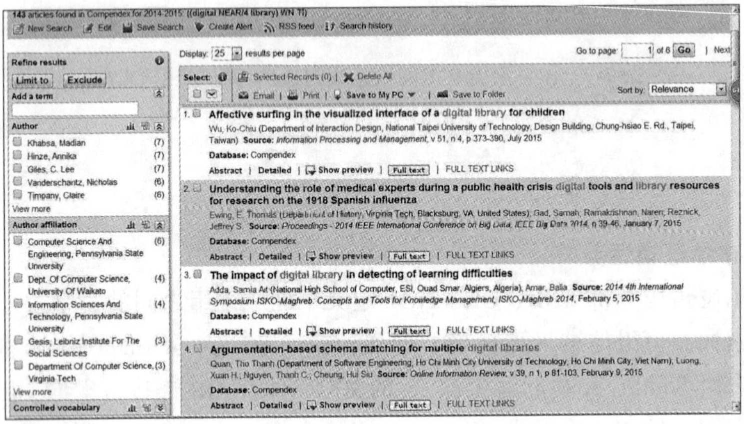

图 7-10 Ei 应用位置算符检索结果图示

3. 精确短语检索

使用“”或{}符号。如以“geographic information system”作为检索词，则只会检索出含 geographic information system 这个词组的结果。

4. 截词符和通配符

截词符用“ * ”号表示， * 可替代 0~n 个字符。例如：输入 comput * 得到 computer、computerized、computation、computational、computability 等结果。

通配符用“?”号表示,? 代表一个单独的字符。如：wom? n 检索出 woman、women；fib?? 可检索 fiber、fibre。

词干检索用“ $ ”号表示。在专家检索中，使用 $ 进行词干检索，可以检索到一个词经过词形变化后的各种形式。如： $ management 可检索出含 management、managing、managed、manager、manage、managers 等的结果。在快速检索中，除了作者字段，将自动进行词干检索；在使用“”(或者{})进行词组检索时，不能使用词干检索；如果使用了截词符或者通配符，则不会执行词干检索。

5. 连接词(Stop Words)

如果检索的短语中包含连接词(and、or、not、near)，则需将此短语放入括号或引号中进行检索。例如：{block and tackle}、“water craft parts and equipment”或{near earth objects}。

7.3.5 检索结果的处理

完成检索策略后，单击“search”按钮，得到检索结果如图 7-11 所示。

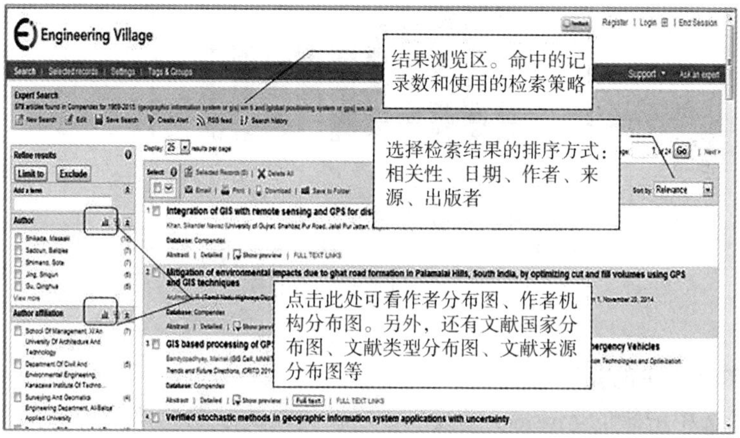

图 7-11 Ei Compendex 检索结果页面

1. 检索结果的显示与精炼

Ei 所有命中记录以题录的形式显示，对于检索结果的排序，系统提供了五种选择方式：按相关度排序(Relevance)、按日期(Date)、按作者(Author)、按来源(Soource)、按出版者(Publisher)等排序。

在检索结果页面上，有多种不同的功能按钮。如：点击“New Search”，可以进行新的检索，点击“Edit”，可以修改检索条件，点击“Save Search”，可以保存检索结果，“RSS feed”用来订阅检索结果，点击“检索历史”(Search History)可回溯查看检索历史。

在检索结果的左侧可以通过 refine results 来对结果进行进一步的精炼，提高检索准确性。还可以按作者(Author)、作者机构(Author Affiliation)、受控词表(Controlled Vocabulary)、分类代码(Classification code)、国家(Country)、文献类型(Document type)、语种(Language)、年代(Year)、刊源(Source title)以

及出版者(Publisher)对结果进行分析，提供不同的分布图。图 7-12 显示了作者机构的分布图。

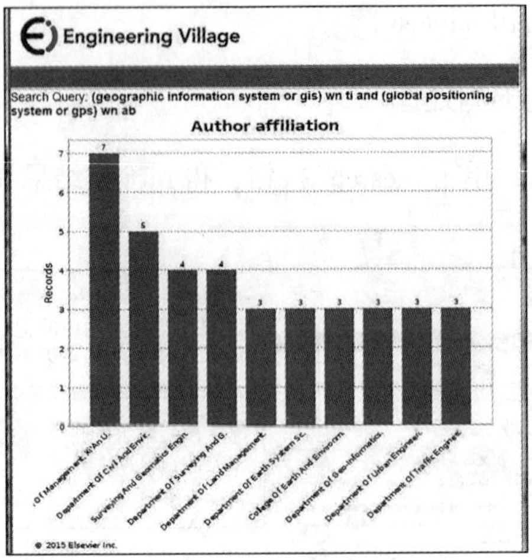

图 7-12　作者机构分布图

2. 单条记录的处理

单击选中记录的 Abstract 链接，可以看到该文献的简单题录信息，包含了除题名和作者在内的 9 个相关字段信息，题录信息中提供作者链接，通过单击作者姓名，可以链接到该作者被 Ei 收录的所有文献中。数据库还提供主题词、受控词、非受控词、分类码的链接，单击“FULL TEXT LINKS”可以链接到本馆已订购的数据库的全文。图 7-13 是点击某篇文章的“Abstract”链接点后，显示的相关题录信息。

3. 查看详细记录

单击选中记录的“Detailed Record”链接，可以看到该文献的详细题录信息，如图 7-14 所示。

无论是简单题录还是详细题录页面，均可通过单击“Back to Results”按钮，直接返回记录列表页面。通过单击“New Search”按钮，重新开始新的检索。

4. 记录的选取方式

Ei Compendex 记录的选取有两种方式，一种是在每个记录前的复选框中选中，也可以在 selection option 前选中，则选取当前页面的所有记录。单击 Delete All 按钮，可以清除该页面的标记或全部标记，如图 7-15 所示。

选择标记后，用户可点击“Selected Records”，选择要浏览的格式，包括

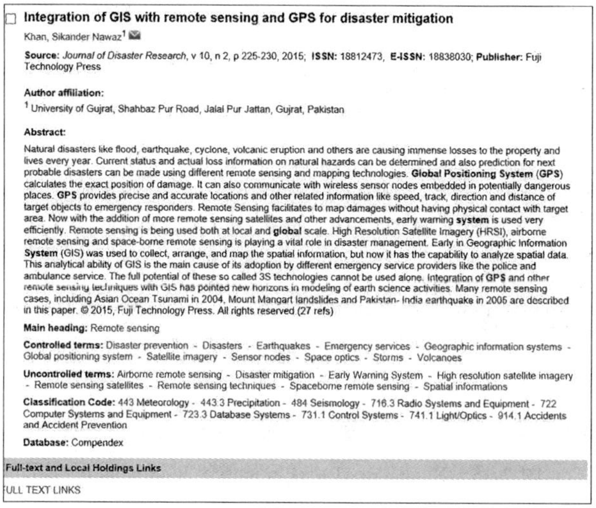

Integration of GIS with remote sensing and GPS for disaster mitigation

Khan, Sikander Nawaz[1]

Source: *Journal of Disaster Research*, v 10, n 2, p 225-230, 2015; ISSN: 18812473, E-ISSN: 18838030; Publisher: Fuji Technology Press

Author affiliation:

[1] University of Gujrat, Shahbaz Pur Road, Jalal Pur Jattan, Gujrat, Pakistan

Abstract:

Natural disasters like flood, earthquake, cyclone, volcanic eruption and others are causing immense losses to the property and lives every year. Current status and actual loss information on natural hazards can be determined and also prediction for next probable disasters can be made using different remote sensing and mapping technologies. **Global Positioning System** (**GPS**) calculates the exact position of damage. It can also communicate with wireless sensor nodes embedded in potentially dangerous places. **GPS** provides precise and accurate locations and other related information like speed, track, direction and distance of target objects to emergency responders. Remote Sensing facilitates to map damages without having physical contact with target area. Now with the addition of more remote sensing satellites and other advancements, early warning **system** is used very efficiently. Remote sensing is being used both at local and **global** scale. High Resolution Satellite Imagery (HRSI), airborne remote sensing and space-borne remote sensing is playing a vital role in disaster management. Early in Geographic Information **System** (GIS) was used to collect, arrange, and map the spatial information, but now it has the capability to analyze spatial data. This analytical ability of GIS is the main cause of its adoption by different emergency service providers like the police and ambulance service. The full potential of these so called 3S technologies cannot be used alone. Integration of **GPS** and other remote sensing techniques with GIS has pointed new horizons in modeling of earth science activities. Many remote sensing cases, including Asian Ocean Tsunami in 2004, Mount Mangart landslides and Pakistan- India earthquake in 2005 are described in this paper. © 2015, Fuji Technology Press. All rights reserved (27 refs)

Main heading: Remote sensing

Controlled terms: Disaster prevention - Disasters - Earthquakes - Emergency services - Geographic information systems - Global positioning system - Satellite imagery - Sensor nodes - Space optics - Storms - Volcanoes

Uncontrolled terms: Airborne remote sensing - Disaster mitigation - Early Warning System - High resolution satellite imagery - Remote sensing satellites - Remote sensing techniques - Spaceborne remote sensing - Spatial informations

Classification Code: 443 Meteorology - 443.3 Precipitation - 484 Seismology - 716.3 Radio Systems and Equipment - 722 Computer Systems and Equipment - 723.3 Database Systems - 731.1 Control Systems - 741.1 Light/Optics - 914.1 Accidents and Accident Prevention

Database: Compendex

Full-text and Local Holdings Links

ULL TEXT LINKS

图 7-13 Ei Compendex 点击“Abstract”后题录信息页面

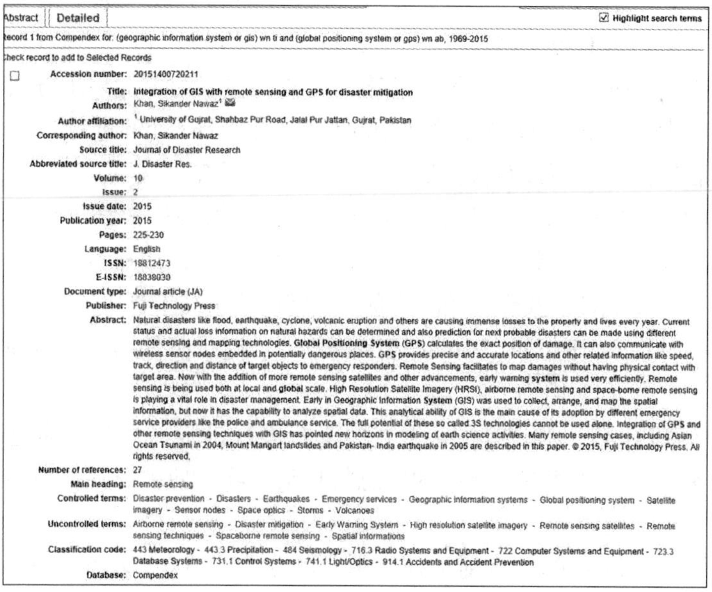

bstract | Detailed | Highlight search terms

ecord 1 from Compendex for: (geographic information system or gis) wn ti and (global positioning system or gps) wn ab, 1969-2015

heck record to add to Selected Records

Accession number:	20151400720211
Title:	**Integration of GIS with remote sensing and GPS for disaster mitigation**
Authors:	Khan, Sikander Nawaz[1]
Author affiliation:	[1] University of Gujrat, Shahbaz Pur Road, Jalal Pur Jattan, Gujrat, Pakistan
Corresponding author:	Khan, Sikander Nawaz
Source title:	Journal of Disaster Research
Abbreviated source title:	J. Disaster Res.
Volume:	10
Issue:	2
Issue date:	2015
Publication year:	2015
Pages:	225-230
Language:	English
ISSN:	18812473
E-ISSN:	18838030
Document type:	Journal article (JA)
Publisher:	Fuji Technology Press
Abstract:	Natural disasters like flood, earthquake, cyclone, volcanic eruption and others are causing immense losses to the property and lives every year. Current status and actual loss information on natural hazards can be determined and also prediction for next probable disasters can be made using different remote sensing and mapping technologies. **Global Positioning System** (**GPS**) calculates the exact position of damage. It can also communicate with wireless sensor nodes embedded in potentially dangerous places. **GPS** provides precise and accurate locations and other related information like speed, track, direction and distance of target objects to emergency responders. Remote Sensing facilitates to map damages without having physical contact with target area. Now with the addition of more remote sensing satellites and other advancements, early warning **system** is used very efficiently. Remote sensing is being used both at local and **global** scale. High Resolution Satellite Imagery (HRSI), airborne remote sensing and space-borne remote sensing is playing a vital role in disaster management. Early in Geographic Information **System** (GIS) was used to collect, arrange, and map the spatial information, but now it has the capability to analyze spatial data. This analytical ability of GIS is the main cause of its adoption by different emergency service providers like the police and ambulance service. The full potential of these so called 3S technologies cannot be used alone. Integration of **GPS** and other remote sensing techniques with GIS has pointed new horizons in modeling of earth science activities. Many remote sensing cases, including Asian Ocean Tsunami in 2004, Mount Mangart landslides and Pakistan- India earthquake in 2005 are described in this paper. © 2015, Fuji Technology Press. All rights reserved.
Number of references:	27
Main heading:	Remote sensing
Controlled terms:	Disaster prevention - Disasters - Earthquakes - Emergency services - Geographic information systems - Global positioning system - Satellite imagery - Sensor nodes - Space optics - Storms - Volcanoes
Uncontrolled terms:	Airborne remote sensing - Disaster mitigation - Early Warning System - High resolution satellite imagery - Remote sensing satellites - Remote sensing techniques - Spaceborne remote sensing - Spatial informations
Classification code:	443 Meteorology - 443.3 Precipitation - 484 Seismology - 716.3 Radio Systems and Equipment - 722 Computer Systems and Equipment - 723.3 Database Systems - 731.1 Control Systems - 741.1 Light/Optics - 914.1 Accidents and Accident Prevention
Database:	Compendex

图 7-14 Ei Compendex 详细题录信息页面

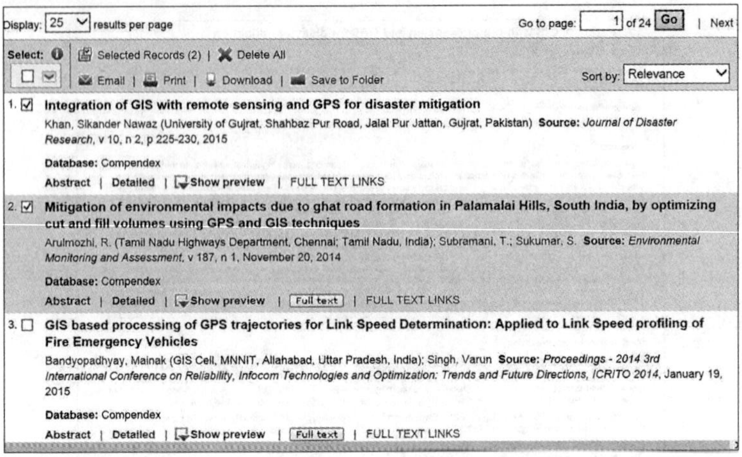

图 7-15　Ei Compendex 选取检索结果记录的方式

Citation(题录)、Abstract(文摘)、Detailed Record(全记录格式)。

5. 记录的存储和下载方法

选定的题录信息可以通过多种方式进行存储和下载。选中某一具体的文献，则其检索结果有电子邮件发送(E-mail)、打印(Print)、下载(Download)、保存到文件夹(Save to Folder)等多种输出方式；检索结果的显示方式也有引文(Citation)、摘要(Abstract)或详细格式(Detailed records)可进行选择。点击该文献的作者链接点，可以直接浏览该作者发表的所有文献。

① 电子邮件(E-mail)。点击 E-mail 选项，可以将检索结果用电子邮件发送给自己或他人。单击将弹出一个电子邮件的编辑框，用户可以输入电子邮件接收者的 E-mail 地址以及想发送的信息。邮寄的检索结果可以是题录(Citation)、文摘(Abstract)、详细记录(Detailed Record)等。电子邮件的发送页面见图 7-16 所示。

② 打印(Print)。对选择的记录页面重新进行排版，使之成为适于打印的格式。记录中与全文和本地链接的信息将自动删除，使得出现在新窗口中的记录更便于打印、更美观。

③ 下载(Download)。在对话框中用户可选择希望存储的地点和下载格式，见图 7-17。存储地点包括 My PC、RefWorks、Google Drive、Dropbox Mendeley。下载格式也有很多的选择，如 RIS(Endnote，Ref，Manager)、BibTex、Text、CSV、Excel、PDF、RTF 等。

图 7-16　Ei Compendex 检索结果电子邮件的发送页面

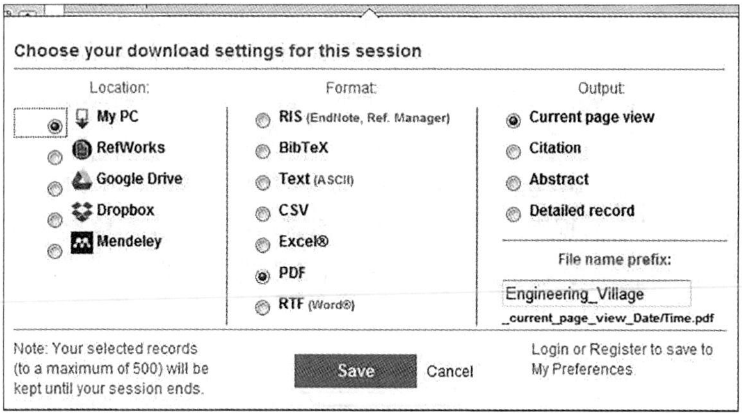

图 7-17　Ei Compendex 检索结果下载设置页面

④ 保存选定的记录(Save to folder)。可以创建一个文件夹保存用户的检索结果。该功能要求用户先注册再登录才能使用。若用户没有个人账户，可以同时创建。

7.3.6　其他相关服务

1. 咨询功能

Ei 提供"Ask An Expert"功能，点击该链接点后，又提供三个更细化的咨询功能，包括“Ask An Engineer”“Ask A Product Specialist”“Ask A librarian”三个功能。如图 7-18 所示。

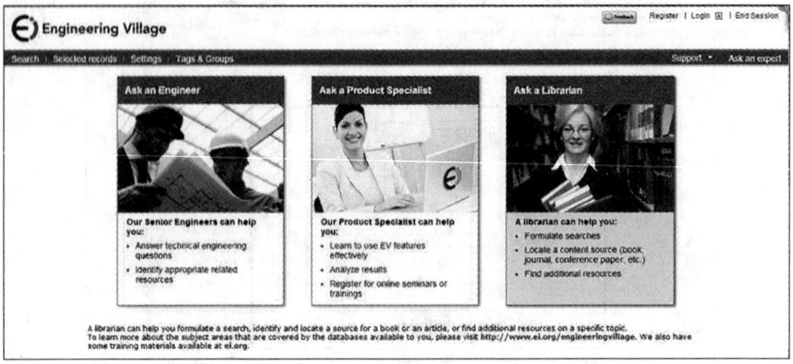

图 7-18　Ei Compendex 的咨询功能

2. 个性化服务功能

个性化服务功能需预先注册，登录后可以使用个性化服务功能，个性化功能主要有以下几点：

① 设定个人检索的优选项。按作者个人喜好设置，如每页显示的结果条数，结果排序方式，检索记录下载存储地点，下载格式，等等。

② 保存检索式。将检索式保存在 EI 服务器中以便以后登录查看。

③ Alert 服务。数据库内容有更新时，系统将按所保存的检索式自动检索，检索结果的题名、作者及文摘等将通过 E-mail 发送给注册邮箱。

本章习题

1. 在 Ei 数据库中，在题名字段查找有关“digital library *”，并限定年代为 2005—2014 年，请说明查出多少条文献。按日期“Date(Newest)”排序方式，请列出第 5 篇文献的题录信息(至少含题名、作者和来源、年代等信息)。

2. 请查武汉大学李德仁(Li Deren)2000—2002 年发表的文章被 Ei 收录了多少篇。

3. 利用 Ei 查找标题中含 Remote sensing，并且摘要含 GIS，共查出多少条文献。按作者(A-Z)排序，列出第三条记录(至少含题名、作者、来源)。

4. 在 Ei“快速检索”方式下，列出该库具有的检索字段(仅需列出简写英文即可)。

5. 请在 Ei 数据库中找出篇名为“Application of gis in solar radiation mapping for Malaysia”的论文作者及其所登载的刊物名称、发表时间。请写出：(1)检索步骤；(2)检索结果。

6. 在题名字段中查找 2000—2010 年有关纳米技术(nanotechnology)方面的文献，请说出哪些机构在从事这方面的研究？哪个机构对这方面研究最多？哪几年是这项研究的热点时期？

7. 使用“工程索引叙词表”(Ei thesaurus)核对所选用的主题词查找 electronic media 的规范主题词。

(1)其正式主题词是______________________________。

(2)其上位主题词(Broader Terms)有哪些？列出两个。

____

(3)其下位主题词(Narrower Terms)有哪些？列出两个。

____

(4)其相关主题词(Related Terms)有哪些？列出两个。

____

第8章　免费检索各类专门信息

专利、商标、学位论文、会议论文、科技报告、科学数据等是重要的文献信息源，目前这类专门信息很多在网上可以免费获取。掌握这些信息的获取途径及检索方法，是本章学习的重点和难点。

8.1　实验目的与要求

(1)熟练掌握常用的专利、商标、学位论文、会议论文、科技报告、科学数据的获取途径。

(2)能够利用相关数据库及相关搜索引擎检索专利、商标、学位论文、会议论文、科技报告、科学数据。

8.2　实验内容

(1)了解专利、商标、学位论文、会议论文、科技报告、科学数据信息的来源。

(2)了解专利、商标、学位论文、会议论文、科技报告、科学数据信息的检索途径。

8.3　实验操作指导

8.3.1　专利信息

1. 专利信息概述

专利是世界上最大的技术信息源，专利信息作为集技术信息、法律信息、经济信息为一体的重要信息源，正在越来越被人们所重视。通过对专利信息的分析，可以跟踪最新技术动态、考察行业的技术走向和竞争对手的重点技术等。

专利信息是指以专利文献作为主要内容或以专利文献为依据，经分解、加工、标引、统计、分析、整合和转化等信息手段处理，并通过各种信息化方式传播而形成的与专利有关的各种信息的总称。专利信息可分为 5 种信息，即：技术信息、法律信息、经济信息、著录信息和战略信息。

专利信息检索是指根据某一(些)专利信息特征，从各种专利信息资源(专利公报、专利说明书、专利数据库等)中挑选符合某一(些)特定要求的专利文献或信息。专利信息可应用于企业开发新产品、科研人员申报科研项目、项目结题、申报奖励、预测有关技术的发展前景等环节，而《德温特专利索引》等著名的专利数据库要通过 Web of Knowledge 等国外商业性信息检索系统才能利用，且收费较高；另有 IP Search Engine、GetThePatent. com 和 PatentSearch 等收费的专利搜索引擎；通过对专利信息的检索，还可以了解技术的最新进展，预测相关发展趋势；企业及个人可以发现市场上的潜在突破口以及潜在的专利许可机会；科研人员除了对学位论文和会议论文等进行检索外，还要进行专利检索，从而减少重复的研发项目；对于企业而言，可以通过专利检索，跟踪竞争对手的活动，发现和避免专利侵权行为。

2. 专利信息的检索途径与来源

专利信息的检索途径主要有以下四种：

① 主题：分类号、关键词、标引词、文摘；

② 人名：发明人、设计人、专利申请人、专利权人；

③ 号码：申请号、文献号、专利号；

④ 日期：申请日、公布日、公告日等。

另外，专利信息也可以从分类的角度进行检索，但是与图书等文献类型不同的是，专利分类法有其自身的特殊性。目前，使用最多的是“国际专利分类法”(International Patent Classification，IPC)，还有一些地区和国家也有自己的专利分类法。例如美国专利分类体系(United States Patent Classification System，USPC)、欧洲专利分类系统(European Patent Office Classification，EPO Classification，ECLA)以及日本专利分类法(包括 File Index 分类系统和 File Forming Term 分类系统)。

网上免费的专利信息的来源渠道主要有以下 6 种：知识产权管理机构建立的网站，专利门户类网站或专利资源导航类网站，知识产权教育、研究和培训机构网站，学科专利信息中心，专利信息咨询服务企业和代理机构网站，可免费检索专利信息资源的搜索引擎。

3. 商业性的专利数据库 DII

目前，商业性的专利数据库主要来自于两大公司，分别是汤姆森路透公司和 ProQuest 公司。汤姆森路透公司最有名的数据库就是为我们所熟知的德温特专利索引数据库(Derwent Innovations Index)，另外一个就是 ProQuest Dialog 系统。ProQuest Dialog 包含了 31 个国家和组织的英文翻译专利全文数据库和 65 个国家和组织的摘要级别的数据库，数据覆盖非常广泛，其中专利数据库包括有 Chinese Patent Abstracts in English、CLALMS/Current Patent、Legal Status、Derwent World Patent Index 等。Derwent Innovations Index 简介与操作指导见表 8-1。

表 8-1　**Derwent Innovations Index 简介与操作指导**

数据库商	数据库名称	简介与操作指导
汤姆森路透	Derwent Innovations Index(DII)	整合 Derwent World Patent Index(DWPI)与 Patent Citation Index，可用于检索专利信息和专利的引用情况。收录来自于全世界 40 多个专利机构的1 100多万项基本发明，2 000多万项专利，内容涵盖化学、电气、电子和机械工程等，数据可回溯至 1963 年，每周更新。可以从 Web of Knowledge 检索入口进入，其中专利引文检索的可检字段包括被引专利号(Cited Patent Number)、被引专利受让人(Cited Assignee)、被引专利发明人(Cited Inventor)、被引专利德温特入藏号(Cited Derwent Primary Accession Number)。 例如：查找海尔的专利被引情况，需要在被引专利受让人(Cited Assignee)字段输入检索词 haier，然后点击 Search，得到检索记录，完成检索。

除了英文专利数据库以外，检索我国内地专利可用的数据库有中国知网(CNKI)的专利数据库和万方数据知识服务平台中的“中外专利数据库”等。CNKI 专利数据库包含《中国专利全文数据库(知网版)》和《海外专利摘要数

据库(知网版)》，收录从1985年至今的中国专利，从1970年至今的国外专利。专利相关的文献、成果等信息来源于CNKI各大数据库。数据库提供初级检索、高级检索、专业检索三种方式，可以通过申请号、申请日、公开号、公开日、专利名称、摘要、分类号、申请人、发明人、优先权等检索项进行检索，国内专利一次性下载专利说明书全文，国外专利说明书全文链接到欧洲专利局网站。万方数据中外专利数据库收录自1985年中国专利法实施以来公开的中国发明、实用新型、外观设计专利的题录、文献信息，可检索和浏览专利文献。数据库提供主题、题名、关键词、创作者、作者单位、摘要、日期、专利号、专利权人、专利公告号、主权项、优先权、代理人等检索字段供选择。

检索台湾地区专利可在付费网站连颖科技股份有限公司的网站进行，成为其付费会员才可以进行专利查询、下载说明书、专利分析等功能的操作。通过该网站可检索的数据库有：台湾核准专利、台湾公开专利、美国核准专利、美国公开专利、欧盟核准专利、欧盟公开专利。其中，《台湾核准专利数据库》和《台湾公开专利数据库》分别收录1950年和2003年以来的专利全文，均可进行布尔逻辑与、或、非的检索和进阶检索，可检字段有专利证书号、国际/物品分类、专利名称、专利权人、发明人、公告日、申请日等；可浏览与下载PDF格式的专利全文影像；具有专利地图图表分析(如公司历年趋势分析、专利件数历年趋势分析、发明人件数历年趋势分析和总引证分析)以及专利统计(如专利申请人分析、公告年份分析和发明人分析等)功能。该网站的个性化服务有：我的检索记录、我的检索通知(定期E-mail通知和进行RSS订阅)。

4. 免费的专利数据库和网站

① 中国专利数据库(http：//www. sipo. gov. cn)。由国家知识产权局和中国专利信息中心开发，该专利检索系统收录自1985年中国实施专利制度以来的全部中国专利文献，可以免费检索及下载专利说明书。该系统是国内最具权威性的专利检索系统之一。

② 中国专利信息网(http：//www. patent. com. cn)。由国家知识产权中心专利检索咨询中心于1997年开发建立，是国内最早通过互联网向公众提供专利信息服务的网站。该网站的中国专利数据库收录了1985年以来公开的全部中国发明、实用新型和外观设计专利的题录和文摘信息。检索方式有简单检索、逻辑检索、菜单检索三种方式，能检索出题录(含法律状态)、文摘和权利要求信息，并可浏览和打印发明、实用新型专利全文扫描图形。访问该网站

需先注册。数据库每 3 个月更新一次。

③ 中国知识产权网(http：//www. cnipr. com)。由国家知识产权局专利文献出版社于 1999 年创建的知识产权信息与服务网站。该网站的专利数据来源于每周出版的电子版《专利公报》。数据库收录了自 1985 年中国专利法实施以来公开的全部中国发明、实用新型和外观设计专利，设有发明、实用新型、外观设计专利数据库和法律状态数据库。数据库提供基本检索和高级检索两种方法。数据库每周三更新。

④ 欧洲专利局专利检索系统(European Patent Organization，简称 EPO，http：//ep. espacenet. com)。该网站的专利检索系统汇集全世界 90 多个国家/地区的专利文献信息，不仅可以免费检索欧洲专利局成员国各种语言的专利文献，还可以检索世界其他国家和地区的专利信息，是目前最大的网上免费专利信息检索系统。

⑤ 美国专利与商标局(United States Patent and Trademark Office，简称 USPTO，http：//www. uspto. gov)。是美国专利主管行政机构，目前，利用 USPTO 可检索和浏览 1790 年到最近一周公告日美国发布的授权专利文献，包括发明专利、再审查专利、外观设计专利、植物专利、依法登记的发明等各种类型的文献。其中，1790 年至 1975 年的数据只有图像全文说明书，检索入口也仅提供专利号和 US 分类号；而 1976 年以后的数据除了图像全文说明书外，还提供了可检索的专利题录、文摘、权利要求及说明书的文本数据。公开专利申请数据库，则提供了 2001 年 3 月 15 日以后 USPTO 公开的专利申请文献。

除了上述专利数据库以外，USPTO 网站还提供了其他有关信息，如专利概述、专利电子申请、专利维持费用等。表 8-2 列出 USPTO 简介与操作指南。图 8-1 和图 8-2 分别是 USPTO 的快速检索界面和检索结果界面。

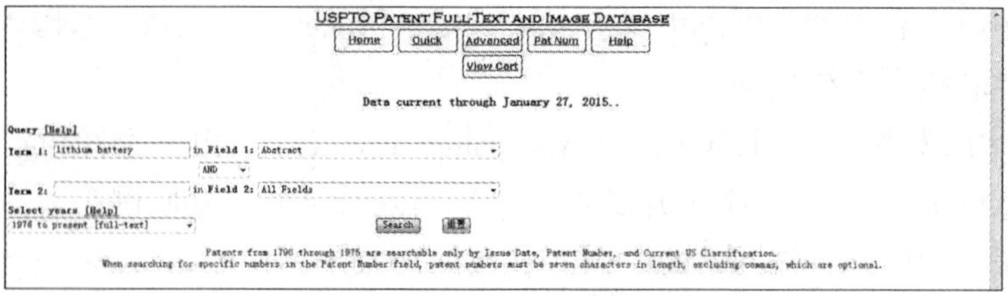

图 8-1　USPTO 快速检索界面

表 8-2　　**USPTO 简介与操作指南**

地域范围	网址名称与网址	建立机构与主要内容	简介与操作指南
美国	http://www.uspto.gov/patents-application-process/search-patents	美国专利与商标局(USPTO) 美国专利、商标	提供美国专利文献、外国专利文献、其他文献三项著录数据，在快速检索、高级检索、专利号检索三种检索方式中都有相对应的检索入口，支持布尔逻辑组配运算、双引号限定词组检索、右端截词符 $ 检索，具体的检索字段(近 30 个可检字段)和检索词格式，网站有提供详细说明。 主要有三种检索方式： ① 分类检索，格式：分类号名称/类号/类号，如 CCL/270/31。 ② 关键词检索，如查找网球拍的专利：tennis AND (racquet OR racket)。 ③ 专利号检索，采用专利号码检索时，允许输入一个或者多个专利号码；输入多个专利号码时，各专利号码之间可使用空格，也可用布尔逻辑运算符“OR”隔开。专利号中间的逗号存在或者缺省均可。

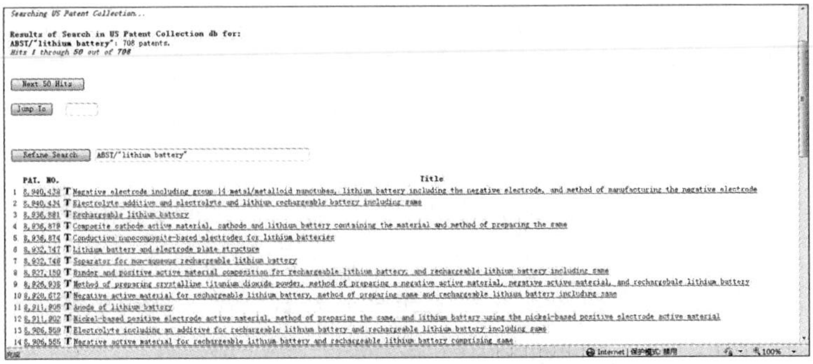

图 8-2　USPTO 检索结果显示页面

5. 综合性搜索引擎的专利检索功能

综合性搜索引擎是用户最常使用的搜索引擎，我们可以利用综合性搜索引擎的专利检索功能，或者利用综合性搜索引擎的高级检索功能，再加上检索式的构造，来检索免费专利资源。Google 和百度专利搜索简介及操作指导见表 8-3。

表 8-3　**Google 和百度专利搜索简介及操作指导**

名　　称	简介及操作指导
Google 专利搜索	Google 专利搜索(Google Patent Search)对美国专利信息进行全文查询，可检索 1790 年至今的美国专利。可检字段有专利主题、专利(申请)号、发明者、申请日期等，支持布尔逻辑“和”“或”及“短语检索”。如果想得到更加精确的结果，可以进入专利高级检索页面，限定专利题名、专利号、专利代理人、美国专利分类号、国际专利分类号、专利类型等条件进行检索。检索结果按相关度排序。可查看专利全文，下载美国专利的 PDF 版本。
百度专利检索	可将检索限制在发明专利或全文中。检索结果包括专利名称、申请号、摘要、申请日、公开日、申请人/专利人、发明设计人、专利代理机构、专利类型等信息。点击“主附图、公开说明书授权说明书”可链接到中国专利信息中心的网站查看相关内容。

6. 专门检索专利的搜索引擎

专门的专利搜索引擎可分为免费的专利搜索引擎和收费的专利搜索引擎两种。下面主要介绍免费的专利搜索引擎。

① Free Patents Online，免费专利在线，是一个功能强大的免费的专利查询网站，目前提供美国专利和专利申请、部分欧洲专利、日本专利和 WIPO (世界知识产权组织)专利的查询与下载。个人用户在该网站免费注册建立个人账号即可以使用下载该网站的内容。

② IP-Discover，能检索 USPTO、欧洲专利局、德国专利局和 WIPO 的专利，能对检索获得的专利文件再进行搜索和管理，可通过校对、格式转换、浏览、存档以及打印来完成文件的搜索。学生和非营利人员可免费使用。

③ SooPAT 专利搜索引擎(http：//www. soopat. com/)，将所有互联网上免费的专利数据库进行链接、整合，并加以人性化的调整，使之更加符合人们的

一般检索习惯。可以检索中国专利与世界上 99 个国家和地区的专利文献。SooPAT 的链接来自国家知识产权局互联网检索数据库，国外专利数据来自各个国家的官方网站。SooPAT 不用注册即可免费检索，并提供全文浏览和下载，尤其对中国专利全文提供了免费打包下载功能，且速度极快，如果选择注册成为 SooPAT 的会员，还可以选择保存检索历史并进行个性化的设定。

收费的搜索引擎包括 Derwent International Patent System、IP Search Engine、GetthePatent. com 等。

8.3.2 商标信息

商标是区别商品或服务来源的一种标志。商标信息是指构成商标的文字、图形或二者的组合所表达的信息。广义的商标信息还可以包括与商标有关的信息，例如商标申请注册人信息(如名称、地址等)、核定使用的商品类型信息、使用该商标的商品名称、该商标权的许可使用信息、有关该商标的行政管理信息等。

检索商标信息可通过以下途径来实现。

1. 中国商标网

中国商标网(http：//sbcx. saic. gov. cn：9080/tmois/wscxsy_getIndex. xhtml)是由国家工商行政管理总局商标局主办的唯一在线查询商标注册信息的网站。公众可通过该网站免费进行商标近似查询、商标综合查询和商标状态查询。关于这几种查询方法概述如下：

(1)商标近似查询的方法。用户可以自行检索在相同或类似商品上是否已有相同或近似的商标，查询界面如图 8-3 所示。

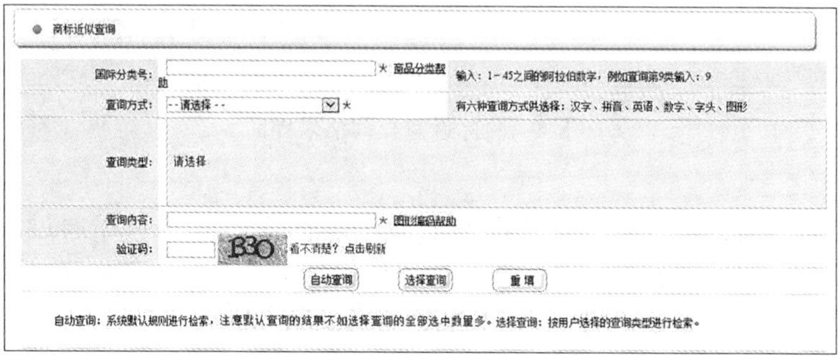

图 8-3　商标近似查询界面

用户可根据需要对相关选项进行选择，然后点击自动查询和选择查询进行检索。选择查询需要用户选择一种或者多种查询类型，系统会按照用户选择的查询类型进行检索，而自动检索则不需对查询类型进行选择，系统会按照默认规则进行检索，需要注意的是自动查询的结果不如选择查询的全部选中数量多。例如某烟草类商标含有数字“9”，如果想知道是否已有与该商标相似的烟草类商标，我们可做如下检索：

打开商标近似查询页面，在国际分类号中输入“34”，如果不知道烟草类的分类号，可以点击“商品分类帮”，选择“第三十四类 烟草、烟具、火柴”。在查询方式中选择“数字”，查询类型选择“完全相同”，查询内容输入数字“9”，然后填写验证码，点击“选择查询”。检索结果如图 8-4 所示。

每页50条记录 共24条记录　第1页　共1页　首页　上页　下页　尾页　转到： 1　跳转

打印　详细信息　关闭

☐	序号	注册号/申请号	类别	商标	商品
☐	1	6222137	34	九头崖:JOTOYA	查看
☐	2	6234251	34	九里湖	查看
☐	3	8031881	34	九好 9 NINE TOP	查看
☐	4	G693250	34	NO 9	查看
☐	5	G825816	34	MC:9	查看
☐	6	G980387	34	CYBORGOO9	查看
☐	7	3679174	34	CLOUD	查看
☐	8	3696383	34	伟人:9	查看
☐	9	4227597	34	红河:V:9	查看
☐	10	5745513	34	9D SALT CORPORATION	查看
☐	11	5745484	34	9D:9:D	查看
☐	12	6405871	34	九川	查看
☐	13	6803970	34	九朝会:DYNASTY:9	查看
☐	14	7067555	34	日月星 SUN MOON STAR	查看
☐	15	7510220	34	九凤	查看
☐	16	7864320	34	9	查看
☐	17	8392966	34	晓楼 红金龙 RED GOLDEN DRAGON 9	查看
☐	18	8095356	34	中华人民共和国第九届少数民族传统体育运动会 2011·贵州 THE 9TH NATIONAL TRADITIONAL GAMES OF ETHNIC MINORITIES OF THE PEOPLE' S REPUBLIC OF CHINA	查看

图 8-4　商标近似查询结果界面

我们可以看到，符合检索条件的记录共有 50 条，用户可以通过点击查看来确定检索结果是否符合自己需要。如果检索结果过少，还可以通过改变检索选项来调整，例如查询类型选择“全部”“部分相同”等。

(2)商标综合查询的方法。用户可以按商标号、商标、申请人名称等方式，查询某一商标的有关信息。界面如图 8-5 所示。

用户在查询商标信息时，只需要在检索栏中输入相关信息即可。例如查询

图 8-5 商标综合查询界面

名称为“王老吉”的商标信息，那么在商标名称一栏输入“王老吉”，匹配方式选择“精确”，点击查询，即可得到相关信息，结果如图 8-6，点击查看，可以看到该商标的详细信息。当然，这种查询的结果有时候会很多，还需要用户根据检索结果再进行筛选。

序号	申请号/注册号	类号	商标名称	申请人名称	商品
1	1409911	42	王老吉	广州医药集团有限公司	查看
2	7957960	30	王老吉	王付生	查看
3	12355556	32	王老吉	广州医药集团有限公司	查看
4	10478449	29	王老吉	广州医药集团有限公司	查看
5	3365895	44	王老吉	广州医药集团有限公司	查看
6	3365896	35	王老吉	广州医药集团有限公司	查看
7	3365898	1	王老吉	广州医药集团有限公司	查看
8	3365968	40	王老吉	广州医药集团有限公司	查看
9	3365969	16	王老吉	广州医药集团有限公司	查看
10	8054682	30	王老吉	王明	查看
11	9095940	32	王老吉	广州医药集团有限公司	查看
12	10896280	32	王老吉	广州医药集团有限公司	查看
13	9364007	30	王老吉	广州医药集团有限公司	查看
14	966106	30	王老吉	广州医药集团有限公司	查看
15	3351646	29	王老吉	徐光兵	查看
16	8303661	9	王老吉	天津世纪上正自控阀门有限公司	查看
17	8303683	17	王老吉	天津世纪上正自控阀门有限公司	查看
18	8303627	6	王老吉	天津世纪上正自控阀门有限公司	查看
19	11101672	4	王老吉	南昌印仁贸易有限公司	查看
20	13943140	25	王老吉	广州医药集团有限公司	查看
21	13943141	9	王老吉	广州医药集团有限公司	查看

图 8-6 商标综合查询结果界面

(3)商标状态查询。用户可以通过商标申请号或注册号查询有关商标在业务流程中的状态。打开检索界面，输入注册号/申请号，点击查询，便可得到该商标的详细状态信息。

2. 美国专利与商标局数据库

美国专利与商标局网站(http://www.uspto.gov/)是美国专利商标局建立的政府性官方网站，该网站向公众提供全方位的专利与商标信息服务。通过该网站的商标电子检索系统(Trademark Electronic Search System)可以检索美国专利商标局数据库内的有关商标的注册、申请、所有者等信息。该系统提供三种检索方式：

① 基本语词标记检索(Basic Word Mark Search)：这种检索方式适合新用户使用，但是无法用于设计标记类型商标信息的检索。

② 语词或设计标记检索(结构化)(Word and/or Design Mark Search (Structured))：用于检索语词或设计标记类型商标信息的检索，搜索选项是结构化的，用户需要根据设置好的搜索选项进行选择，包括搜索领域和运算符。

③ 语词或设计标记检索(自由式)(Word and/or Design Mark Search(Free Form))：用于检索语词或设计标记类型商标信息的检索，没有固定的搜索选项，支持布尔逻辑检索，用户可以根据自己的需要自由构建检索式进行检索。

下面以基本语词标记检索为例，检索 NBA(美国男子职业篮球联赛)的相关商标信息。进入检索界面，如图 8-7 所示。

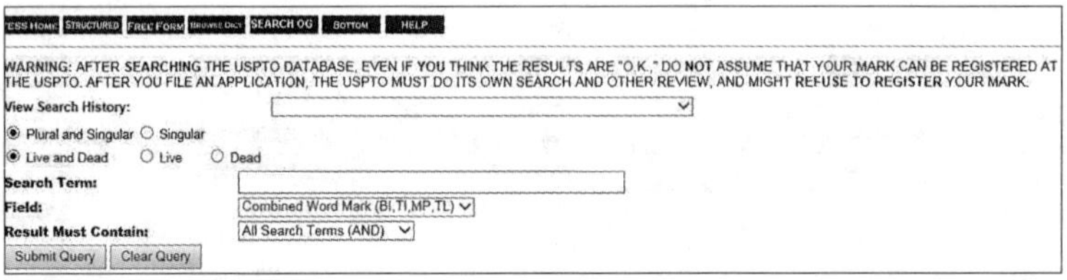

图 8-7　USPTO 的基本语词标记检索界面

在"Search Term"的检索框中输入"NBA"，"field"一栏选择"ALL"，"Result Must Contain"选择"All Search Terms(And)"，点击"Submit Query"，检索结果如图 8-8 所示。

3. 免费的商标搜索引擎 Markify

Markify(http://www.markify.com/)是瑞典的一个提供商标、logo 查询的搜索引擎网站，用户可以通过 Markify 搜索特定的名词、商标或者 logo，来查询该商标是否已被注册、logo 形式的图样，或者与该商标、logo 类似的词语的注册情况，以及商标所涉及的产品、公司等详细的相关信息。搜索界面如图 8-9 所示。

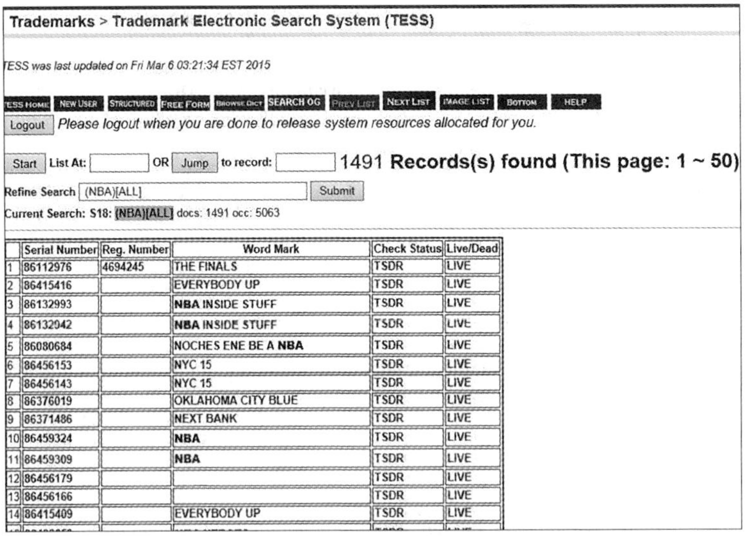

图 8-8 USPTO 的 NBA 商标信息检索结果

图 8-9 Markify 检索界面

用户只需要在检索框中输入相应的检索词，即可查询到与该检索词相关的商标信息。例如查询"xiaomi"相关的商标信息，在检索栏输入"xiaomi"，点击 Search 按钮，检索结果如图 8-10 所示。

我们可以看到有关"xiaomi"的相关检索结果，但遗憾的是，搜索的结果不会完全显示，相似的检索结果只有通过付费才能看到。

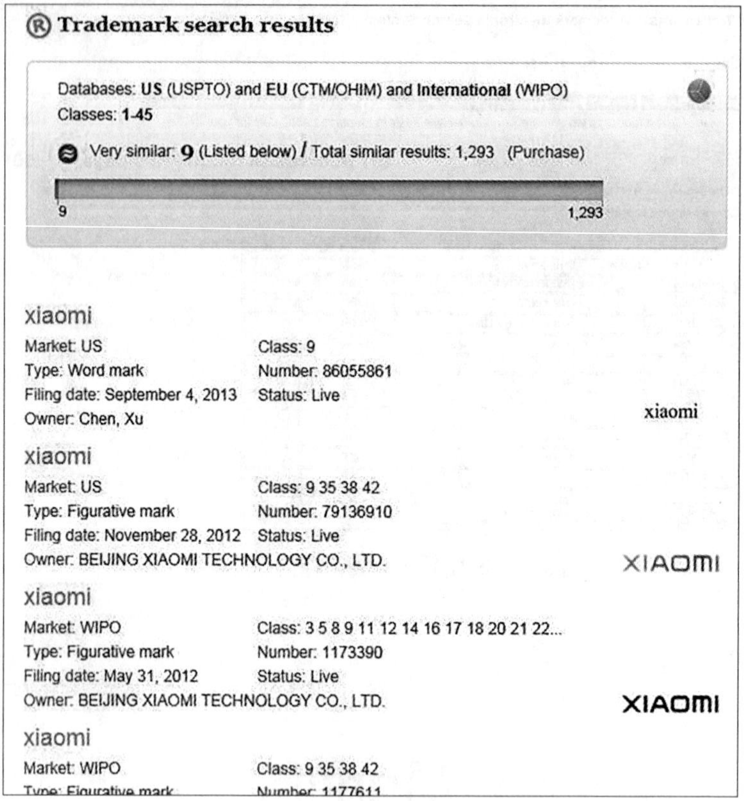

图 8-10　Markify 中“xiaomi”商标信息检索结果

8.3.3　学位论文

学位论文是指高等学校或研究机构的学生为取得学位，在导师的指导下完成的科学研究、科学试验成果的书面报告。它具有选题新颖、引用材料广泛、阐述系统、论证详细的特点。按授予学位的级别不同，分为学士学位论文、硕士学位论文、博士学位论文。学位论文作为珍贵的文献情报资源，不仅可以反映某一高校或研究机构的整体科研水平，而且可以帮助我们详细了解某一学科或课题的发展历史及研究现状，具有极高的收藏和利用价值。免费获取学位论文的途径有很多，比如免费的学位论文数据库、开放存取平台等。

1. 大陆和港台学位论文数据库

大陆一些高校、图书馆、科研机构等开放一些数据库供读者免费使用，不过大多利用权限都比较有限，有些仅仅提供检索功能，允许查看标题、作者和摘要，少数可以查看和下载全文。例如 CNKI 中国博士论文全文数据库和中国优秀硕士论文全文数据库、万方学位论文全文数据库(可查看免费题录信息)、国家科技图书文献中心学位论文检索系统、中国科学院学位论文检索系统、中国国家数字图书馆馆藏博士论文与博士后研究报告数字化资源库(可查看部分内容)、香港大学的学位论文(可下载全文)、台湾博硕论文知识加值系统(部分可下载全文)、香港地区博硕学位论文查询系统(提供香港七所大学博硕士学位论文整合查询，部分高校可下载全文)等。

这里以中国国家数字图书馆馆藏博士论文与博士后研究报告数字化资源库为例进行示范。

中国国家数字图书馆馆藏博士论文与博士后研究报告数字化资源库收藏了国内众多高校的博士学位论文，用户免费注册后，便可以检索该数据库的相关学位论文，但对检索到的博士学位论文仅供浏览前 24 页，不提供电子版的下载、打印服务，虽然可通过文献传递获取，但是需要付费。该数据库使用界面如图 8-11 所示。

图 8-11　中国国家数字图书馆馆藏博士论文与博士后研究报告数字化资源库检索界面

用户既可通过热门高校、热门学科等途径进行分类浏览，也可以通过题名、责任者、学位级别、专业、授予单位、导师、研究领域、关键词等进行检索。例如检索武汉大学图书馆学专业的博士论文，我们只需要在专业检索框中输入“图书馆学”，授予单位检索框中输入“武汉大学”，点击检索按钮，检索结果如图 8-12 所示。

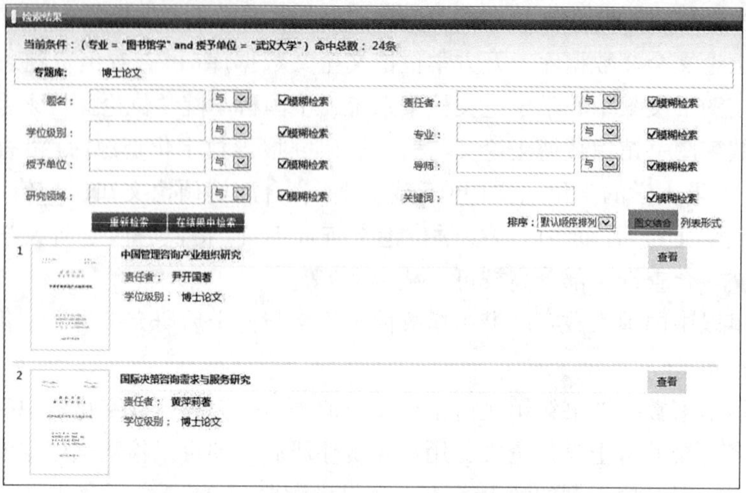

图 8-12　中国国家数字图书馆检索结果界面

然后点击具体文献，即可查看该论文部分内容和目录，还可以查看该论文的其他相关资源。

2. 国外学位论文

① ProQuest Dissertations and Theses（PQDT 全球博硕论文）。收录欧美1 000余所大学 1861 年以来 300 多万篇博、硕士学位论文的题录和文摘。1997 年以后出版的论文可以看前 24 页。要查看论文全文，可通过"ProQuest 学位论文全文检索平台"检索。

② NDLTD 学位论文库。NDLTD（Networked Digital Library of Theses and Dissertations）是由美国国家自然科学基金支持的网上学位论文共建共享项目，该数据库可按题名、作者、文摘、主题、机构、发布年、语种等途径检索，可免费获得相关论文的题录和详细摘要，部分可获取全文。

③ 麻省理工学院学位论文数据库（MIT Theses）。麻省理工学院学位论文数据库提供麻省理工学院自 19 世纪中叶以来的部分学位论文共 2 万余篇，以及自 2004 年以来所有的博、硕士学位论文，用户可以检索和查询论文的详细信息，并且大多数学位论文还可下载全文。该数据库提供简单和高级两种检索方式，见图 8-13。

④ 澳大利亚数字图书馆计划（Australian Digital Theses Program）。澳大利亚数字图书馆计划是由澳大利亚大学联合建立的分布式数据库，包括澳大利亚奥

图 8-13　MIT Theses 高级检索界面

克兰大学、奥克兰理工大学、悉尼大学等几十所大学的学位论文库，用户可按照作者、题名、机构、主题词、关键词等途径进行检索，可查看论文的详细信息。

⑤ 英国学位论文数据库(Dissertation. com)。英国学位论文数据库收藏英国高校学位论文，提供作者、关键词等多种检索途径。

⑥ 得克萨斯数字图书馆联合电子学位论文数据库(Federated Electronic Theses and Dissertations)。

该数据库收藏了得克萨斯州多所高校的硕士和博士学位论文，以促进数字资源长期保存和学术交流。用户可按作者、标题、发表日期、主题等进行浏览，也可以进行检索，查看论文的摘要、发表日期等详细信息。

免费获取中外文学位论文的途径还有很多，例如美国博硕士论文库、百度学术、Google 学术、CALIS 学位论文中心服务系统等，这里不再一一列举。

8.3.4　会议论文和会议信息

会议论文和会议信息也是一种重要的学术资源，会议论文和会议信息能够反映某学科或专业国内外的最新水平和发展方向，主题明确，内容新颖及时、连续性、专业性强。会议论文和会议信息可以通过多种途径进行检索，例如国内外重要的会议论文数据库、相关专业协会或学会网站、会议信息发布系统、会议网站和搜索引擎等多种途径进行查找。

1. 国内外会议论文数据库

会议论文数据库大多用来查找已经召开的会议论文或会议论文集。比较常用的数据库主要有以下几个：

1）CNKI 会议论文全文数据库

CNKI 国内外重要会议论文全文数据库（CPCD）（http：//epub. cnki. net/kns/brief/result. aspx？ dbPrefix=CIPD）。收录由国内外会议主办单位或论文汇编单位书面授权并推荐出版的重要会议论文。重点收录 1999 年以来，中国科协系统及国家二级以上的学会、协会，高校、科研院所、政府机关举办的重要会议以及在国内召开的国际会议上发表的文献。其中，国际会议文献占全部文献的 20%以上，全国性会议文献超过总量的 70%，部分重点会议文献回溯至 1953 年。

2）万方中国学术会议文献数据库（CCPD）

中国学术会议文献数据库由中文全文数据库和西文全文数据库两部分构成，内容涵盖人文社会、自然、农林、医药、工程技术等各学科领域，是目前国内收集学科最全、数量最多的会议论文数据库。该会议论文数据库提供简单检索、高级检索和专业检索等多种检索方式，可按主题、作者、会议时间、主办单位等字段进行检索，并支持布尔逻辑检索。

3）国家科技图书文献中心（NSTL）会议文献数据库

包括中文会议文献数据库和外文会议文献数据库。该数据库可进行高级检索，支持布尔逻辑运算，用户选择题名、会议名称、会议时间等检索字段，输入检索词，各检索词之间可进行 and、or、not 运算。此外，用户还可以设置查询的限制条件，例如馆藏范围、时间范围、查询方式等。

4）OCLC FirstSearch 会议论文与会议索引

OCLC FirstSearch 包括了世界范围内的各种会议、座谈会、研讨会、学术报告会上发表的论文的索引，收录了 1993 年以来在英国图书馆文献资料中心的会议录上收集到的已出版的论文。国际学术会议录索引库（Proceedings）是 OCLC Firstsearch 中的一个子库，它包括在世界各地举行的学术会议上发表的论文的目录，每周更新 2 次。

这两个数据库均提供基本检索、高级检索和专家检索三种检索方式，可选检索字段包括关键词、会议地址、会议名称、会议日期等，同时还可以限制年份和语种。

2. 专业协会（学会）或会议网站

学术团体是会议文献的重要来源，许多专业协会、学会拥有自己的数据库和网站，如 IEEE、ACM、ASME 等，一方面可以使用它们的数据库获取全文，另一方面可以直接利用其网站获取相关信息。

1)美国电气电子工程师学会/英国电气工程师学会(IEEE/IEE)

IEEE 每年在全球举办超过 1 200 场的学术会议，会议涉及领域广泛，不仅涉及电气电子、通信和计算机等传统领域，更涉及诸多新兴热点领域，如纳米、生物医学工程、能源、自动化控制等。目前数据库中的会议录包括 IEEE 的会议录(1988 年至今)，部分回溯到 1951 年；IET 的会议录(1988 年至今)；VDE 的会议录(2005 年至今)。

2)美国计算机协会(Association for Computing Machinery)

美国计算机协会数字图书馆(ACM Digital Library)收录了美国计算机协会 1985 年以来的会议录全文，含有近 300 个会议的 4 000 多卷会议录。

3)美国航空航天学会(American Institute of Aeronautics and Astronautics)

收录了 1963 年以来 AIAA 每年出版的 20~30 个会议的会议论文。

4)美国物理学会(American Institute of Physics)

提供美国物理学会的会议录全文，可免费查看会议论文摘要、作者、引用文献和相关文献等。

5)国际光学工程学会(The International Society for Optical Engineering)

收录了国际光学工程学会 1990 年以来所有的会议录全文，部分论文可免费获取全文。

6)P2P 系统国际研讨会(The International Workshop on Peer-To-Peer Systems)

提供 2002—2010 年该会议的论文全文，可免费查看和下载全文。

7)日本纯物理和应用物理学会(Institute of Pure and Applied Physics of Japan)

提供日本纯物理和应用物理学会 2000—2006 年的会议论文全文，可免费获取。

此外，世界核峰会(World Nuclear Association)、美国土木工程师学会(The American Society of Civil Engineers，简称 ASCE)、美国汽车工程师协会(Society of Automotive Engineers，简称 SAE)、国际工程会议(Engineering Conferences International Symposium Series)等也提供一些会议论文。

3. 会议信息发布系统

1)中国学术会议在线

中国学术会议在线(http：//www. meeting. edu. cn/meeting/)创建于 2005 年，是经教育部批准，由教育部科技发展中心主办，面向广大科技人员的科学研究与学术交流信息服务平台，旨在为用户提供学术会议信息预报、会议分类搜索、会议在线报名、会议论文征集、会议资料发布、会议视频点播、会议同步直播等服务。

用户可通过关键词、会议地点、会议开始、结束时间，所属学科、论文截止时间等进行检索，也可按学科浏览。包括国内及境外会议日程信息。

2) Conferencealerts

Conferencealerts(http://www.conferencealerts.com/)提供世界上即将召开的学术会议的日程信息，用户可以按学科主题、国家进行浏览或检索，还可以通过电子邮件免费订阅自己感兴趣的最新相关学科会议日程信息。提供简单和高级两种检索方式，高级检索界面如图 8-14 所示。

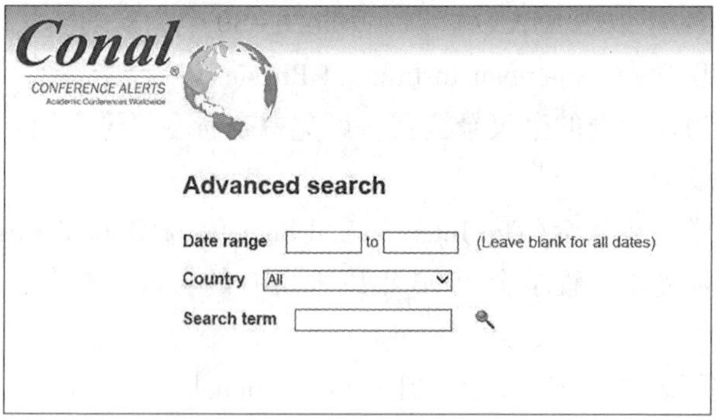

图 8-14　Conferencealerts 高级检索界面

在高级检索中，用户可以通过日期、国家、搜索词来查找自己需要的会议信息。

3) AllConferences.com

全球学术会议发布网站。用户可以浏览和检索会议信息。界面如图 8-15 所示。

用户可以根据学科分类进行浏览，也可以通过简单和高级两种检索方式进行检索。简单检索只需要在检索框中输入会议名称或会议所属学科即可，高级检索中，用户再输入关键词后，还可以对会议地点、会议开始时间、结束时间、摘要、论文提交时间、会议类型等进行限定。例如要查找在中国召开的有关公共图书馆的会议，我们可以在检索框中输入关键词“public library”，在 select country 一栏选择“China”，然后点击检索按钮。

会议信息发布系统还有艾会网、CNKI 中国学术会议网、医学会议在线等。

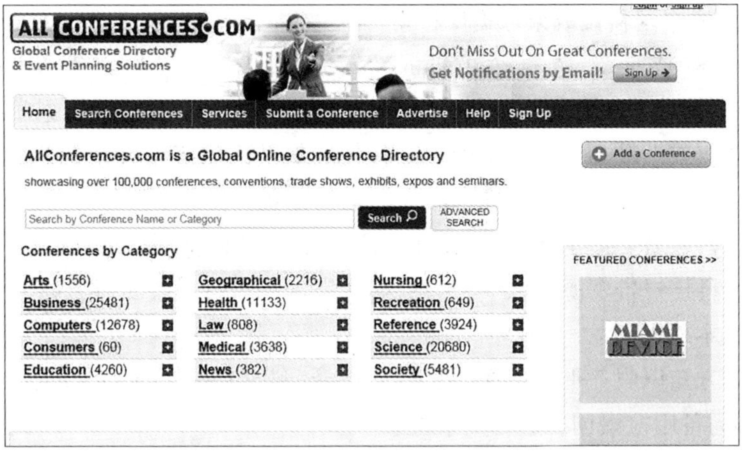

图 8-15 AllConferences. com 界面

除了上述会议信息检索途径外，还可以利用百度、Google、360 搜索等综合性的搜索引擎进行搜索，也可以使用某些网站的会议搜索功能，例如科学网会议搜索、新浪财经会议搜索等。

8.3.5 科技报告

科技报告(Science & Technical Report)，或称研究报告(Research Report)，是围绕某个课题的科技活动所取得的阶段性进展或最终性成果的记录与书面报告，是科研活动的第一手资料。科技报告是描述科研活动的过程、进展和结果，并按照规定格式编写的科技文献，其目的是实现科技知识的积累、传播和交流，其类型包括专题报告、进展报告、最终报告和组织管理报告。科研人员依据科技报告中的描述能重复实验过程或了解科研结果。科技报告是科技人员交流其研究活动的重要手段，是研究单位向为其提供经费的部门反映研究情况的正式技术文件，以积累、传播和交流为目的，由科技人员按照有关规定和格式撰写，真实而完整地反映科研人员所从事科技活动的内容和经验。

科技报告的特点在于能够迅速反映新颖的科研成果，内容丰富多样而专深，部分科技报告因涉密而导致其适用范围受控制。科技报告包含多种研究方案的选择和比较、成败体会，通常附有大量科学数据、原始记录文档和实验过程记录等，为后续研究提供充沛的资源基础。科技报告通常来自于政府部门、军事单位、科研机构、高校等，从研究进度来看，可分为初期报告、进展报告、中间报告、最终报告等。

1. 万方中国科技成果数据库检索

中国科技成果数据库（China Scientific & Technological Achievements Database，简称 CSTAD）是新技术、新成果的必查新数据库。数据的准确性、详实性、权威性较高，收录了国内的科技成果及国家级科技计划奖励、计划、鉴定项目，范围有新技术、新产品、新工艺、新材料、新设计，涉及自然科学的各个学科领域。截至 2015 年 2 月 6 日，已收录科技成果 82 万余条，其中包括大量的科技报告资源。以"科学数据"主题为例进行检索实习，如下：

1）基本检索

在万方知识服务平台选择"成果"，选择"科学数据""研究数据""开放数据"等作为备用检索词，进行基本检索。

2）高级检索

进入万方知识服务平台的高级检索界面，左侧文献类型选择"科技成果"，可选择题名或关键词作为检索入口，以"科学数据""研究数据""开放数据"等作为检索词进行精确检索和逻辑"或"运算，可获得检索结果。对检索结果可进行按年份和命中数进行筛选，也可按照公布时间和成果水平进行排序。

3）专家检索

专家检索有"可检索字段""推荐检索词"的帮助栏目，支持字段检索、精确检索和布尔逻辑检索等功能。可选择检索式如下：

题名或关键词："科学数据" or "研究数据" or "开放数据"

2. 国家科技报告服务系统检索

中国科学技术信息研究所建设的"国家科技报告服务系统"（http：//www. nstrs. cn/）于 2014 年 3 月 1 日正式上线。从 2013 年 4 月开始，科技部在国家科技计划中启动了科技报告试点，开展"十一五"以来科技计划立项项目（课题）的科技报告回溯与呈交工作。国家科技投入形成的科技报告将通过"国家科技报告服务系统"对广大科研人员和社会公众实行开放共享。系统开通了针对社会公众、专业人员和管理人员三类用户的共享服务，社会公众登录网址即可检索国家科技计划项目所产生的科技报告的摘要和基本信息，实名注册用户通过身份认证即可检索并在线浏览科技报告全文，不能下载保存全文。目前国家科技报告服务系统收录科技报告 4 万余份，以浏览为主要资源获取方式。

1）利用"分类导引"了解国家科技计划概况

国家科技报告服务系统首页“分类导引”进行了部门科技报告和地方科技报告的划分。来自科学技术部的科技报告26 733份，下属计划包括国家科技重大专项、国家重点基础研究发展计划(973 计划)、国家高技术研究发展计划(863 计划)、国家科技支撑计划、国家国际科技合作专项、国家重大科学仪器设备开发专项、国家科学技术奖励项目等。

2)利用“社会公众”入口进行资源利用

国家科技报告服务系统按部门、学科、地域、类型对公开科技报告进行导航。以学科为例，可浏览 25 个学科的科技报告资源，如“管理科学”目前收录四百余份科技报告，可在学科领域内以首字母进行进一步筛选。

3)实名注册并浏览特定科技报告全文

请在国家科技报告服务系统进行实名注册，并利用面向专业用户的界面进行资源浏览和特定主题报告全文浏览。

3. NSTL 国外科技报告数据库检索

国家科技图书文献中心(National Science and Technology Library，简称NSTL)的国外科技报告数据库国外科技报告数据库主要收录 1978 年以来的美国政府科技报告(AD、PB、DE 和 NASA 四大科技报告)以及少量其他国家学术机构的科技报告、进展报告和年度报告等，学科范围涉及工程技术和自然科学各专业领域。选择某一主题进行普通检索和高级检索的实习。以“科学数据”主题检索为例。

1)普通检索

选择国外科技报告作为目标数据库，以 scientific data、research data、open data 等作为检索词进行精确检索和逻辑或运算。

2)高级检索

构建检索式如下：

(TITLE = scientific data) or (TITLE = research data) or (TITLE = open data)

若对首次检索结果不满意，还可选择检索入口和检索词进行二次检索。检索结果可按照相关度、时间和标题进行排序。

NSTL 在检索界面提供检索流程说明和检索帮助链接，若对检索字段和检索式构建不明晰，可参考检索帮助。

4. 利用通用搜索引擎查找特定学科领域免费科技报告

对于专业人员而言，特定学科领域科技报告数据库资源更具针对性。可选择通用搜索引擎进行特定学科领域科技报告免费数据库或科技报告资源列表等查找。如查找计算机领域外文免费科技报告资源，可选择搜索引擎作为检索工具，检索式可设计为 computer and free and open and(research report or scientific report or report)等。

8.3.6　科学数据

科学数据是信息时代最基础、最活跃、影响面最广的科技资源和一种战略性资源，它对于科技创新具有显著的基础支撑作用。科学数据的共享或公共获取问题已成为包括管理机构、资助机构、期刊、个人研究者、研究对象等在内的科学研究整个流程的利益相关者密切关注的问题。鉴于此，本节将介绍科学数据开放存取的途径及检索方法，方便大家对科学数据进行检索和获取。

1. 通用科学数据检索

科学数据开放存取项目的注册站点是获取科学数据的途径之一，使用者可在这些注册站点上检索通用科学数据。例如数据引用站点 DataCite，注册了大量的科学数据集，并为这些科学数据集分配了一个 DOI 以方便获取和改善可引用性。用户可通过该站点的元数据检索(Metadata Search)检索科学数据。

进入元数据检索主页 http://search.datacite.org/ui，如图 8-16 所示。可看出 DataCite 提供简单检索和高级检索两种途径，并且提供是否支持即时检索、自动翻页和预览的选择。下面以查找地质学(geology)相关的科学数据为例进行检索示范。

图 8-16　DataCite 元数据检索主页

1)简单检索

在简单检索框中输入“geology”，得出结果见图 8-17。

该检索结果将检索词高亮显示，并在左侧栏提供精炼选择，包括数据分布机构、数据存储中、数字对象标识符(The Digital Object Identifier, DOI)前缀、

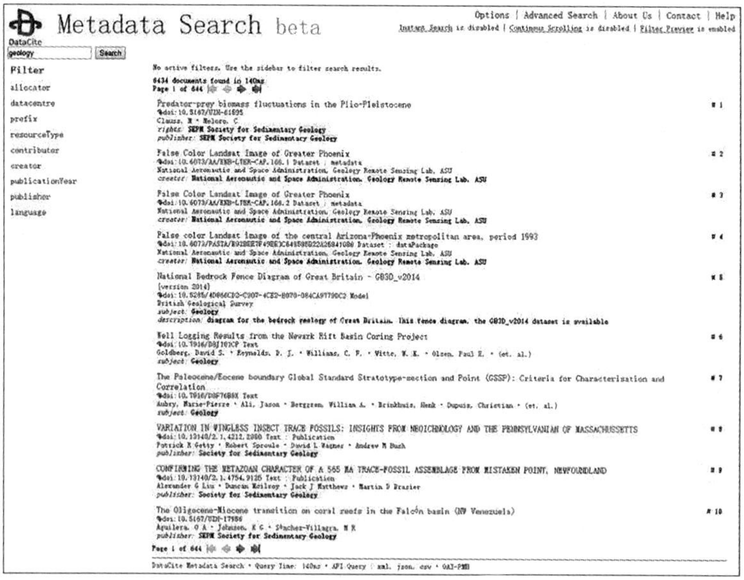

图 8-17 DataCite 检索结果

资源类型、数据贡献者、数据创建者、数据发布时间、数据发布者和语种。比如可以根据需要限定数据发布时间为 2014 年，语种为英语，资源类型为数据集，就将检索结果从 6 000 多条精炼为 40 条，如图 8-18 所示，大大缩短了查找的时间。此检索方法适用于对检索需求不甚明确的使用者。

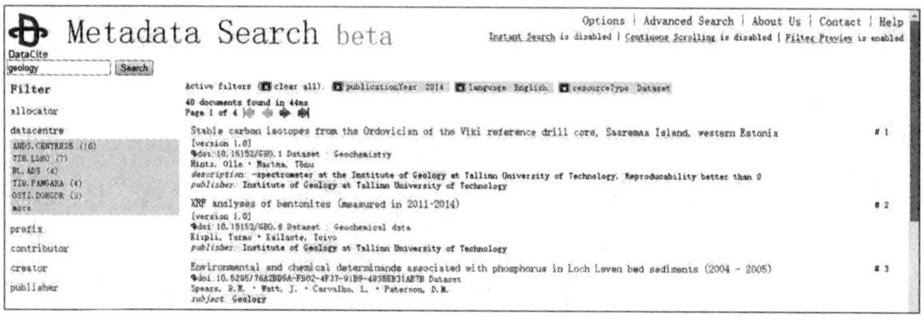

图 8-18 DataCite 精炼结果

点进第一条结果页面，显示了该数据集的摘要、引用格式、下载链接、其他格式链接和其他详细信息，方便使用者对该数据集进行了解和获取，见图 8-19。

图 8-19　DataCite 详细结果页面

2)高级检索

如果对所需数据有着明确了解，可以选择高级检索，如图 8-20 所示。DataCite 的高级检索提供 13 个字段：数字对象标识符、标题、创建者、发布者、贡献者、格式、主题、时间、描述、资源类型、备份标识符、相关标识符和发布时间。所有检索框都有记忆功能，能够记住使用者之前填过的检索词。还提供了 6 个精炼选项：数字对象标识符前缀、数据分配者、数据存储中心、通用资源格式、语种和是否提供元数据。这些字段和选项能帮助使用者快速而准确地找到所需数据。检索结果页面同上，仍能再次进行精炼。

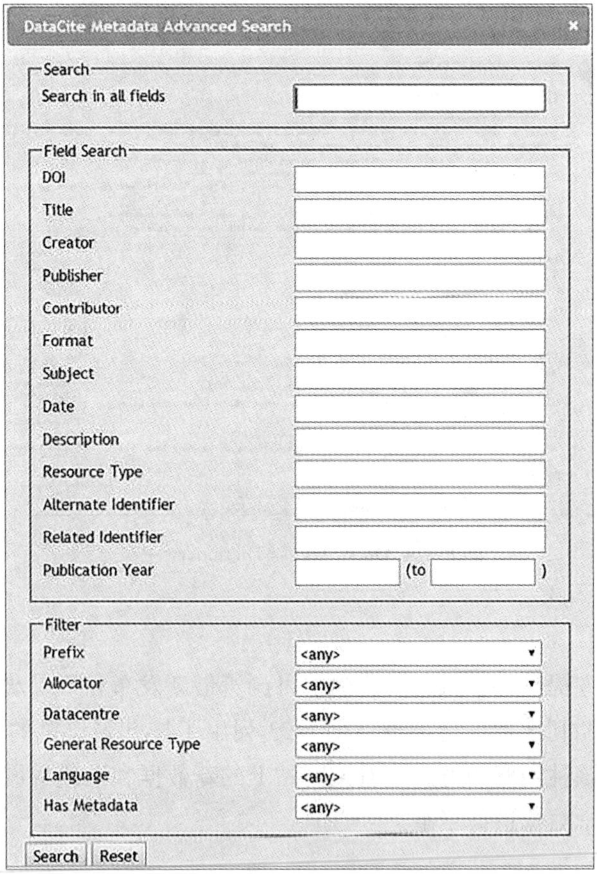

图 8-20 DataCite 高级检索

2. 按学科检索科学数据

按学科检索是大多数人检索时常用的方法，获取科学数据时也不例外。一些科学数据开放存取的注册站点提供了不同学科领域的科学数据网站的集合链接，如开放存取字典(Open Access Dictionary，OAD)上组织了 15 个学科的 94 个国外科学数据开放存取的网站，如图 8-21 所示。选择生物学领域的 Dryad 进行检索示范。

进入 Dryad 主页(http://www.datadryad.org/)，如图 8-22 所示。可以通过浏览和检索两种方式获取相关科学数据，下面以检索细菌(bacteria)相关的科学数据为例。

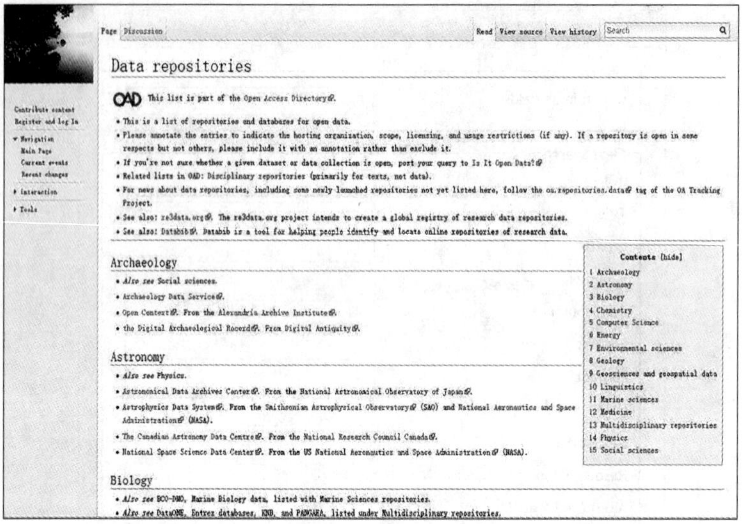

图 8-21　Open Access Dictionary 主页

1）浏览

主页左下方提供科学数据浏览框，可浏览最新发布和最受欢迎的数据，可按作者字顺和期刊字顺进行浏览，图 8-23 列出了按刊名浏览的结果。无明确需求时可使用该种浏览的方式查看该网站上的新数据和下载量最多的数据，方便对该网站科学数据进行了解。

2）检索

为了能更快地找到所需数据，需要使用检索功能。根据 Dryad 主页所示，该网站提供简单检索和高级检索两种方式。简单检索框提示可以输入关键词、作者、标题和数字对象标识符，例如输入“bacteria”，检索结果页面如图 8-24 所示。

检索结果可按相关度、标题字顺和发布时间进行顺序和逆序的排列，右侧栏提供作者、主题、发布时间和来源出版物名称的精炼。此外，该网站的高级检索就在检索结果页面当中，相当于二次检索的功能。如可精炼主题为 Insects，来源出版物名称为 Molecular Ecology，则检索结果从 200 多条精确到 10 条。点进第一条结果，提供了下载链接、引用格式、关键词、摘要和其他详细信息，见图 8-25。

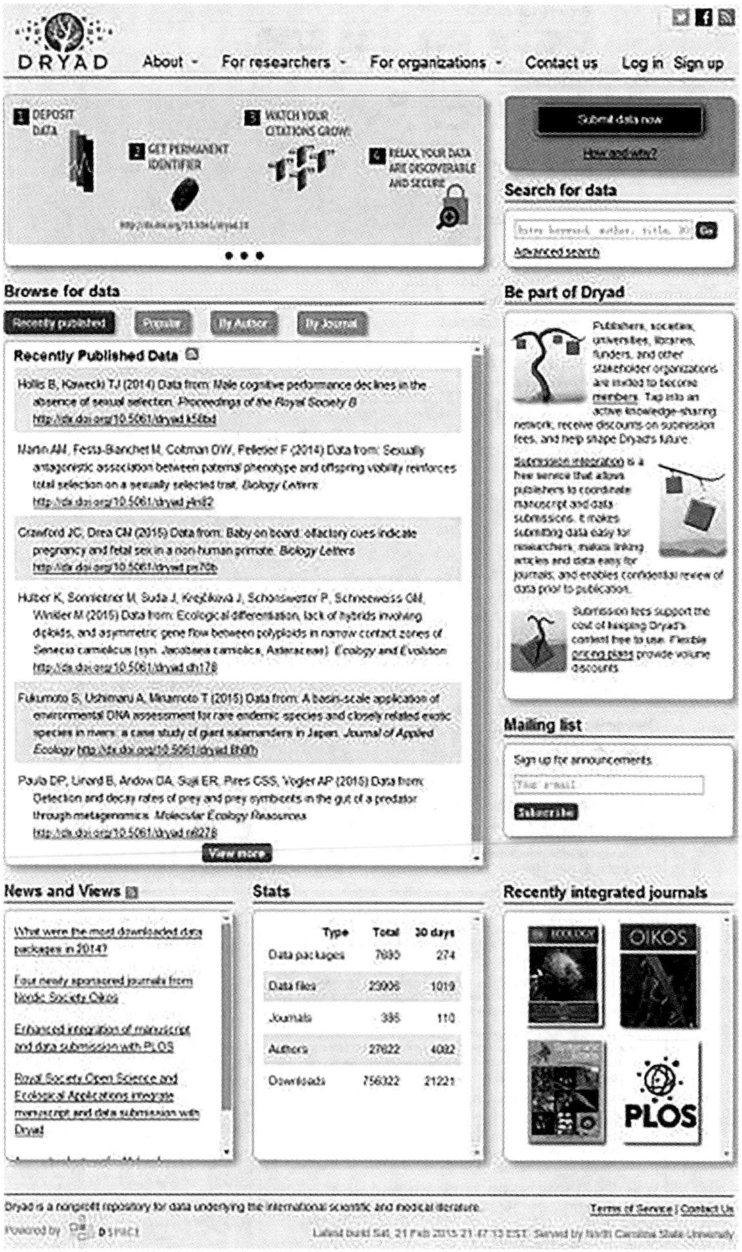

图 8-22　Dryad 主页

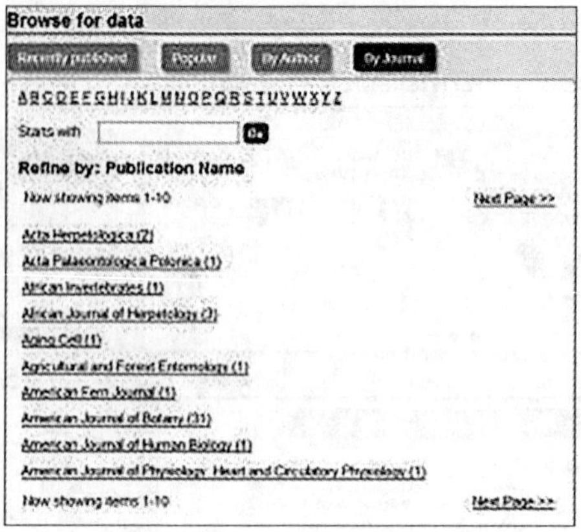

图 8-23　Dryad 数据浏览(按刊名)

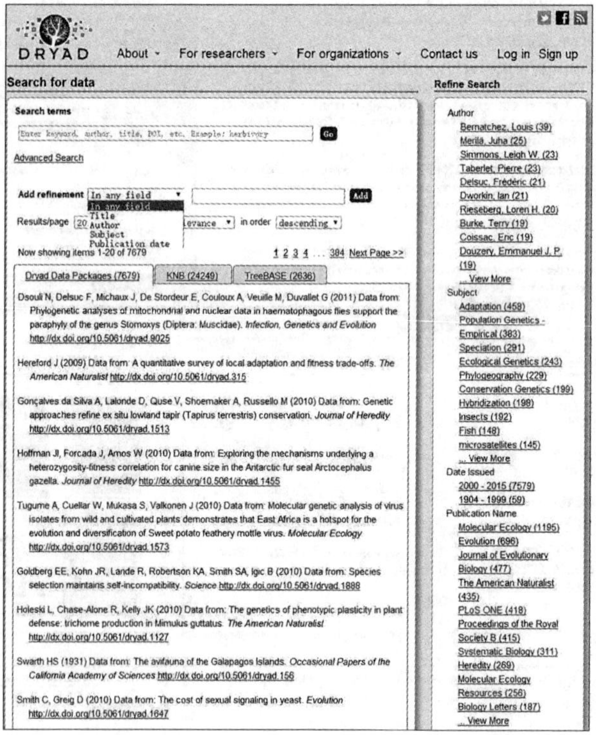

图 8-24　Dryad 检索结果页面

图 8-25　Dryad 检索结果详细信息

3. 检索政府开放数据

在全球开放政府运动推动下，目前已有 30 余个国家建立了开放数据站点。其中，英国政府在开放知识基金会开放政府数据普查所关注的各个领域的数据开放程度非常出色，是开放数据运动中的领头羊，截至 2015 年 2 月 26 日，其政府公开数据网站上(data. gov. uk)已经收录了 23 600 个数据集，下面以检索英国政府公开数据网站为例，见图 8-26。

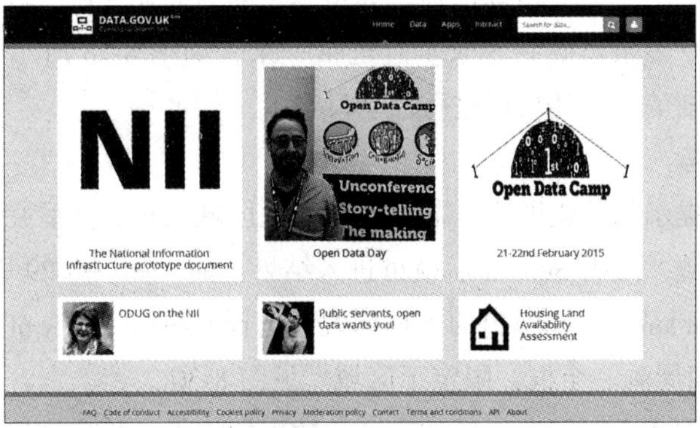

图 8-26　英国政府公开数据网站主页

该网站提供简单检索和地图检索两种方式获取政府开放数据，下面以检索农业(agriculture)为例。

1)简单检索

在主页或者数据集页面检索框中输入“agriculture”，得到结果页面如图 8-27所示。

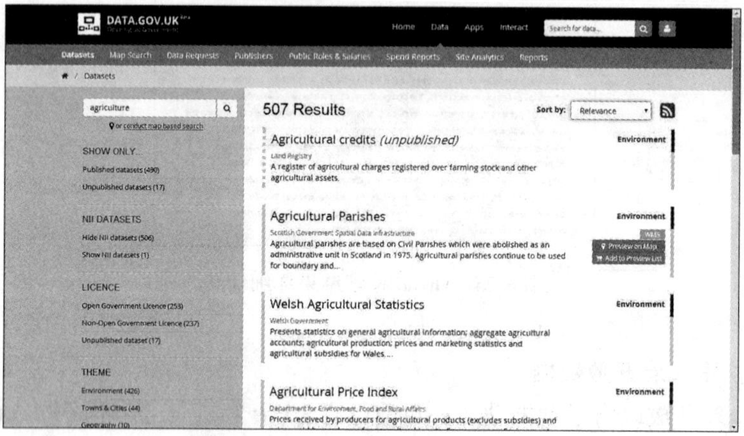

图 8-27　英国政府公开数据网站检索结果页面

检索结果可按相关度、下载次数、标题字顺、更新时间和所在地字顺进行排序，左侧栏提供许可、主题、资源类型、发布者、开放星级、链接是否损坏和英国本地数据集类型等精炼选项。如精炼主题为商业经济、许可为公开，检索结果则从 500 多条精确到 3 条。点进第一条，如图 8-28 所示，可获得数据下载链接等详细信息，还可以进行互动反馈。

2)地图检索

按页面所提示的检索顺序，需先键入大致区域名称，然后在放大的地图中圈出想要的区域，点击 Submit 后就可进入结果页面，如图 8-29 所示。

如输入 London，并在弹出的下拉列表中选择 London、City of London。其次在 Greenwich 四周画一个框，限定了区域。见图 8-30。

该检索方式适合对特定区域政府开放数据的检索，检索结果较多，需要配合检索结果页面的精炼进行。

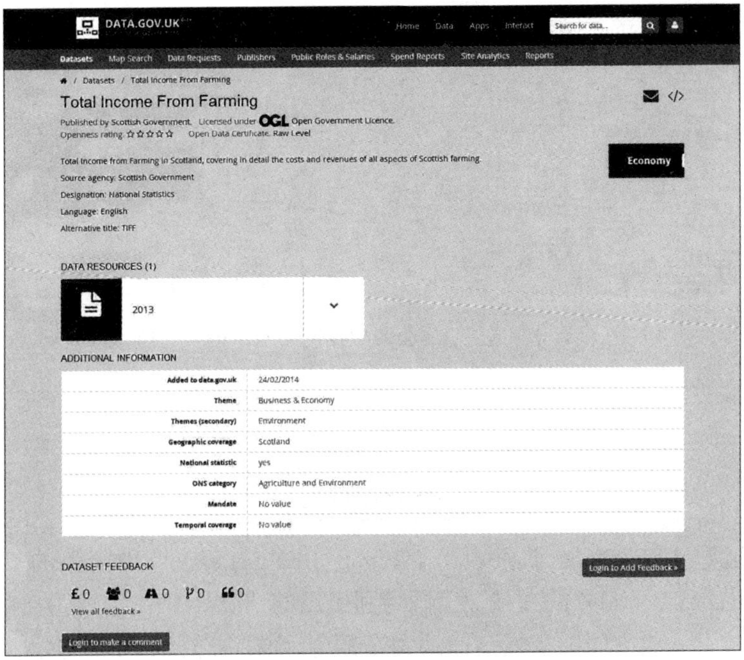

图 8-28　英国政府公开数据网站详细结果页面

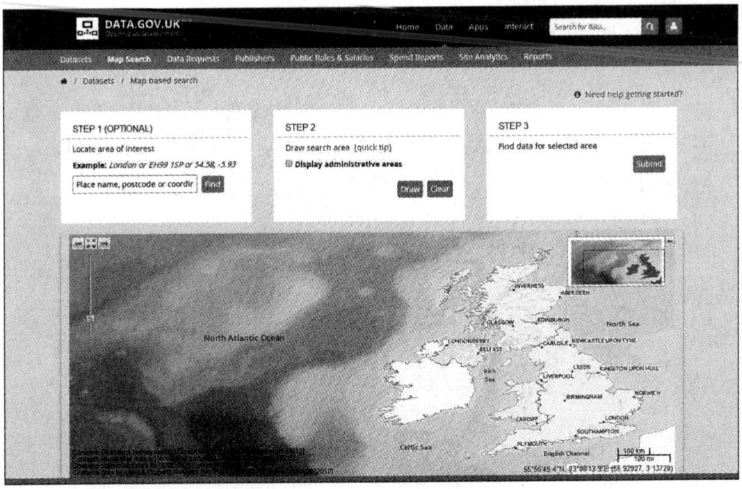

图 8-29　英国政府公开数据网站地图检索页面

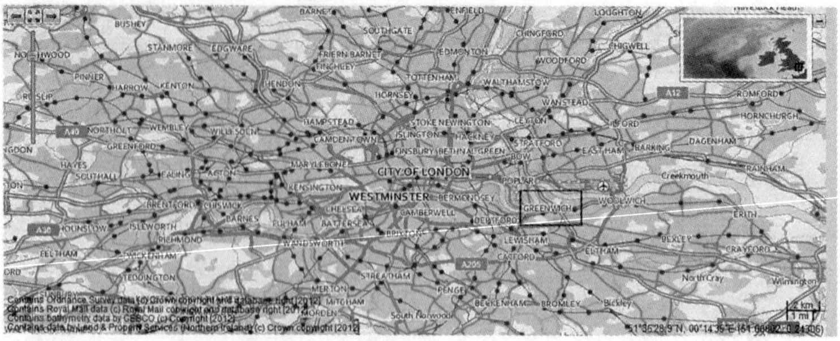

图 8-30　英国政府公开数据网站地图检索选择

本章习题

1. 通过 USPTO 数据库，检索 Tetrahedron Letters 期刊发表的篇名包含“Simultaneous Peptide”的文献被美国专利引用的情况。

2. 检索一项中国关于汽车辅助刹车的专利，并选择其中一条，摘录其专利名称和专利号。

3. 查找 2015 年召开的与“信息检索”相关的会议。

4. 利用中国商标网、美国专利与商标局数据库、免费的商标搜索引擎检索“Lenovo”的相关商标信息。

5. 通过免费途径获取 5 篇与信息检索有关的中文博士学位论文。

6. 通过免费途径获取 3 篇与信息检索有关的外文学位论文。

7. 请根据科技报告的特点，为“国家科技报告服务系统”设计检索入口。

8. 熟悉美国工程索引(EI)数据库平台，并进行特定主题科技报告的检索。

9. 请列举查找美国四大政府报告的途径。

10. 利用科技报告数据资源，获取一份科技报告全文。

11. 在 DataCite 中检索 2015 年发布的考古学学科的数据集。

12. 检索大英图书馆发布的开放程度为 5 星的教育类政府数据集。

第9章　利用信息检索解决实际问题的流程

在进行信息检索时，首先要将拟检索的问题进行分析、分解，选择合适的检索词，构建适宜的检索式，然后选择合适的检索工具进行检索。检索往往不是一次完成，还需根据检索结果的多少、准确与否进行检索策略的调整，直到获得满意的结果。选择检索词、构建检索式和调整检索策略是本章学习的重点和难点。

9.1　实验目的与要求

(1)了解检索问题的分析方法。

(2)掌握选取检索词的方法。

(3)掌握构造检索式的方法。

(4)掌握调整检索策略，从而掌握扩大和缩小检索范围的方法。

9.2　实验内容

(1)练习选取检索词的方法。

(2)练习构造检索式的方法。

(3)练习调整检索策略，从而掌握扩大和缩小检索范围的方法。

9.3　实验操作指导

本实验包括以下七个部分：分析检索问题、选择合适的检索工具、选择合适的检索词、构造检索式、筛选检索结果、调整检索策略、求助专家。

9.3.1　分析检索问题

信息检索是针对一定的目标，遵循一定的线索，不断扩大或缩小检索范围，直到获得检索结果的过程。在此过程中，用户的信息需求表达越明晰，目标越明确，要求越具体，获得满意结果的可能性就越大。所以在检索前，对具体课题进行分析很重要。

1. 挖掘信息需求，明确检索目的

检索目的不同，检索目标和方法也会不同。信息用户的文献需求一般分为以下几种类型：了解学科发展动态的要求；了解某一研究主题的片断性信息；了解某一研究主题的全面性信息；检索特定的文献信息。有的问题，是要解决科研或生产中的关键技术或理论问题，如申报带攻关要求的课题或技术革新，往往要求检索出的信息准确无误，目的和针对性强，在拟定检索式时，以着重查“准”为目的，在较高的查准率下考虑查全。而申请专利，申报成果奖励、鉴定与课题立项时，往往需要全面地收集某一主题范围的文献信息，不能遗漏重要信息，这类课题具有回溯、普查性质，应着眼于查全。

具体而言，要考虑以下因素：

首先是提出问题的人是谁。不同的人，对问题的深度与广度要求有所不同。中小学生与大学生对问题的深度和广度要求不同，研究人员与公众对问题的专深性或普适性要求有所不同。

其次是了解检索目的。根据检索主题的中心内容和所属学科范围，检索目的往往不同。例如有的课题要求全面地了解某学科的过去、现在的发展情况；有的课题是要求近几年的最新发展情况；有的课题要求查找很久以前的文献，等等。这些目的的不同，查找文献的范围与年限也会有所不同。

通常的检索类型有三种。一是科研攻关类，是要解决生产或研究中的技术难题，如某一理论、方法、设备、过程等的具体问题，主要要求找到合适的文献，提高查准率；另一种是课题普查型，是要针对某一课题收集系统、详尽的资料，这类检索往往要检索若干年的文献，可采用回溯检索，追踪检索以前的文献，查全率要求高；三是研究探索型，是要了解国内外某一方面的最新成果，需要随时跟踪、掌握最新科研动态和发展，对信息的新颖性、及时性要求高，多采用定题检索的方式[7]。

最后是分析检索要求。检索要求涉及要检索的内容特征和形式特征。内容特征主要涉及用户信息请求所属的学科范围与主题范围的确定，需要使用的主要概念及其相互关系的分析以及相关名词术语的选择等。形式特征包括两个方面，一个是所需的文献量，对文献数量有一个大致的要求，便于检索时进行策略的调整；另一个是明确所需文献的语种、年代范围、类型、作者或其他外表特征，这对限定检索范围也很重要。

2. 确定检索范围

有明确的检索范围，有助于文献查准查全。

首先，确定检索文献的类型。文献形式多种多样，不同类型的文献各具特点，在内容上也各有侧重，适应条件也有所不同。因此，明确所需文献的类型，可以提高检索针对性，缩小检索范围。如针对基础理论研究，侧重检索图书、期刊论文、会议文献等；应用技术研究，侧重检索专利文献等；学科动态等，侧重检索期刊论文、会议文献等；某一专题类的研究，可重点查找学位论文、期刊论文；生产中需要的规范或技术要求等，则重点查找标准文献。

其次，确定检索时间范围。一般可以考虑以下三个因素：

检索课题所属学科的背景及发展脉络。通过学科的发展背景可初步评估课题在哪个时期处于被研究的高峰期，该时期的文献则会累积较多，在选取回溯年限时，则重点查找该高峰期时期的文献。

检索课题的技术水平状况。课题技术水平较高，属较尖端的研究，则回溯年限可短一些；技术水平一般的课题，检索可追溯较长一些时间。

检索者的目的，解决问题的类型。检索者的目的若是为了撰写某领域的专著、申请专利或发明，则回溯年限要长些。检索者若仅为了摸清某一课题的研究水平、动态，及近期发展情况，则回溯期要短些[⑧]。

最后，确定语种范围。由于各种课题不同国家发展水平各异，一般除查找中文文献外，还应该查找相关国家的文献，目前以英语文献居多。

9.3.2 选择合适的检索工具

分析检索需求后，就需要选择合适的检索工具。信息检索工具是为了全面、快速、准确地查询现有文献资源，按照一定的著录规则编制而成的用以报道、存储和查找信息的工具。

选择检索工具时，可以根据以下几个原则来选择：一是课题要求与目的，二是利用方便、使用熟练，三是数据量、信息年限。有时还会根据使用者的经验与推荐使用。

信息检索工具分为以下几类：

1. 搜索引擎

搜索引擎对所有的终端用户免费，而且其本身的使用对用户检索水平要求不高，所以在进行信息初查时可以使用。其详细的介绍和使用参见第二章。

2. 商业数据库

检索专业信息离不开商业数据库。科技文献的数量庞大且分散，增长的速度愈来愈快，这给信息检索带来了越来越多的困难。将海量信息整合做成检索系统，就形成数据库。商业数据库一般具有权威、信息可靠的特点，其功能和范围有明确定位，含有自己特有的检索技术，通常要收费或授权使用，同时对用户检索水平要求较高。商业数据库按语种分为中文与外文数据库，目前主要的中文数据服务平台有中国知网、万方数据资源系统、维普期刊资源整合服务平台。外文数据服务平台则更多，如 Web of Science 核心合集(包含三大引文索引(SCIE、SSCI、A & HCI)、两大国际会议录引文索引(CPCI-S、CPCI-SSH)和两大化学索引)、Ei Compendex、Elsevier ScienceDirect、Springer 电子期刊及电子图书等。根据能否获取全文，数据库可分为一次文献数据库和二次文献数据库等。按所涉专业分为综合性数据库和专业性数据库。这些都需要在了解检索目的的基础上，根据数据库资源所覆盖的学科范围、收录的文献类型、国别及语种选择使用。

在全面分析检索课题的基础上，根据课题的主题范围、信息类型、时间范围等因素，经综合考虑后，选择数据库。正确选择数据库是保证检索成功的关键。选择数据库要从以下几个方面考虑：

① 数据库的类型是否满足检索需要。数据库的类型不同，决定了它适用于不同的检索对象和满足于不同的检索要求。如是全文型，还是文摘型。

② 数据库的学科专业范围是否与检索课题的学科专业相吻合。任何一个数据库在收录文献信息时总有一定的学科范围，选择时应有针对性。

③ 数据库收录的文献类型、文献存储年限、更新周期是否符合检索需求。数据库出版商往往以某一类型的文献编制数据库。如专利、学位论文、会议等。

④ 数据库描述文献的质量。包括对原文的表达程度、标引深度、专指度如何，是否按标准化著录。

⑤ 数据库提供的检索入口是否与检索课题的已知线索相对应等。

⑥ 对所需文献信息在国别和语种上加以选择限定。

分析了信息需求后，可根据已知的条件来选择合适的数据库。数据库选定之后，其提供的检索途径也随之确定，并可根据已知的条件来确定某一个或几个检索途径。一般先用中文数据库，后用外文数据库；先用期刊数据库，后用图书、会议、学位论文、专利文献数据库，最后用其他特种文献数据库。当用户要求检索的文献量比较大时，可首先用浏览的方式，按主题或学科专业的方式查找。

除了以上的主要信息检索工具外，还有多种检索工具可作为信息检索的补充。

首先，数字图书馆或数字资源共享工程提供丰富的信息，这些包括美国国会图书馆(http：//www. loc. gov/)、欧洲数字图书馆、博物馆、档案馆的资源，另外，中国有中国高等教育文献保障中心(CALIS，http：//www. calis. edu. cn/)、国家科技图书文献中心(NSTL，http：//www. nstl. gov. cn/)、全国文献信息资源共享工程(http：//gxgc. ahlib. com/libportal/main/)、国家数字文化网(http：//www. ndcnc. gov. cn/)等丰富的资源。图 9-1 是在美国国会图书馆搜索 MOOC 的结果。

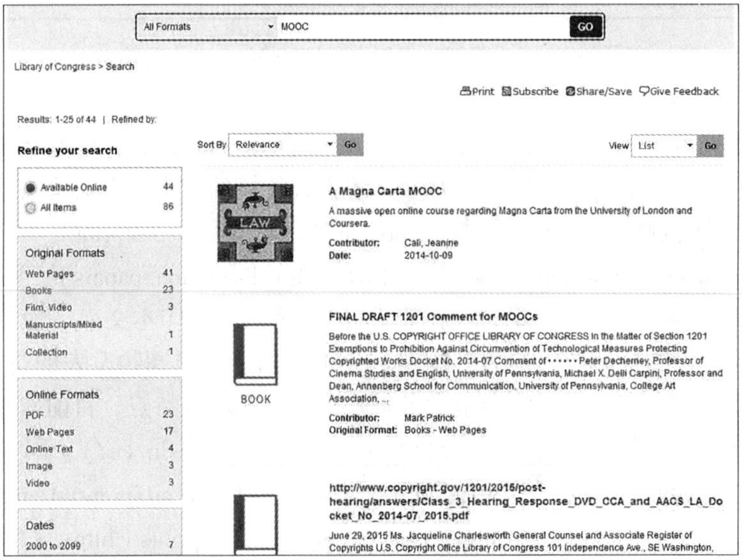

图 9-1　美国国会图书馆搜索 MOOC 的结果

其次，众多的政府网站或机构提供了海量的信息，如中华人民共和国中央人民政府网站(http：//www. gov. cn)、美国的政府网站(https：//www. usa. gov/)、世界卫生组织(http：//www. who. int/)等。图 9-2 是在世界卫生组织中查找“influenza”的结果。

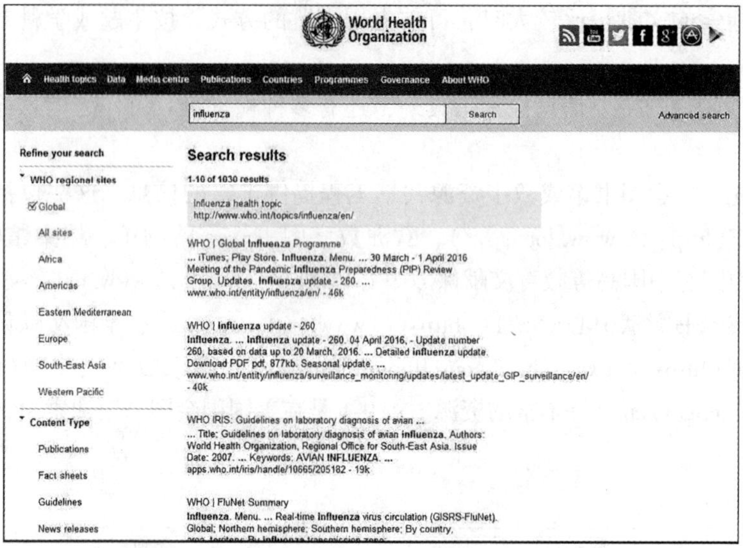

图 9-2　在世界卫生组织中查找“influenza”的结果

再次，电子印本(eprint)也能提供丰富的资源。电子印本是指科研工作者出于和同行交流的目的自愿通过互联网等方式传播的学术与专业论文论著。电子印本文献包括：电子预印本(e-preprint)、已印本(postprint)、工作论文(working papers，research papers)、讨论文稿(discussion papers)、科技报告(technical reports、technical notes)等。国内外著名电子印本文库一般都具有文献全文免费发布、修改、检索、浏览、评论等功能。与刊物发表的论文相比，电子印本具有交流速度快、利于学术争鸣、开放获取等特点。目前常用的电子印本系统包括中国科技论文在线(http：//www. paper. edu. cn/)、国家科技图书文献中心预印本服务系统(http：//www. nstl. gov. cn/preprint/main. html? action = index)、arXiv. org (http：//arxiv. org/)、Cogprints (http：//cogprints. org/)等。图 9-3 是在 arXiv. org 中浏览物理学科的结果。

最后，可利用开放存取期刊(Open Access Journals)。开放存取期刊 在 20 世纪 90 年代末兴起，将在线出版物免费提供给用户使用。目前，开放存取期刊列表(Directory of Open Access Journal，简称 DOAJ)涉及所有学科和多种语言，提供经质量控制的开放存取期刊。另外，科学公共图书馆(Public Library of Science，简称 PLoS)出版科学及医学类的期刊，生物医学中心(BioMed

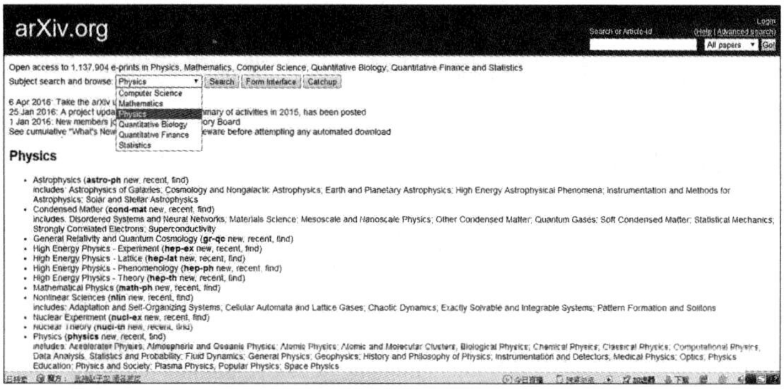

图 9-3　在 arXiv. org 中浏览物理学科的结果

Central，简称 BMC）主要提供网上开放存取、经过同行评议的生物医学领域的研究论文。

此外，数量众多的机构知识库（Institutional Repositories）、快速崛起和发展的新媒体（包括微博、博客、播客、网上广播等）提供最快捷的资讯，可供检索者选择使用。

9.3.3　选择合适的检索词

检索词是表达信息需求或检索课题内容的基本元素，也是信息检索系统中有关数据进行匹配运算的基本单元。检索词选择正确与否，直接影响着检索结果。在全面了解检索课题的问题后，应提炼主要概念与隐含概念，确定检索词。

检索词应满足内容匹配与形式匹配两方面的要求。内容匹配要求，由主题概念转化而成的检索词应能准确、完整地表达检索课题的内容，这是由信息需求决定的。形式匹配要求检索时使用的语言和检索工具使用的语言一致，这样检索词才能被系统“认识”。

1. 选择最能代表主题概念的检索词

检索词是表达用户信息需求和检索课题内容的基本元素，也是计算机检索系统进行匹配的基本单元。正确的主题分析是制定检索策略的保证，它决定了检索策略的质量和检索效果的好坏。因此，务必要在分析课题的主题概念中掌握课题的内容实质，概括出能最恰当地代表主题概念的检索词。在进行主题概念分析时，一般先从熟悉的已知文献信息入手，分析检索课题的内容实质。

2. 确定检索词时的注意事项

在选择检索词时，应考虑将课题内容分解或综合成某些概念，提炼核心概念，发掘隐含概念，排除非核心与宽泛概念，力求检索词能反映用户信息需求和检索主题内容。

确定检索词时的注意事项如下：

一是优先选用主题词。当所选的数据库具有规范化词表时，应优先选用该数据库词表中与检索课题相关的规范化主题词，从而可获得最佳的检索效果。主题词可通过主题词表来进行查找。目前综合性的主题词表，如美国国会主题词表(Library of Congress Subject Headings，简称 LCSH)，汉语主题词表；专业主题词表，如医学主题词表(Medical Subject Headings，简称 MESH)，测绘主题词表等。还有些数据库系统有相关的主题词表，如 Ei 有 Ei Thesaurus，EBSCOhost 系统有 Academic Search Complete——Subject Terms。在检索时，可优先选用主题词。如在 Academic Search Complete——Subject Terms 中检索计算机视觉(Computer vision)时，可优先选用主题词(叙词)Vision systems，详见图9-4；检索虚拟市场(VIRTUAL markets)，优先用其主题词 PREDICTION markets；要检索“海绵”相关的文献，可用规范化主题词“聚氨酯泡沫塑料”来检索。在数据库没有专用的词表或词表中没有可选的词时，可以从一些已有的相关专业文献中选择常用的专业术语作为检索词。

二是选用常用的专业术语。不同的学科有相关的专业术语。例如金融学领域有“风险备用金”“等额本息还款”；图书情报学领域有“信息检索”“搜索引擎”“信息素养”；法学领域有“正当防卫”“避险过当”等。

三是避免选用高频词或低频词以及禁用词。检索时避免使用频率较低或专指性太高的词，尽量少用或不用不能表达课题实质的高频词，如“分析”“研究”“应用”“方法”“发展”“设计”等词。必须用时，应与能表达主要检索特征的词一起组配，或增加一些限制条件再用。另外，一般不使用禁用词，英文禁用词如 a、an、by、for、from、of、the、to、with 等，不同的检索系统禁用词不一定完全相同，可以参看该检索系统的帮助信息。

四是不使用含义不确定的词，如“厚”“薄”“强”“弱”“高温”等，一般使用具体的数字。

五是尽可能多选用同义词、多义词与相关词(上位词或下位词)。包括以下几种情况：

① 同一概念的几种表达方式，如化学分析有 chemical analysis、analytical chemistry、chemical determination、composition measurement 等，一般这些概念

图 9-4 在 Academic Search Complete——Subject Terms 中的主题词表查找

可以用 OR 进行联结。

② 同一名词的单复数、动词、动名词、过去分词形式等，如生产有 product、production、producing、produce、productive 等，词根相同时，可用截词符解决。

③ 考虑上位概念词与下位概念词，如水果榨汁，不仅要选 fruit，也应选各种水果，如 pear、orange、plum、peach、apple、pineapple 等，反之，如某一种水果保鲜则应参考水果保鲜。

④ 全称和简称在检索时也要考虑选用。如世界贸易组织要将简称 WTO、以及全称 World Trade Organization 都考虑。

⑤ 植物和动物名，一般还需使用其英文、拉丁名、别称等。如查找“风信子”，其拉丁学名为 *Hyacinthus orientalis* L.，别称为洋水仙、西洋水仙、五色水仙、时样锦等，如选用，可以查得更全。

⑥ 注意外来词的译写变化，如 Markov 译成中文有：马尔柯夫(引自词

表)、马尔可夫(引自辞海)、马尔科夫、马尔克夫等。

3. 检索词的具体选择方法

在选择检索词时，可以遵循以下方法来进行选择：

① 表示事物名称的名词术语。如电脑、自行车、小麦、地图等。

② 事物的状态或现象的名词术语。如富营养化、刚度、强度、冰冻等。

③ 科学分类的名词术语。如医学、数学、物理学、化学、水利工程、测绘学、电子工程等。

④ 研究方法、技术方法的名词术语。如访谈法、调查法、萃取法等。

⑤ 工艺方法、加工技术的名词术语。失蜡浇铸、冲压、电镀、切割等。

⑥ 化学元素、化合物、金属材料与合金的名词术语。如氢原子、氯化钠、盐酸等。

⑦ 国家名称、地名、组织机构名称及人名的专有名词以及文献类型、文献载体的名词术语。如西班牙、大洋洲、世界卫生组织、迈克尔·杰克逊、图书、会议等。

4. 确定检索词的步骤

第一步是分析课题。就是分析出课题所涉及的主要概念和辅助概念，并找出能代表这些概念的若干个词或词组。主要概念，或称核心概念，是指课题研究的主要对象。课题研究的主要对象包括课题归属的专业学科名称，还包括课题涉及的具体原理、研究方法、材料工艺、应用领域等。例如：课题“甜味剂的过敏反应”的主要概念是“甜味剂 ”和“过敏反应”。辅助概念，又称普通概念，其含义是指一些没有专业意义的概念。例如：课题“聚乙烯的合成”，其主要概念是“聚乙烯”，辅助概念是“合成”。

第二步是进行概念切分。切分是对课题的语句以关键词为单位进行拆分，转换为检索的最小单元。关键词切分仅适用于自然语言检索。如要检索“黄曲霉素对肝癌的影响因素”的相关文献，可直接切分成“黄曲霉素、肝癌、影响因素”几个小单元。切分要尽量切分成最小的单元，但切不可把一个完整的概念切分得失去了其本身的意思，如“数字图书馆”“第三方担保”“年化收益率”等均为一个完整的概念，就不能再进行切分了。

第三步是去除概念中无用信息。去除自然语言中以下内容：不具有实质性检索意义的虚词；使用频率较低的词；高频词；专指性较高的词；意义太宽泛的词；过分具体的限定词；禁用词；存在蕴含关系可以合并的词。所谓禁用词是指没有检索意义、检索过程中一般不使用的词，包括介词、冠词和连词等虚词，也包括没有实质含义的普通名词、代词、动词和形容词，如发展、研究等。

第四步是概念替补。替补就是在进行概念切分、去除无用信息后，对检索词进行规范词汇替换和同义词补充，特别是一些口语化的词语或具有地方特色的词语要使用标准化的术语，如“乙肝”应替换为“乙型肝炎”“乙型病毒性肝炎”；“第三世界”替换为“发展中国家；“下岗”替换为“失业”。

第五步是扩充。主要是挖掘隐含词，提取潜在的检索词，扩充同义词、近义词、上位词、下位词。例如，“学校活动”这个概念可以用具体的“班级活动”“课外活动”“学生活动”等检索词来表示，“电子计算机”可以用“计算机”“微机”“电脑”“自动化”等词。找出隐含的重要概念，如“智力测试”，隐含着“能力测试”“态度测试”“创造力测试”等概念。

9.3.4 构造检索式

构造检索式是将选择出的关键词用计算机系统能识别的各种运算符(如布尔逻辑算符、截词算符、位置算符、字段限定符等)，按照检索需要进行合理组配，形成表达信息需求的具体的检索提问式。

合理的检索式应有两个基本要求，一是能充分而准确地反映信息需求的内容；二是能适应所查数据库的索引体系、用词和匹配规则，即与数据库中的信息标识匹配。只有确切表达信息需求的检索式，才有可能从数据库中检出符合需要的信息，而只有与数据库的信息标识达到高程度匹配的检索式，才能把需要的信息检索出来。

构造检索式时，首先要熟悉检索算符的运用，主要是逻辑算符 AND、OR、NOT，以及位置算符(W \ N)、截词符(* ,?)、字段限制检索(包括对学科范围、文献类型、年代等的限制)。关于检索的各种限定条件，可以参见本书相关章节。另外，不同的检索工具有自己特定的语法，可以参见该检索工具的帮助信息。

构造检索式时要注意以下事项：

① 对于同类或并列概念的词，用逻辑“或”进行组配，特别是采用自由词检索时，要尽量选全同义词、近义词等进行逻辑“或”组配。例如要检索“乙肝病毒的研究”这样的课题，为了防止漏检，需要考虑同义词，如检索式可以写成“乙肝 OR 乙型肝炎 OR 乙型病毒性肝炎 OR HBV”。

② 对于有交叉关系的概念，用逻辑“与”进行组配，但应注意去掉与课题无关的概念组配，以防因限制过严而漏检。

③ 应考虑哪些词可用截词算符，哪些地方要用位置算符，是否需用字段

算符加以限制。综合利用各种算符，可提高检索效率，使检索结果更理想。

④ 多种检索算符可以结合使用。如检索网络信息挖掘方面的相关文献，如果想要在题名字段进行检索，则可以写成 TI = (web * OR internet OR net *) AND information AND min * 这样的检索式。

9.3.5 筛选检索结果

检索到的结果数量往往达几十、几百甚至更多，怎样进行文献筛选，获取最相关的文献呢？实际上，判定文章重要性，可以遵循以下几个标准。

1. 相关性

检索出文献后，很多检索系统均会进行相关性排序，将系统认为最相关的文献排在最前面，这是一个判断标准。另外，检索后，一般均会显示该文献的载体类型，如是图书，还是期刊、会议、专利、学位论文等。这些载体类型各有各的特点，如图书往往系统性比较强，期刊、会议、学位论文则往往展示该学科较新的文献，专利则与技术相关性较大，据此可初步判断内容的层次与相关性，看符不符合检索者当前的检索需要。此外，还可看信息来源是否权威，是否是权威的出版集团或核心期刊上的文章，也有助于初步进行判断。

例如，在 SpringerLink 中任意字段查找“MOOC”相关文献，系统可以设定选择按“相关性”排序，同时该系统中是图书，还是期刊文章也列出，便于根据需要阅读，见图 9-5。

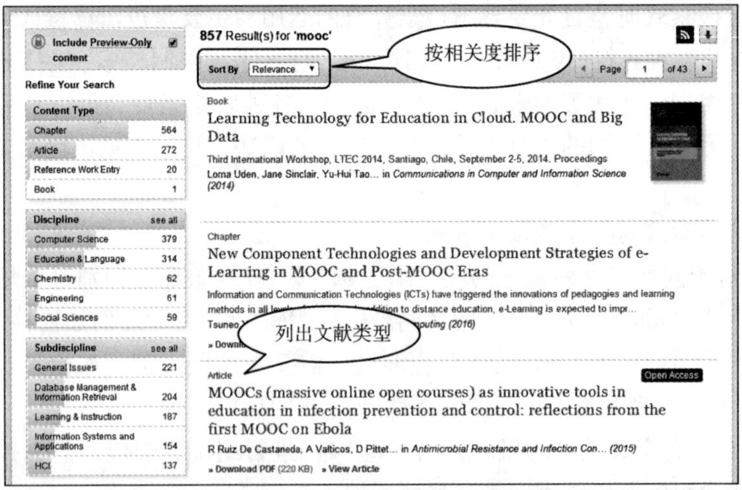

图 9-5 检索结果按相关度排序并列出文献类型

2. 时效性

对于检索时效性的要求，不同的检索学科往往有不同的要求。理工科在开发新技术时，需要了解最新的动态和技术，所以文献越新越好。而有的学科，如历史、哲学等社会学科，则需要挖掘过去的文献。时效性需根据不同的学科和检索要求来筛选。大部分数据库具有排序功能，很多数据库还能获得创刊年的数据。

例如，在“JSTOR 电子期刊和电子图书”数据库中查找研究卢梭的文章，按从远到近的排序方法，最早可查看到 1809 年的研究文章，见图 9-6。

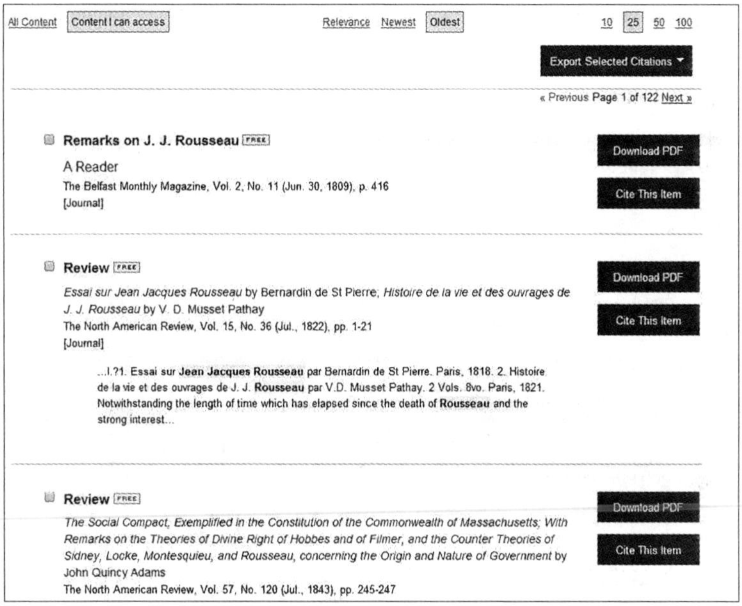

图 9-6　数据库按时间排序查看早期文献

3. 标题和摘要

标题和摘要是较直观判断文献是否对课题有价值的方法。

标题是一篇文章的浓缩和精华，要直接反映该文章的主旨。所以，最直接的判断方法就是看标题。有些时候我们查文献并不是为了了解作者的思路意图及结果，我们单纯是想查某种方法。这个时候标题就不一定能够反映出来，但是摘要却可以。

摘要是以提供文献内容梗概为目的，其基本要素包括研究目的、方法、结果和结论。具体地讲就是研究工作的主要对象和范围，采用的手段和方法，得出的结果和重要的结论，有时也包括具有情报价值的其他重要的信息。从摘要可以基本了解一篇文章主要涵盖的内容。

4. 作者

在某个研究领域往往会集结一些核心作者群，如果某篇文章的作者或通讯作者是该领域的核心作者群，则可以仔细留意一下。

5. 被引次数

大多数情况下，被引次数越多的文章越有阅读价值。目前很多数据库能查看被引次数，如中文的 CNKI 数据库、外文的 WOS 检索系统。

例如，在 WOS 中查找“Carbon nano”并按引用次数降序排列，可根据需要查看文献，见图 9-7。

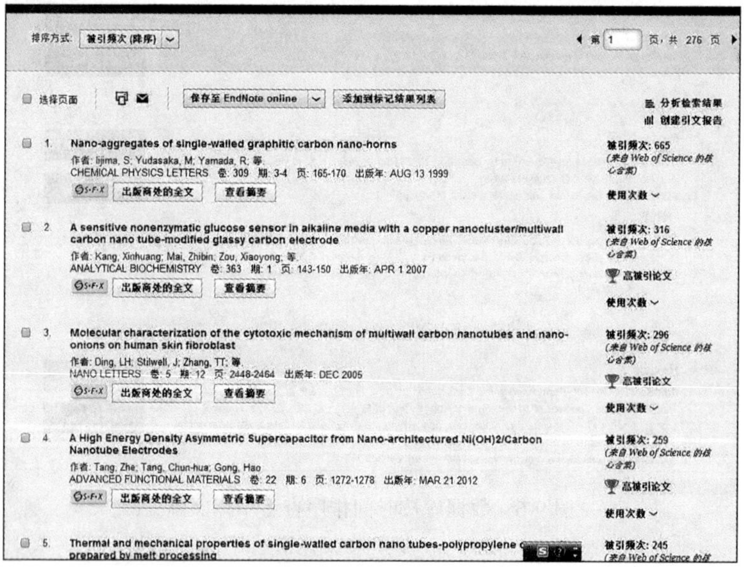

图 9-7　在 WOS 中查找“Carbon nano”并按引用次数降序排列

通过以上几个条件预判，就可以对检索结果进行初步筛选，并最终选择出检索者最需要的文献，如果有帮助，则可以获取全文并仔细研读。

9.3.6　调整检索策略

在检索过程中，应及时分析检索结果是否与检索要求一致，根据信息来源判断信息的价值，看检索结果的数量，如果太多或太少都不符合要求。不一致时要对检索词和检索式做相应的调整与修改，调整检索策略，直到获得满意的结果。

在得到检索结果后，可能会出现以下三种让人不太满意的情况，均需要对检索策略进行调整：检索结果太少，漏掉了相关文献；检索结果太多，很多文献不相关；检索结果并非我们要的内容，如信息不相关或不权威。

1. 检索结果过多时的调整方法

检索结果过多，往往不相关或冗余信息太多，这时的策略就是要进一步限定检索，提高检准率。包括以下方法：

① 更加准确地描述检索需求。如查找"地理信息系统的应用"方面的文献，查出文献如较多，可以根据需要限定，如限定在"考古""水资源监测""交通"等方面。

② 严格限定检索范围。如限定学科领域、时间、文章类型，检索词出现的字段等。一般数据库默认的是在所有学科进行检索，如果检索结果太多，可以限制在特定的学科领域进行检索。同时，可以将检索时间根据需要限制为近五年或近十年、近十五年等。文章类型可以限制为图书、期刊、会议论文、学位论文等。此外，关键词所在的字段可以逐步精炼，如从摘要字段改为主题字段，再逐步改为关键词字段，甚至是标题字段，经过一步步尝试，使结果更准确。

③ 选择与检索主题密切相关的词和专业术语。可以选择某个词的主题词。如汉语主题词表、测绘主题词表、医学主题词表等，或利用有些数据库提供的主题词的查找功能，如 Ei、EBSCOhost 等数据库的词表检索功能。

④ 使用词组检索或位置检索。很多检索系统，对超过一个词的词组，会默认为用 AND 联结的，如 information literacy 检索时，会检索出只要字段中同时出现 information 和 literacy 的结果，而用双引号("")可确保检索出来的是词组，达到精确检索的目的。如"information literacy"会检出 information literacy 是词组的结果。

⑤ 在检索结果的基础上进行二次检索或精炼检索。很多数据库均提供二次检索或精炼检索(refine search 或 refine filters 或 search within results)，可以据此对检索年代、作者、出版物名称、主题、文献类型进行精炼，从而达到使检索结果精确的目的。

⑥ 增加用"AND"联结的概念。逻辑算符"AND"概念的相交、限定，缩小检索范围，提高检准率。例如查找"网络成瘾"方面的文献如果太多，可以限

定查找“大学生网络成瘾”方面的文献，使用(网络成瘾 or 网瘾 or 网络依赖 or 上网成瘾)and(大学生 or 高校学生)来进行检索。

⑦ 利用逻辑算符“NOT”进行限制。逻辑算符“NOT”去掉一个主题中某一部分的主题，用于缩小检索范围，提高查准率。例如，如果查找“美国以外数字图书馆的发展”，可用检索式“数字图书馆 NOT 美国”。

⑧ 充分利用下位类检索词。有时一个大的概念会检索出太多不相关的文献，这时可以通过下位类词进行精确检索。例如，检索水果种植方面的文献如果太多，可以用水果的下位类，如苹果、葡萄、西瓜等来进行检索。

2. 检索结果过少时的调整方法

在检索时，也常常会出现检索结果太少甚至检索结果为零的情况。这种情况下，首先检查检索词拼法是否正确，如果没有问题，就需要行扩大检索，尽量能获得一些相关联的结果。检索结果过少时的调整方法正好与检索结果过多时的调整方法相反。这些方法包括：

① 去掉某个方面的检索要求；

② 放宽检索范围，尽量在检索时，在学科领域、时间、文章类型等均不作限制；

③ 改变检索字段。将题名字段改为关键词字段、主题字段、摘要字段，甚至全文字段；

④ 更全面地考虑检索主题，增加选用上位词、同义词、近义词及缩写形式；

⑤ 采用截词检索法，可以检索到大多数单词单数、复数和所有格，不规则单词除外；

⑥ 减少用“AND”或“NOT”算符联结的概念；

⑦ 增加用“OR”联结检索词。

9.3.7　求助专家

如果通过各种途径都查找不到信息，可以尝试求助专家。

1. 请教专家或图书馆员

国内外有较多的联合参考咨询系统，由图书馆员联合起来进行咨询，均提供信息查询方面的咨询。如全国图书馆参考咨询联盟(联合咨询网)(http：//www. ucdrs. net/admin/union/index. do)，由上海图书馆维护的网上联合知识导航站(http：//vrd. library. sh. cn/)，国家科技数字图书馆参考咨询系统(http：//www. nstl. gov. cn/anyask/ask. html？key=nstl)，CALIS 联合参考咨询系统(各省不同，如天津市高等教育文献信息中心针对天津图书馆的参考咨询系统(http：//cvrs. tj. calis. edu. cn：8080/))。

在国外，同样有很多的联合参考咨询系统。2000年，美国国会图书馆联合多家图书馆开发了联合数字参考咨询服务，次年又与OCLC合作进行了二次开发，成为第一个全球范围内的分布式实时合作咨询服务系统，并改系统名为Question Point(http：//www. questionpoint. org/)。该系统有专家库、知识库和资源库，用户可以通过咨询表单、电子邮件、网上聊天、声音和视频传递请求获得答案。目前已有300多个成员馆[7]。事实上，现在很多图书馆都以地域或学科专业特征建有联合参考咨询系统。除联合参考咨询外，目前各个图书馆大多都提供参考咨询服务，甚至提供信息检索方法方面的培训。

2. 求助论坛、社区

在论坛和社区求助也是一种较常用的方法。目前有各种各样的这样的社区、大型综合知识问答平台，如百度知道、新浪爱问、雅虎知识堂、搜狐问答、腾讯搜搜问问等。知乎网则可以与知乎领域资深嘉宾同席，参与专业精彩的主题讨论。专题网如天涯社区则可以根据自身需求提出问题，回答、关注感兴趣的问题和话题，分享知识和经历，并与其他志趣相投的好友讨论和交流。国外如ask. com(http：//www. ask. com/)、All Experts(http：//www. allexperts. com/)、YAHOO！ Answers(https：//answers. yahoo. com/)均为问答类平台。

3. 发电子邮件求助

通过电子邮件咨询专家也是一个可以尝试的方式。特别是如果要找的文献年代比较久或者期刊来源比较特别，可尝试给文章的通讯作者发个E-mail索取原文。

本章习题

1. 在ELSEVIER SDOS系统中，在题名字段中查找2010—2015年以来的文献，请比较digital library和“digital library”查找结果的差异。

2. 在手头能找到的主题词表中，或能利用的数据库系统中(EI，EBSCOhost)查找以下词的上位词、下位词，主题词(选做其中任一题即可)。

(1)全球导航卫星系统(global navigation satellite system)

(2)数据检索(data retrieval)

(3)虚拟环境(virtual enviornments)

3. 请写出以下词的同义词、近义词或上位词、下位词(选做两道题)。

Computer vision、文化遗产、可穿戴设备、网络成瘾、转基因食品、电子商务、网上营销

4. 在充分考虑同义词、近义词、上位词、下位词的情况下，请构建以下课题的中英文检索式(选做两道题)。

(1)可穿戴设备的应用及发展趋势

(2)青少年网络成瘾的成因及对策

(3)文化遗产保护的价值与意义

(4)地理信息系统在土地监测中的应用

(5)我国城市生活垃圾污染防治的法律对策研究

(6)水资源需求预测与协调分析研究

(7)转基因食品安全问题研究

(8)植物颜色变化的生理学基础

(9)药物成瘾的治疗

5. 请在SCI中检索，TI="information retrieval"，以及年代为2011—2014年间，分别列出按相关性排序，按时间排序的第一条检索结果，并比较与课题的相关性。

(1)按相关性排序的第一条结果

(2)按时间排序的第一条结果

(3)比较与课题的相关性，并说明理由

6. 请查找以下课题，并根据检索结果调整检索策略，请说明调整检索策略的方法(任选一题)。

(1)商业银行信贷风险管理研究

(2)连锁超市的物流运作模式研究

(3)消费者网上购物意愿及满意度研究

(4)生物信息资源的公共获取及其知识产权保护

(5)大型连锁书店的信息资源规划

(6)利用遥感数据记录与监测侵蚀化土壤

第 10 章　信息检索拓展你的课堂

网络百科全书和在线词典、教材与课件、多媒体资料、在线问答平台是重要的信息源。本章要求学生不仅要掌握它们的特点与类型，还要掌握其使用方法。

10.1　实验目的与要求

(1)了解网络百科全书和在线词典、教材与课件、多媒体资料、在线问答平台的特点与类型。

(2)掌握具有代表性的网络百科全书和在线词典、教材与课件、多媒体资料、在线问答平台的使用方法。

10.2　实验内容

(1)使用网络百科全书进行检索练习。

(2)使用在线词典进行检索练习。

(3)对课程相关免费课件进行检索练习。

(4)进行免费教材的检索练习。

(5)进行图像资料的检索练习。

(6)进行音频资料的检索练习。

(7)进行视频资料的检索练习。

(8)通过问答工具找寻问题答案。

10.3　实验操作指导

本实验包括以下四个部分：网络百科全书和在线词典、教材与课件、多媒体资料、在线问答平台。

10.3.1　网络百科全书和在线词典

教师在课程准备阶段时常需要对核心概念进行准确且精炼的界定，网络百科全书、在线词典等工具书具有权威、完备、系统、开放、快捷等特点，最适于解决关于定义、概念、解释、论述等问题，是教师备课、科研的好帮手。

1. 网络百科全书

百科全书是系统反映某一个或几个学科领域，甚至所有学科领域基本知识和基本情况的大型工具书，兼具普及性与专业性。网络百科全书也称百科在线(Encyclopedia Online)，是在传统百科全书的基础上依托互联网兴起的新型参考工具书服务模式，可大大提高概念定义的准确度和效率。网络百科全书可以是综合性的，也可以是专业性的，许多学科领域，如医学、化学、哲学、法学等都有百科全书。诸多世界知名百科全书如《不列颠百科全书》(*Encyclopedia Britannica*，EB)、《美国百科全书》(*Encyclopedia Americana*，EA)、《哥伦比亚百科全书》(*The Columbia Encyclopedia*)、《世界图书百科全书》(*The World Book Encyclopedia*)等均有了网络版，我国《中国大百科全书》也可以通过互联网进行全文检索。

网络百科全书多采用字顺与分类并存的检索途径，提供题名、作者、关键词、摘要、主题等多种检索字段。具有逻辑检索、截词检索、字段限制检索等功能，并可控制检索的范围和深度。用户检索界面还设置有简单检索、高级检索和专家检索窗口，以便于用户根据检索情况选择合适的检索方式。

网络百科全书的类型可从多维度进行划分，如按学科领域、规模、地域、语言等。但最常用的分类方法是依据信息内容特点，将其分为综合性和专业性百科。综合性网络百科包罗一切学科门类的知识，专业性网络百科收录一门或数门学科的知识。此外，还存在一些网络百科的集成型站点。下文将列举各类网络百科站点，并对其中具有代表性的予以介绍。

1)综合性网络百科全书

国内外综合性网络百科全书见表 10-1。

表 10-1 **国内外综合性网络百科全书列表**

网络百科	网址	语言	是否免费
中国大百科	http：//ecph. cnki. net/	中文	版权所有
百度百科	http：//baike. baidu. com/	中文	免费
互动百科	http：//www. baike. com/	中文	免费
Appropedia	http：//www. appropedia. org/Welcome_to_Appropedia	英语	免费
Digital Universe	http：//www. digitaluniverse. net/	英语	免费
Citizendium	http：//en. citizendium. org/	英语	免费
Columbia Encyclopedia（哥伦比亚百科全书）	入口包括： http：//www. answers. com/library/Columbia%20Encyclopedia http：//www. Infoplease. com/encyclopedia. html http：//encyclopedia2. thefreedictionary. com/ http：//www. factmonster. com/encyclopedia. html	英语	免费
Conservapedia	http：//www. conservapedia. com/Main_Page	英语	免费
Everything2	http：//www. everything2. com/	英语	免费
New World Encyclopedia	http：//www. newworldencyclopedia. org/entry/Info：Main_Page	英语	免费
Probert Encyclopaedia	http：//www. vets. com/questionmanager/encyclopaedia/ency1/	英语	免费
Scholarpedia	http：//www. scholarpedia. org/article/Main_Page	英语	免费
Encyclopædia Britannica-1911 Edition (大英百科全书 1911 年版)	http：//encyclopedia. jrank. org/ http：//www. studylight. org/encyclopedias/bri/	英语	免费
Encyclopædia Britannica（大英百科全书）	http：//www. britannica. com/	英语	有限的免费访问，全部服务需订购

续表

网络百科	网　址	语言	是否免费
Britannica：Kids Encyclopædia（大英儿童百科全书）	http：//kids. britannica. com/	英语	有限的免费访问，全部服务需订购
World Book Encyclopedia	http：//www. worldbook. com/	英语	版权所有
The Canadian Encyclopedia（加拿大百科全书）	http：//www. thecanadianencyclopedia. com/en/	英语、法语	免费
Vikidia	http：//www. vikidia. org/	英语、法语、俄语、意大利语、西班牙语	免费
Great Soviet Encyclopedia	https：//slovari. yandex. ru/~%D0%BA%D0%BD%D0%B8%D0%B3%D0%B8/	英语、俄语	免费
Banglapedia	http：//www. banglapedia. org/index. htm	英语、孟加拉语	免费
Wikipedia（维基百科）	http：//zh. wikipedia. org/wiki/Wikipedia：%E9%A6%96%E9%A1%B5	多语言	免费
Uncyclopedia	http：//en. uncyclopedia. co/wiki/Main_Page	多语言	免费
Grand Larousse encyclopédique	http：//www. larousse. fr/encyclopedie	法语	免费
Encyclopædia Universalis	http：//www. universalis. fr/	法语	版权所有
Meyers Konversations-Lexikon 4. ed. 1888—1892	http：//www. retrobibliothek. de/retrobib/stoebern. html？ werkid=100149	德语	免费

续表

网络百科	网址	语言	是否免费
Den Store Danske Encyklopædi(The Great Danish Encyclopedia，丹麦大百科)	http：//www. denstoredanske. dk/	丹麦语	免费
EcuRed	http：//www. ecured. cu/	西班牙语	免费
Enciclonet	http：//www. enciclonet. com/	西班牙语	有限的免费访问，全部服务需订购
Enciclopedia Italiana di scienze，lettere ed arti	http：//www. treccani. it/enciclopedia/	意大利语	免费
Ekşi Sözlük	https：//eksisozluk. com/	土耳其语	免费
Marefa	http：//www. marefa. org/index. php/%D8%A7%D9%84%D8%B5%D9%81%D8%AD%D8%A9_%D8%A7%D9%84%D8%B1%D8%A6%D9%8A%D8%B3%D9%8A%D8%A9	阿拉伯语	免费
WIEM Encyklopedia	http：//portalwiedzy. onet. pl/encyklopedia. html	波兰语	免费
Internetowa encyklopedia PWN	http：//encyklopedia. pwn. pl/	波兰语	免费
Store norske leksikon	https：//snl. no/	挪威语	免费
Nationalencyklopedin(瑞典国家百科全书)	http：//www. ne. se/	瑞典语	版权所有
Winkler Prins	http：//www. winklerprins. com/	荷兰语	版权所有
Gran Enciclopèdia Catalana	http：//www. enciclopedia. cat/enciclopèdies/gran-enciclopèdia-catalana	加泰罗尼亚语	免费
Marathi Vishwakosh	http：//www. marathivishwakosh. in/	马拉地语	免费

续表

网络百科	网　址	语言	是否免费
Encyclopedia Sindhiana	http：//www. encyclopediasindhiana. org/	信德语	有限的免费访问，全部服务需订购
Doosan Encyclopedia	http：//www. doopedia. co. kr/	韩语	免费

下面重点介绍一些百科全书。

① 中国大百科。

向局域网用户提供在局域网范围内检索使用的中国大百科是我国综合性在线百科的典型代表，其文字和图片，主要来源于专业权威的《中国大百科全书》和中国百科术语数据库中的部分数据，增添了相关条目及知识点间的链接。共收条目 78 203 条，计 12 568 万字，图表 5 万余幅。内容涵盖了哲学、社会科学、文学艺术、文化教育、自然科学、工程技术等 66 个学科领域。内容宏富，学术性强，具有极高的权威性。

中国大百科提供检索、浏览及其他辅助功能。中国大百科提供的检索方式包括：全文检索、条头检索、条目分类检索、条目顺序检索、卷内检索、高级检索(组配检索)。

A　全文检索可最大限度地检索关键词的相关信息，检索范围包括条头、正文解释以及作者，适用于想在短时间内获得所有相关信息的读者。检索方法：输入检索词——点击全文检索——在输出结果中选择具体的条目。对检索结果可按关键词位置进行筛选，也可按照相关度或字数进行排序。

B　条头检索。条头指词条的名称，如果希望关键词位置在条头中，可利用“条头检索”。在检索框输入检索词——点击条头检索——在输出结果中选择具体的条目。条头检索支持利用截词符进行特定条件的模糊查找。＊代表任意个字符；？代表 1 个字符。比如，使用“＊定理”进行条头检索就可以将所有的定理名称找到。

C　条目分类检索。如图 10-1 所示，当使用检索框进行检索后，程序将会自动将相关的词条按卷册进行分类，卷册将按相关词条数进行排序。

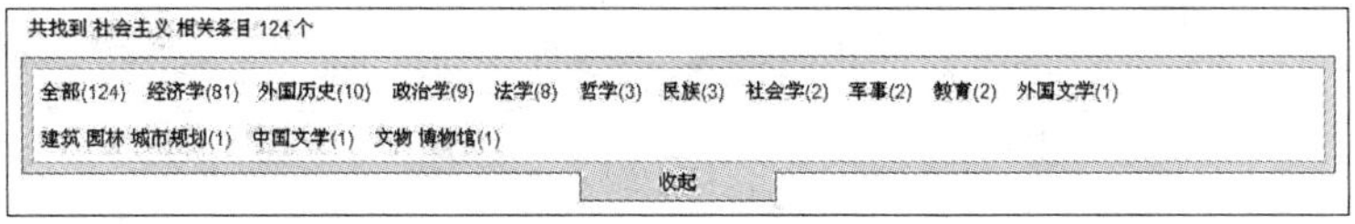

图 10-1 《中国大百科》的条目分类检索示例

D 条目顺序检索。使用方法同纸本的中国百科全书的检索方法类似，适用于习惯纸本检索方法的读者。在“卷册浏览”中点击要检索的卷的范围，所选卷的条目会依次呈现。

E 卷内检索。选定了某一个卷册进行浏览或查看词条时，可以通过“卷内检索”在该卷内检索想要的词条。

F 高级检索(组配检索)。使用高级检索可以进行复杂条件下的组配检索，适用于检索目标明确，对检索结果精确度要求较高的读者。点击高级检索——在卷册中选择学科范围——在条头、正文、作者框输入检索词——选择检索逻辑关系“或”“且”——点击检索——在输出结果中选择具体的条目。例如要检索与“莫奈”和“印象派”相关的美术词条，可通过以下条件组合进行检索。首先在“卷册”下拉框中的学科分类选择“美术”卷，然后在“条头”和“正文”中分别输入“印象派”和“莫奈”，逻辑条件选择“或者”，最后点击“检索”。使用者还可对检索结果的显示进行指定，比如每页的结果数和检索结果的排序方式。

此外，中国的百科还提供卷册浏览功能。即按学科分类进行查找，适用于对检索结果有明确学科要求的读者。中国大百科共分 55 卷，分布在人文与社会、农业与医药、自然科学、工程与技术四大类里。使用方法如下所示。

首先，进入卷册浏览页，见图 10-2。

其次，选择需要浏览的卷册。

最后，在新页面左侧的卷册目录树中选择具体词条，见图 10-3。

百科全书其他辅助功能有：

设置“热链接”，实现快速跳转阅读。

✓ 正文内词条链接

每一个词条的正文解释中都提供了相关词条的超链接，可直接点击进行阅读，省去了重新检索的时间。

✓ 使用章节目录快速定位

每个词条的正文解释前都提供了目录，可以通过点击相关章节名称直

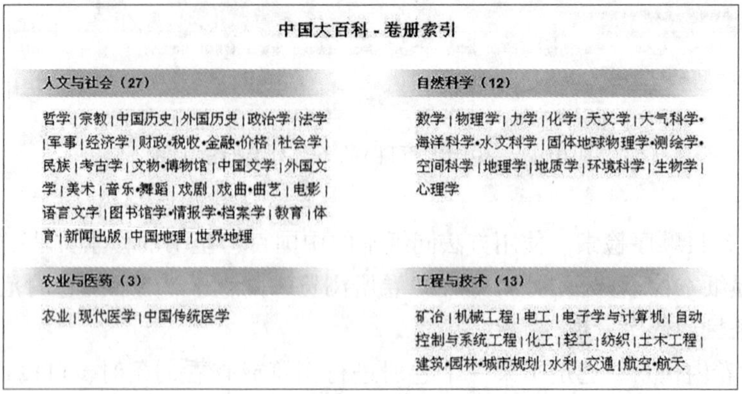

图 10-2 《中国大百科》的卷册浏览页

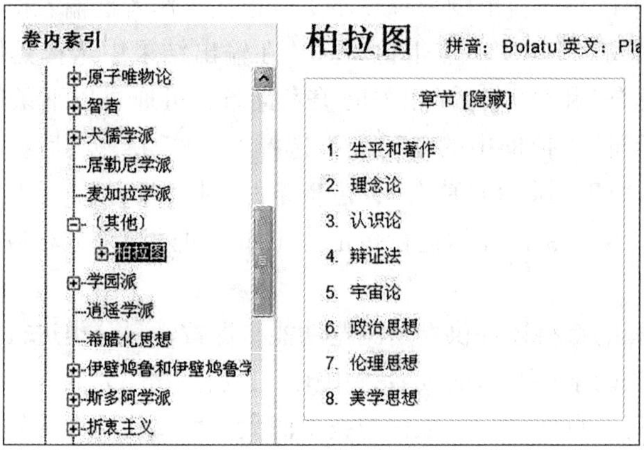

图 10-3 《中国大百科》的卷册目录树

接进入相关章节进行阅读。

✓　作者、卷册热链接

在每一条检索结果中都提供了作者名和卷册名，可以直接点击相关信息进入相关页面。

✓　相关词条链接

方便延伸阅读相关词条，相关度越大，字体越大。

✓　查看最近阅读的词条

提供最多 10 个最近阅读的词条，方便重新阅读相关词条。

✓ 免费阅读的“今日简明词条”

在首页每日动态更新三个简明词条，无需登录、付费便可直接查看。

提供打印、下载、复印等功能。可以直接复制内容资料，方便用户使用；设置条目文字及图片内容的打印功能。

② 大英百科全书(网络版)。

《大英百科全书》又名《不列颠百科全书》(*Encyclopedia Britannica*)，被认为是当今世界最著名的百科全书，英语世界俗称的 ABC 百科全书之一，也是世界三大百科全书(美国百科全书、不列颠百科全书、科利尔百科全书)之一。大英百科全书由世界各国、各学术领域的著名专家学者(包括众多诺贝尔奖得主)为其撰写条目。该书涵盖对人类知识的详尽介绍，和对历史及当代重要人物、事件的翔实叙述，其学术性和权威性为世人所公认。1994 年正式发布的网络版，成为全球第一部网络百科全书，除印本内容外，还包括最新的修改和大量印本中没有的文章，可检索词条达到98 000个，收录了 322 幅手绘线条图、811 幅照片、193 幅国旗、337 幅地图、204 段动画影像、714 张表格等丰富内容。

其主页囊括的功能板块包括：检索、分类浏览、你知道吗、特色博客、人气主题、小测验、画廊、一览表、项目等。

检索功能如图 10-4 所示，其主页右上方设有检索框，可搜寻所需目标词。

图 10-4 Encyclopedia Britannica 主页

A 分类浏览(ARTICLES BY CATEGORY)

大英百科全书将词条按学科知识进行了细致分类，读者可在其主页下方进行分类点击浏览。第一层设 20 个大类，大类下设小类，分类情况如下。

动物(Animals)、生物科学(Biological Sciences)、地球与地理(Earth and Geography)、历史(History)、数学(Mathematics)、植物(Plants)、运动与休闲娱乐(Sports and Recreation)、艺术与音乐(Art and Music)、化学(Chemistry)、政府、法律与政治(Government, Law and Politics)、生命与生物圈(Life and the Biosphere)、哲学(Philosophy)、宗教(Religion)、技术(Technology)、天文学(Astronomy)、国家(Countries of the World)、健康与医疗(Health and Medicine)、文学(Literature)、物理(Physics)、社会(Society)。

B　“今日图片”(PHOTO OF THE DAY)

该板块在大英主页展示框中显示，每日更换不同主题的摄影图片，当鼠标悬浮至图片上方时会出现简要文字介绍，点击“READ MORE”可直接链接至大英百科进行更深入的阅读与探索。如图 10-5 所示，2015 年 9 月 12 日展示太阳的摄影图，点击进入后附有其他图片、大量短片甚至交互式视频。

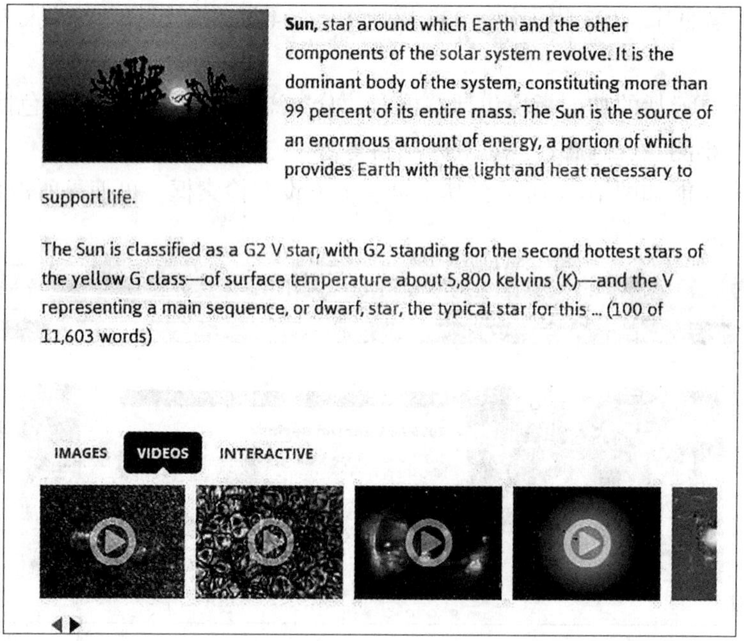

图 10-5　PHOTO OF THE DAY——太阳及相关信息

C　人气主题(POPULAR TOPICS)

为读者整理了最新关注度高的主题文章，包括“新闻背后”(BEHIND THE

NEWS)和“聚光灯”(SPOTLIGHT)两个板块，它们的主题链接还会在主页展示。“新闻背后”向读者提供国内外重大新闻事件的文字与图片报道，文末附有读者可能感兴趣的问题，点击进入即可找到答案。“聚光灯”中大英百科的编辑们汇总了诸多热点现象和人物供读者阅读。读者可通过板块、分类、月份、年份四个维度进行检索。在人气主题中，还设有“娱乐”(ENTERTAIN ME)、“惊奇”(SURPRISE ME)、“鼓舞”(INSPIRE ME)、“挑战”(CHALLENGE ME)主题板块，读者可在此阅读各类文章。此外，在“热门主题”栏中展示有十大热搜主题。

D　探索大英(EXPLORE ENCYCLOPEDIA BRITANNICA)

主页展示框下方是以图片墙形式展出的大英著名词条，包括历史事件、人物、稀有动物等。读者可点击图片直接跳转至相关词条。

E　小测验(QUIZZES)

在小测验板块中，读者选择感兴趣的领域进行测试，如图 10-6 所示。每个测试游戏中的问题都有限定时间并由系统给分。在“最新小测验排行榜”中，读者可看到最新的 10 个测验。

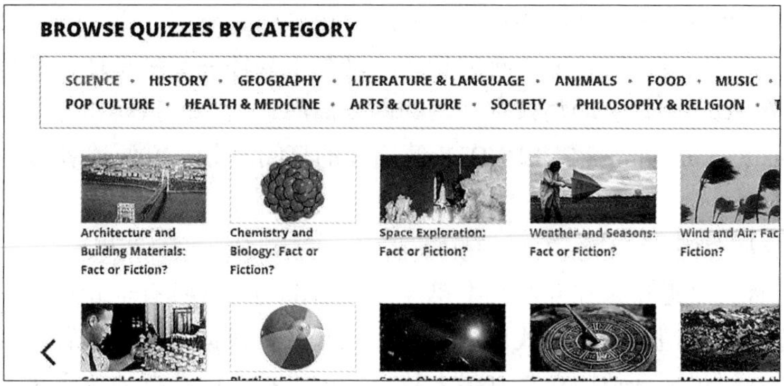

图 10-6　QUIZZES 检索功能

F　画廊(GALLERIES)

大英百科对图片进行了分类展示，设有“人气大英画廊”，展示有各类丰富多彩的图片，可对不同主题的图片进行浏览。此外，大英百科编辑们倡导读者上传自己的图片，以创建“你们的图片，我们的最爱——无处不在的艺术”画廊。

G　一览表(LISTS)

一览表板块汇总了诸多目录、清单等，如浏览量较高的 11 Handsome Historical Figure（11 位帅气的历史人物）、9 of the World's Deadliest Snakes（世界 9 大致命毒蛇）、8 Birds That Can't Fly（8 种不会飞的鸟）、7 of the World's Deadliest Plants（世界 7 大致命植物）等。还有“编辑拾英”（EDITOR PICKS）栏目，大英编辑们为读者精心挑选的清单，与读者们分享自己的见解、看法、兴趣，如 The 10 Greatest Basketball Players of All Time（最伟大的 10 位篮球运动员）、10 Must-visit Zoo Animals（10 种去动物园一定要看的动物）等。此外，读者还可对清单进行分类浏览。

H　项目（PROJECTS）

大英百科设有多个开放项目，读者可在此与世界各地的朋友分享自己的故事、图片、视频。正在运行的项目以及往期项目均面向所有浏览者开放，如“Bad Weather，Good Photos（坏天气，好照片）”“Cabin Fever in Pets（宠物的幽居病）”“Subways Around the World（世界各地的地铁）”等与读者生活密切相关的主题。

I　特色博客（FEATURED BLOGS）

大英百科旗下博客——Advocacy for animals，由大英百科全书的编辑们创建，为读者开启一扇通往动物世界的大门。博客中文章图片以关爱动物为出发点，提出多方探讨话题，如动物的特性、动物生存环境与栖息地、新闻中的动物、濒临灭绝的动物、动物权利、动物制成商品、人类捕猎动物等。该博客还提供 E-mail、Linkedlin、EVERNOTE 等途径的订阅服务，方便读者阅读最新的更新内容。

③ 维基百科。

维基百科是近年来在互联网上迅速发展起来的一种具有全新运作模式和知识交流方式的新型开放互动式网络百科。维基百科根据知识共享署名，相同方式共享 3.0 协议下开放版权，其最大特点在于支持面向社群的协作式工作超文本系统，每位访问者都可以同时扮演读者和作者的双重角色，突破传统专家撰稿的规则，改变了工具书知识生产的方式。维基百科全书这种众人皆可以对条目进行创建和编辑的自由编撰方式，能够避免一些外在因素对知识内容带来主观上的影响，从而反映更为客观、真实的知识内容。维基百科更新速度快，内容新颖、丰富，时代性强，很多同类百科全书中未收录的信息，在维基百科全书中早已出现。截至 2015 年 5 月，它已有 285 种语言的版本，条目数量 84 万余条。目前，维基技术已经衍生出大量名目繁多、种类各异的开放型百科全书站点，在全球范围内有着强大的影响力。本文主要介绍维基百科的检索、浏览功能。

维基百科主页右上角是一个搜索框，在搜索框中输入关键词，按下回车键就可以得到结果。维基百科为词条释文提供可隐藏的目录，词条释义情况一目了然。目录设有热链接，可依据使用者目的任意跳转至所需词条。

维基百科支持布尔逻辑运算符检索，or（或）、与（and）、非（not）以及括号，可有效减少不相干的条目，提高检索效率。如构造“亚洲 not 欧洲”检索式，会返回所有含有“亚洲”字符串但不含“欧洲”字符串的文章。而想检索含有“印象派”以及“莫奈”或“莫内”的文章，可键入“印象派 and（莫奈 or 莫内）”。

维基百科有一个特殊的搜索功能，在搜索框中输入某个匿名用户的 IP 地址，则会显示这个地址的用户贡献页面（除非该地址有条目，比如127.0.0.1）。

维基百科提供页面分类索引功能，共设 8 个大类：生活、艺术与文化，中华文化，社会，宗教及信仰，世界各地，人文与社会科学，自然与自然科学，工程、技术与应用科学。大类下设子类。相关页面分布在各个子类中，使用者通过点击“分类索引“或“主题”浏览查找词条。

2）专业性网络百科全书

国内外专业性网络百科全书见表 10-2。

表 10-2　**国内外专业性网络百科全书列表**

专业类别	网络百科全书	网　址	语　言	是否免费	描　述
医学	A+医学百科	http：//www.a-hospital.com/	中文	免费	开放的在线医学百科全书网站
	Ganfyd	http：//www.ganfyd.org/	英文	免费	在线医学维基百科
	Radiopaedia	http：//radiopaedia.org/	英文	免费	用于放射学教育科研的医学影像案例及文献

续表

专业类别	网络百科全书	网　址	语　言	是否免费	描　述
生物科学、生命科学	ARC 中文动保小百科(APpedia)	http：//appedia. arc. capn-online. info/	中文	免费	第一本中文在线动物保护百科全书，读者可自由编辑
	Animal Diversity Web(ADW)	http：//animal-diversity. org/	英文	免费	关于动物的进化史、分布、分类、保护
	ARKive	http：//www. arkive. org/	英语	免费	关于生物的视频、图片和声音
	Encyclopedia of Life(EOL)	http：//eol. org/	英语、印尼语、德语、西班牙语、法语、加利西亚语、意大利语、荷兰语、挪威博克马尔语、奥克西唐语、葡萄牙语、巴西语、瑞典语、他加禄语、阿拉伯语、俄语、马其顿语、韩语、简体中文、繁体中文	免费	展示人类已知的190 万种生物
	eLS(原为Encyclopedia of Life Sciences)	http：//www. els. net/WileyCDA/	英语	订购	生物学、生命科学相关文章
	Encyclopedia of Life Support Systems	http：//greenplanet. eolss. net/EolssLogn/browsedt_form. aspx	英语	订购	自然和社会科学的文章
	Erowid	https：//www. erowid. org/	英语	免费	关于精神药品

续表

专业类别	网络百科全书	网址	语言	是否免费	描述
生物科学、生命科学	FishBase	http：//www.fishbase.org/	英语、西班牙语、葡萄牙语、法语、德语、意大利语、荷兰语、简体中文、繁体中文、马来语、印尼语、希腊语、瑞典语、俄罗斯语、法罗语、越南语、泰语、印地语、孟加拉语	免费	关于鱼的种类
	Flora Europaea	http：//rbg-web2.rbge.org.uk/FE/fe.html	英语	免费	关于植物品种
	Palaeos	http：//palaeos.com/	英语	免费	关于古生物学的百科
	The Plant List	http：//www.the plantlist.org/	英语	免费	关于植物区系的百科
	Wikispecies	http：//species.wikimedia.org/wiki/Main_Page	英语	免费	力图构建一个涵盖所有生物的目录
天文学、地球科学	Encyclopedia Astronautica	http：//www.astronautix.com/	英语	免费	关于太空探索及天文学
	Encyclopedia of Earth	http：//www.eoearth.org/	英语	免费	关于地球自然环境及与社会互动的百科全书

续表

专业类别	网络百科全书	网　址	语　言	是否免费	描　述
多学科	Encyclopedia of Science	http：//www.daviddarling. info/encyclopedia/alphindexa. html	英语	免费	科技、数学、哲学
	Eric Weissten's World of Science	http：//scienceworld.wolfram. com/	英语	免费	包括天文学、人物传记、物理、化学的条目
	ScienceWorld	http：//scienceworld.scholastic. com/	英语	免费	天文学、科学传记、化学、物理等
宗教、神学	Christian Cyclopedia（原为 Lutheran Cyclopedia）	http：//cyclopedia.lcms. org/	英语	免费	收集神学和历史的资料
	Catholic Encyclopedia	http：//www. catholic.org/encyclopedia/ http：//oce. catholic.com/index. php?title=Home http：//www.catholicity. com/encyclopedia/	英语	免费	基督教历史、教义相关内容
	Encyclopedia Mythica	http：//www.pantheon. org/	英语	免费	关于宗教、民间传说、神话
	Easton's Bible Dictionary	http：//eastonsbible-dictionary. org/	英语	免费	关于基督教与神学

续表

专业类别	网络百科全书	网　址	语　言	是否免费	描　　述
宗教、神学	Global Anabaptist Mennonite Encyclopedia Online	http：//gameo. org/index. php？ title=Welcome_to_GAMEO	英语	免费	关于再洗礼派和门诺会
	Jewish Encyclopedia	http：//www. jewishencyclopedia. com/	英语	免费	关于犹太教
	New Advent	http：//www. newadvent. org/	英语	免费	天主教与护教学
	Dictionary of Greek and Roman Biography and Mythology	http://quod. lib. umich. edu/cgi/t/text/text-idx? c=moa; idno=ACL3129. 0003. 001	英语	免费	一部关于古希腊和罗马的神话及人物的百科全书，也是一部人物传记辞典
	Encyclopedia of Mormonism	http：//eom. byu. edu/	英语	免费	耶稣基督后期圣徒教会的历史与学说
	Encyclopaedia Biblica	http：//en. wikisource. org/wiki/Encyclopaedia_Biblica	英语	免费	关于圣经内容的百科
政治	Congresspedia	http：//www. congresspedia. us/home. php	英语	免费	美国国会相关信息与公开文件
	Cyclopaedia of Political Science	http：//www. econlib. org/library/YPDBooks/Lalor/llCy. html	英语	免费	关于政治学、政治经济以及美国政治历史

续表

专业类别	网络百科全书	网　址	语　言	是否免费	描　　述
数学	Cut-the-knot	http：//www. cut-the-knot. org/	英语	免费	数学相关信息
	Encyclopaedia of Mathematics	www. encyclopediaof-math. org/	英语	免费	关于数学的百科全书
	EqWorld	http：//eqworld. ipmnet. ru/	英语	免费	关于数学方程式的百科
	On-Line Encyclopediaof Integer Sequences	http：//oeis. org/	英语	免费	关于数学中的整数序列
	MathWorld	http：//mathworld. wolfram. com/	英语	免费	数学相关内容
	PlanetMath	http：//planetmath. org/	英语	免费	一部协作完成的数学百科全书
音乐	Encyclopaedia Metallum	http：//www. metal-archives. com/	英语	免费	关于重金属音乐
	MusicBrainz	http：//musicbrainz. org/	英语	免费	音乐专辑数据
	Discogs	http：//www. discogs. com/	英语	免费	关于音乐发行信息
	MusicMight	http：//www. musicmight. com/	英语	免费	摇滚音乐及音乐人的信息
	New Gibraltar Encyclopedia of Progressive Rock	http：//www. gepr. net/	英语	免费	关于前卫摇滚乐的信息
	LyricWiki	http：//lyrics. wikia. com/Main_Page	英语	免费	提供免费的歌词

续表

专业类别	网络百科全书	网址	语言	是否免费	描述
音乐	Grove Music Online	http://www.oxford-musiconline.com/public/	英语	订阅	全球历史与古典音乐
	The Rocklopedia Fakebandica	http://www.fakebands.com/wiki/index.php?title=Main_Page	英语	免费	电影、电视中虚构的乐团或音乐家
哲学	Encyclopedia of Marxism	https://www.marxists.org/encyclopedia/	英语	免费	关于马克思主义条目
	Internet Encyclopedia of Philosophy	http://www.iep.utm.edu/	英语	免费	哲学相关内容
	Stanford Encyclopedia of Philosophy (SEP)	http://plato.stanford.edu/	英语	免费	哲学相关内容
	Routledge Encyclopedia of Philosophy (REP)	http://www.rep.routledge.com/LOGIN?sessionid=61aa1f38289cb1fda1834b138b12c37e&authstatuscode=400	英语	订购	哲学百科全书在线，提供最新全球哲学学术进展
法律	JurisPedia	http://www.jurispedia.org/	英语、阿拉伯语、中文、法语、德语、西班牙语、葡萄牙语、荷兰语	免费	有关世界各国法律的开放式百科全书

续表

专业类别	网络百科全书	网　址	语　言	是否免费	描　述
文学	The Literary Encyclopedia	http：//www. litencyc. com/	英语	收费	文学相关条目
历史、地理	Virtualology	http：//virtualology. com/	英语	免费	历史文献及传记百科全书
	Countries of the World	http：//www. countryreports. org/	英语	免费	各国地理、历史、经济、人口、国歌、国旗等信息
	Dictionary of Greek and Roman Geography	http：//www. perseus. tufts. edu/hopper/text？doc=Perseus：text：1999. 04. 0064	英语	免费	关于希腊和罗马地理的百科全书
影视与流行文化	Wookieepedia	http：//wookieepedia. org/w/	英语、德语、西班牙语、保加利亚语、丹麦语、芬兰语、法语、克罗地亚语、匈牙利语、意大利语、日语、荷兰语、挪威语、波兰语、葡萄牙语、俄罗斯语、罗马尼亚语、斯洛伐克语、斯洛文尼亚语、瑞典语、中文	免费	全方位介绍电影《星际大战》虚构世界信息的百科全书
	Fringepedia	http：//www. fringepedia. net/wiki/Fringepedia	英语	免费	关于美剧《危机边缘》的百科

续表

专业类别	网络百科全书	网址	语言	是否免费	描述
影视与流行文化	Heroes Wiki	http：//heroeswiki.com/Main_Page	英语、荷兰语、德语、法语、意大利语、希伯来语、葡萄牙语、瑞典语、土耳其语	免费	关于美剧《超能英雄》的百科
	Memory Alpha	http：//en.memory-alpha.org/wiki/Portal：Main	英语、法语、德语、中文、葡萄牙语、俄语、波兰语、瑞典语、西班牙语	免费	全方位描述美剧《星际旅行》的百科
	The Encyclopedia of Science Fiction	http：//www.sf-encyclopedia.com/	英语	免费	科幻小说的书籍、电影及作者
	H2G2	http：//h2g2.com/	英语	免费	幽默的百科全书文章
	Encyclopedia Dramatica	https：//encyclopediadramatica.se/Main_Page	英语	免费	收录诙谐的改编诗文、讽刺戏剧等各类网络文化
	Encyclopedia of Television	http：//www.museum.tv/eotv/eotv.htm	英语	免费	有关电视内容与电视业的信息，包括电视节目、人物、历史性的时刻等
艺术	SIKART	http：//www.sikart.ch/	英语、德语、法语、意大利语	免费	瑞士视觉艺术人物事典
	Lambiek	https：//www.lambiek.net/	英语、荷兰语	免费	关于漫画以及漫画家

续表

专业类别	网络百科全书	网　址	语　言	是否免费	描　述
艺术	Don Markstein's Toonopedia	http：//www.toonopedia.com/index.htm#toons	英语	免费	漫画与动画
	Bulbapedia	http：//bulbapedia.bulbagarden.net/wiki/Main_Page	英语	免费	关于动漫形象“神奇宝贝”的各类信息
其他	Gale Virtual Reference Library	http：//go.galegroup.com/ps/eToc.do	英语	订购	书籍搜索
	福步外贸百科	http：//baike.fobshanghai.com/	中文	免费	外贸类知识

3)集成型网络百科全书站点

集成型网络百科全书站点提供多种百科全书的集成检索入口，实现一站式检索，对目标词条提供众多可靠描述，实现了权威性、科学性、全面性的统一。

① 百科全书网。

使用极为广泛的百科全书网(http：//www.encyclopedia.com/)是典型的集成型网络百科，它依据100多种百科全书、词典、书籍、期刊建成，以《哥伦比亚百科全书(第6版)》(*The Columbia Encyclopedia*，6th ed.)、《牛津世界百科全书》(*Oxford's World Encyclopedia*)、《世界传记百科全书》(*The Encyclopedia of World Biography*)等权威百科全书为主，辅以其他各类专业或综合性资源，如牛津大学出版社出版物等，免费提供数以万计词条、文章、图片、事实、传记等描述信息，涉及艺术、科学、计算机、体育、医学、会计、管理等学科领域，是一个理想的科研、学习、教育辅助工具。

其检索范围被划分为11个大类，包括地球与环境(Earth and the Environment)、历史(History)、文学与艺术(Literature and the Arts)、医学(Medicine)、人(People)、哲学与宗教(Philosophy and Religion)、地区

(Places)、动植物(Plants and Animals)、科技(Science and Technology)、社会科学与法律(Social Sciences and the Law)、体育与日常生活(Sports and Everyday Life)。通过主页检索框右侧的“research categories”可逐级浏览各级分类。

百科全书网既提供相关主题词条描述，又提供包含主题词的文章，例如，在搜索框输入“library”，选择 TOPICS 为 LIBRARY 的主题，检索结果按参考源排列，包括《哥伦比亚百科全书(第 6 版)》(*The Columbia Encyclopedia*, 6th ed.)、《袖珍牛津英语字典》(*The Oxford Pocket Dictionary of Current English*)、《简明牛津英语词源字典》(*The Concise Oxford Dictionary of English Etymology*)等(如图 10-7 所示)，点击 Further reading 可获取更多检索结果。

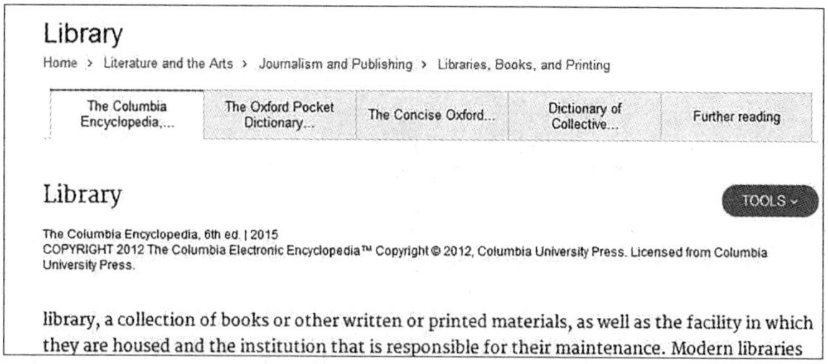

图 10-7　主题词“library”的检索结果

该网络百科还具有其他特色功能：

A　提供词条相关主题词，要全面准确地了解某一概念，除了使用检索词概念本身作为检索词，相关词也是重要的补充，从各个侧面掌握概念的含义。

B　正文内词条链接

每个词条的正文解释中都提供了部分重要词条的超链接，可直接跳转阅读。

C　自动生成参考文献

词条释文之后为使用者提供自动生成的 3 种格式的参考文献，包括 MLA、Chicago、APA 格式。

② HighBeam Research。

具有集成网络百科功能的还有 HighBeam Research (http://www.highbeam.com/)，提供包括百科全书、报纸、杂志在内的多种来源类型的知识信息。其百科全书参考源有《加拿大百科全书》(*Canadian Encyclopedia*)、《澳大利亚百科全书》(*Encyclopedia of Australia*)、《地理数据：世界地理百科全书》

(*Geo-Data*：*The World Geographical Encyclopedia*)等。

进入其主页，点击 Publications，在 Reference works and books 中选择 Encyclopedias，出现 6 本可供选择的出版物来源，如图 10-8 所示。

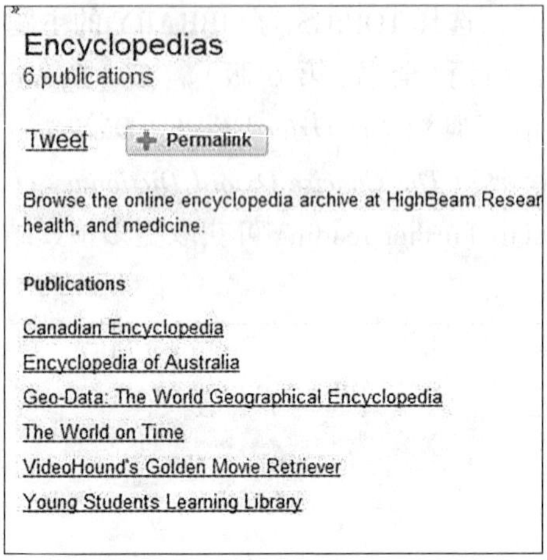

图 10-8　HighBeam 百科全书来源

如想要在 Canadian Encyclopedia 中检索"library"的概念，选择想要使用的百科全书，在检索框键入词条，出现 449 条匹配结果，默认按相关度排序，使用者还可选择按时间排序。如图 10-9 所示。

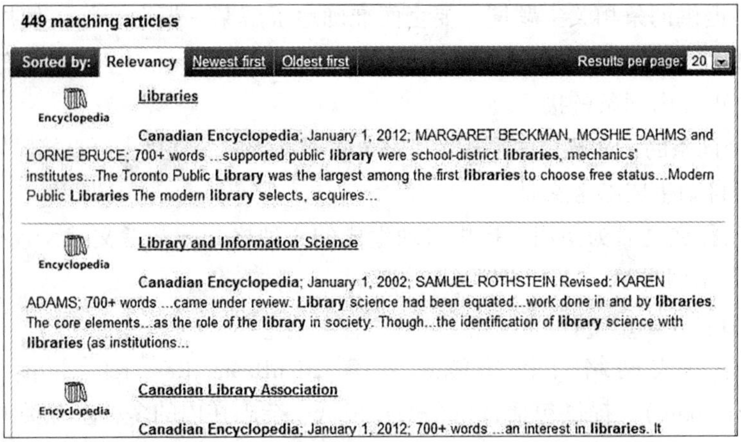

图 10-9　"library"在 Canadian Encyclopedia 中的检索结果显示

在页面左侧，使用者可以进行检索结果限定，选项包括所有时间、某日期之前/后、某指定时间段、过去一周、过去一个月、过去半年、过去一年、过去两年。

③ InfoPlease。

InfoPlease(http：//www.infoplease.com/)是世界上最大的教育出版商——美国皮尔森(Pearson PLC)教育出版公司开发的一个综合资料查找中心，提供年鉴、地图集、字典、词库，包含体育、娱乐、科技、教育、国际新闻以及美国历史事实，同时提供万年历、拼写检查工具等常用工具。

④ Fact Monster。

Fact Monster(http：//www.factmonster.com/)是隶属于InfoPlease的一个面向儿童的资源检索网站，主页设计富有童趣，如图10-10所示。同InfoPlease一样，它提供多种资料来源，如《哥伦比亚百科全书》(*Columbia Encyclopedia*)、《兰登书屋词典》(*Random House Dictionary*)等。2001年获得威比奖最佳少儿网站荣誉。

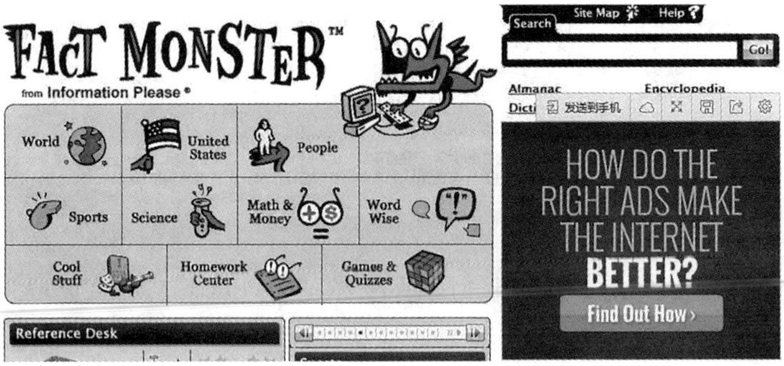

图10-10 Fact Monster主页

⑤ Answers.com。

Answers.com(http：//www.answers.com/)也是集成型百科全书站点，提供包括《简明大英百科全书》(*Britannica Concise Encyclopedia*)、《哥伦比亚百科全书》(*Columbia Encyclopedia*)等。

⑥ CNKI百科全书。

《中国工具书网络出版总库》由中国学术期刊(光盘版)电子杂志社网络出版与同方知网技术有限公司共同研发，又称《知网工具书库》或《CNKI工具书库》。

《知网工具书库》(gongjushu. cnki. net)是传统工具书的数字化集成整合，集成了 703 册百科全书，如《心理咨询大百科全书》《中学教学百科全书》《中国农业百科全书》《美国社会历史百科全书》《中国医学百科全书》等，所有条目均由专业人士撰写，按学科分 10 大专辑，涵盖哲学与人文科学、社会科学、经济与管理科学、信息科技、基础科学、工程科技、医药卫生科技、农业科技等领域。具备强大的检索功能，提供多种检索入口，包括“词条”“词目”“书名”“出版者”“作者”“辅文”等检索入口。

例如，以“苹果”为目标词进行检索，得出 3 065 项记录，如图 10-11 所示。检索结果可以按“相关度”“文字量”“出版时间”排序。在检索结果较多的情况下，可按学科或者工具书类型进行筛选，以便快速定位到满意的结果。

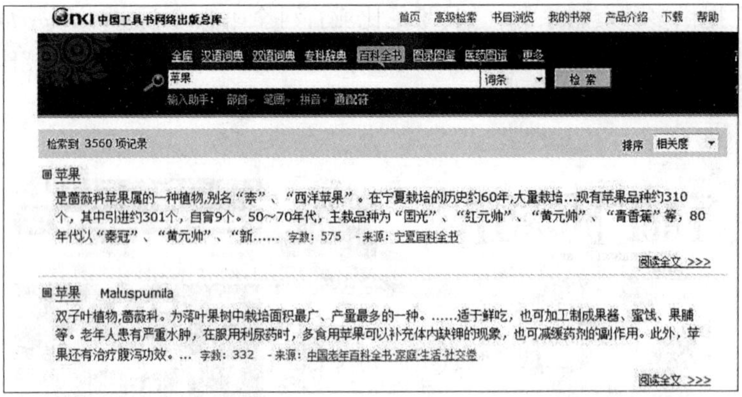

图 10-11　CNKI 百科全书以“苹果”为关键词的检索结果显示

读者还可在条目后获取相关链接，包括学术期刊文献、博士硕士学位论文、会议论文、报纸、年鉴、专利、知识元等链接信息，帮助人们通过条目相关的最新科研进展加深对概念的认识。

除简单检索外，设有高级检索页面，支持“或”“且”“非”多条件查找信息。例如查找《美国社会历史百科全书》对“华盛顿”的定义：在“词目”框输入“大司马”，在“书名”项输入“《美国社会历史百科全书》”，逻辑关系选为“并且”，点击检索按钮，系统会显示《美国社会历史百科全书》中有关“华盛顿”的条目。

2. 在线词典

词典是人们最熟悉的参考工具，可以帮助人们解答有关字词含义、专门术语、外来语等问题。从载体形式、规模、用途等角度词典可划分为多种类型，这里我们按用途将词典分为学科词典(subject dictionary)和语言词典(language dictionary)两大类。

1)学科词典

学科词典指对具有学科特色的词汇进行解释的词典，它不以学习语言为目的，注重对学科术语的释义。

(1)综合性学科词典。

① CNKI 概念知识元库。

CNKI 概念知识元数据库(http://define.cnki.net/WebForms/WebDefault.aspx)是一部容量巨大且不断更新的 CNKI 知识元术语词典，其内容全部来源于 CNKI 全文库，涵盖了文、史、哲、经济、数理科学、航天、建筑、工业技术、计算机等学科和行业。除了可查询词汇的准确定义，还可直接查询定义出处，同时提供关键词的中英文对照表述。它最大的特色在于可提供关键词在各类学术文献中的定义，以及关键词在不同来源中的解释，并对来源文献进行分类，便于读者选择。此外还提供研究相关主题的学者和期刊。

CNKI 知识元数据库目前仅提供初级搜索，在搜索框输入想要定义的词即可。此外还可在搜索结果页面的上方搜索框输入关键词进行搜索，系统会将最相关最有价值的定义排在搜索结果前面。搜索结果中的蓝色字体表明该词在 CNKI 知识元数据库中也有详细定义，你可以根据需要直接点击查看其 CNKI 知识元数据库。

② Thefreedictionary。

Thefreedictionary(http://www.thefreedictionary.com/)致力于提供囊括各领域在内的综合性免费在线工具书，包括医学词典、法律词典、经济学词典等。

(2)专业性学科词典

专业性学科词典弥补了综合性词典在某些领域的深度不足的问题。

① 化工字典网。

中国试剂信息网开发的化工字典网(http://www.cnreagent.com/source/sdict.php)是一个化工资源领域的专业词典，对化工物质的熔点、沸点、性质等进行介绍。除中文名、英文名检索服务外，支持化学分子式和 CAS 登记号查询。CAS 登记号是美国化学会的下设组织化学文摘社(Chemical Abstracts Service，CAS)，为每一种出现在文献中的物质分配一个 CAS 编号，它在生物化学上便成为物质唯一识别码的代称。关键词的前后顺序会影响检索结果，例如在中文名称中检索“胺 乙基”时，会检索到二乙胺基乙基纤维素，但不会检索出四乙基乙二胺；检索“乙基 胺”时，会检索到四乙基乙二胺，但不会检索出二乙胺基乙基纤维素。

② 化工词典 。

化工词典(http：//dict. chemyq. com/)是化工引擎旗下产品，它支持术语、中文名、英文名、俗名、简称、CAS 号等关键词搜索，搜索结果会给出相应化学品的理化性质以及相关的化学品词典链接。

③ Lifescience dictionary。

Lifescience dictionary(http：//life. nthu. edu. tw/~g864204/dict-search. html)收录了生物化学、生物技术、植物学、细胞生物、遗传学、生态学、药理学、毒理学、医学等方面的术语。

④ 生物医药大辞典。

生物医药大辞典(http：//dict. bioon. com/)集成了中医学大辞典、药名大辞典、色谱大辞典等。

2)语言词典。

从本质上来说，无论学科词典还是语言词典都是以解决词义性问题为目的，但语言词典更侧重于为语言学习服务。

① 单语词典。

单语词典指在某一语言文字体系内对字词的含义进行解释的词典，又可分为中文和外文词典。

② 在线新华字典。

在线新华字典(http：//xh. 5156edu. com/)现已经收录 21 998 个汉字、52 万个词语。在搜索框内输入条件，可以找到相应汉字的拼音、部首、笔画、注解、出处，也可以通过笔画、部首去检索。字典首页设有热门搜索与最新收录栏目。

③ 在线汉典。

汉典(http：//www. zdic. net/)是一个内容丰富的教育性质网站，囊括中文字典、成语词典及其他中文语言文字形式的免费在线辞典。汉典收录了 75 983 个汉字、361 998 个词语、短语和词组，以及 32 868 个成语的释义。

汉典有 5 个附属辅助性网站，包括汉典古籍、汉典诗词、汉典书法、汉典中文论坛及新建的汉典英文论坛。

④ OneLook。

OneLook(http：//www. onelook. com/)是一个集成型在线词典，提供多种词典的并行搜索服务。截至 2015 年 8 月底，OneLook 的索引数据库囊括了

1 061部词典中2 158余万个单词，当使用者键入检索词时，系统会生成一个检索结果集合。OneLook可通过两种方式进行检索，一是支持通配符扩检功能的直接检索，二是目录导航浏览检索，使用者可在词典分类目录中依次浏览查找目标词。

⑤ Visual Thesaurus。

Visual Thesaurus(http://www.visualthesaurus.com/)是一个交互式词典，以可视化方式显示单词的含义、同义词、近义词、反义词、相关词。Visual Thesaurus拥有约145 000个英文单词，并提供单词发音。以search为例，在首页检索框输入关键词search，显示结果如图10-12所示，离关键词距离越近，与其关系越密切。

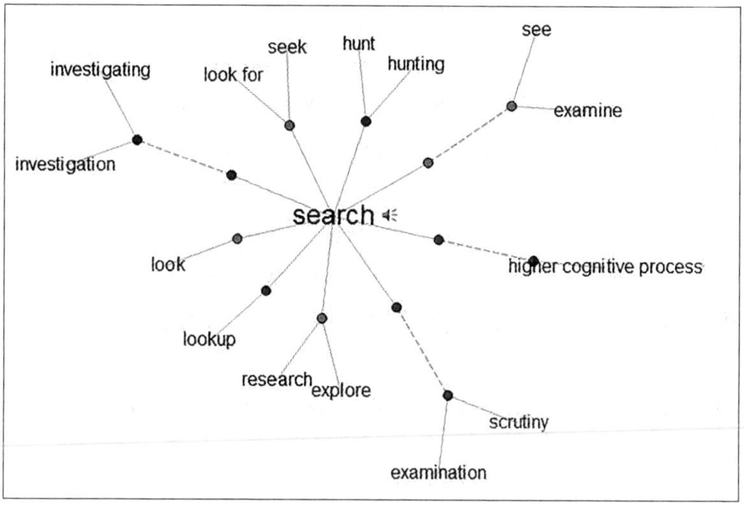

图10-12 Visual Thesaurus以"search"为检索词的检索结果显示

3. 多语对照词典

多语对照词典指存在两种及以上语言对照的词典，多用于外语学习。

① 牛津在线英语词典(http://www.oxforddictionaries.com/)依托牛津出版社40余部纸质工具书产品，凝结了250余位语言学家的研究成果，提供英语、美式英语、西班牙语、英语—中文互译、英语—法语互译、英语—德语互译、英语—意大利语互译、英语—葡萄牙语互译、英语—阿拉伯语互译、英语—俄语互译等多语种检索功能(现阶段部分语种功能需付费使用)。在词汇检索功能之外，该词典还设有语法、发音、写作帮助栏目。

② 柯林斯英语词典(Collins English Dictionary，http：//www. collinsdictionary. com/)归属于哈珀柯林斯出版集团(Harper Collins)，它是全球最大的英文书籍出版商之一。其电子版于2011年12月上线，提供英文单词查询、英语—法语互译、英语—德语互译、英语—西班牙语互译、英语—意大利语互译等功能。

③ 剑桥在线高阶学习词典(http：//dictionary. cambridge. org/dictionary/british/)纸质版诞生于1995年，由剑桥大学出版社出版。现拥有超过140 000个单词、语法、释义。

④ Macmillan English Dictionary(http：//www. macmillandictionary. com/)释义准确、简明、实用。

⑤ 韦氏在线词典(http：//www. merriam-webster. com/)词条来自于美国著名语言工具出版商Merriam-Webster的《Merriam-Webster大学词典》，提供多种语言方面的参考工具，收词范围全面，解释详尽。

⑥ Your Dictionary(http：//www. yourdictionary. com/)是美国一家语言产品公司，提供上千本词典的在线检索，是最权威的在线词典门户之一。该词典主页还提供专业词汇表、缩略语表、语言课程、语言技巧游戏等。

⑦ Allwords(http：//www. allwords. com)的口号是：first，fast and free！它支持英语、法语、德语、意大利语、荷兰语、西班牙语在内的750余本词典的多语言检索，读者可根据词典名称首字母浏览词典，如图10-13所示。在allwords中，可对单词进行词头与词尾的截词检索，同时提供包含与匹配关系的检索。

⑧ 爱词霸(http：//www. iciba. com/)拥有150多个通用和专业词库，具备词典、句库、翻译等功能。

⑨ 维基多语词典(http：//zh. wiktionary. org/wiki/Wiktionary：%E9%A6%96%E9%A1%B5)是一个由志愿者编纂的多语言词典，旨在囊括各种语言词汇的语源、读音和解释。任何人无需登录就可以编辑任何字词。维基词典中文版始于2004年5月，截至2012年8月已拥有830 925个词条。

⑩ 雅虎奇摩字典(https：//tw. dictionary. yahoo. com/)集成了朗文词典和Dr. eye译典通，检索结果可优先选择其中一种显示。提供英文单词释义及相关词汇浏览服务。

⑪ 吕氏在线词典(http：//www. lexiconer. com/)提供英汉、汉英互查功能以及语言工具。可选择中文简体或繁体界面。

⑫ 林语堂当代汉英词典(http：//humanum. arts. cuhk. edu. hk/Lexis/Lindict/)是由香港中文大学出版社创建的权威在线词典，具备词典凡例、汉字

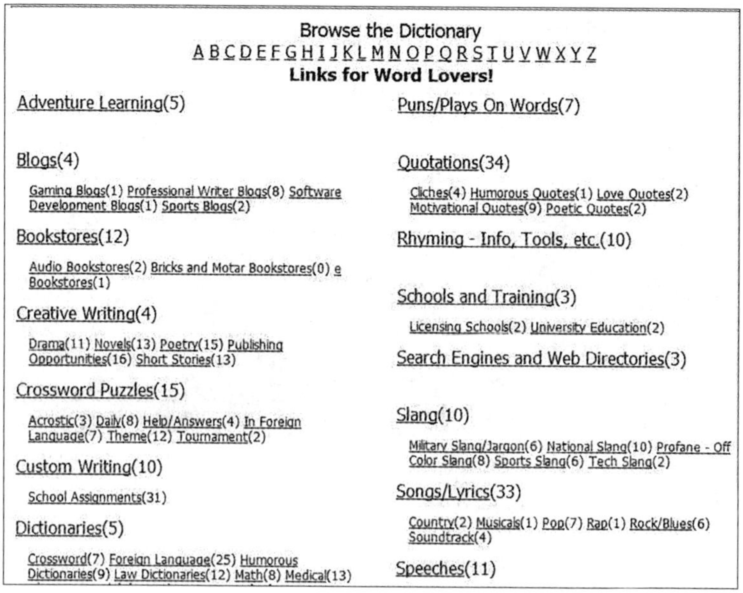

图 10-13　Allwords 首字母检索页面

部首索引、汉语拼音索引、英语索引、缩略语表、勘误报表等功能。可选择中文或英文界面。

10.3.2　查找课堂教学相关的资料

1. 课程相关课件

1) Issuu

Issuu(http://issuu.com/)是一个专业的在线 PDF 分享服务网站，也是一个在线 PDF 文档图书馆。通过 Issuu 可以上传分享自己的 PDF 文档，可以把它当作一个在线 PDF 文档存储网站，也可以通过其提供的服务在你的网站或 Blog 分享 PDF 文档。Issuu 还对不同的 PDF 文档进行分类，以便于读者浏览。其主页如图 10-14 所示。

Issuu 上传文档时需要选择语言，增加 Tag，之后点击发布，你就可以在自己的 PDF 列表中找到自己上传的 PDF 文档。支持单页多页浏览模式，可以直接在线打印，可以 E-mail 进行分享，可以将 PDF 文档收藏到各种社会化书签中等。此外，Issuu 提供了很漂亮的 Widget 插件，可以将 PDF 分享在你的网站。

图 10-14　Issuu 主页

2) Docjax

Docjax(http://docjax.com/home/index.shtml)提供文档与电子书的支持中文搜索，可以搜索 Word、Excel、Powerpiont、PDF，提供搜索结果预览功能，可免费下载所需资源。

3) Docstoc

Docstoc(http://www.docstoc.com/)是一个以商业为主，涉及管理、教育、计算机等多领域的专业性文档与资料共享平台，使用者可以搜索其分享的各类文档，包括 doc、xls、ppt、pps、pdf、rtf、txt、docx、xlsx、ppts 等格式。Docstoc 设有人气资源排行榜，如图 10-15 所示，使用者可浏览近期热门资料。该平台还拥有特色资源板块，提供富有价值的文档与视频资源。当使用者找不到自己所需资料时，可在主页下方的主题分类区域浏览感兴趣的资源。

4) PDF Google

PDF Google(http://www.pdfgoogle.com)是一个专业的文档搜索平台，使用者可在这里找到文档、电子书、数据库、手册等各类资源。

5) 百度文档

百度作为最大的中文搜索引擎，百度文档(http://file.baidu.com/)涵盖内容丰富，包括各类课件等，支持对 Office 文档(包括 Word、Excel、Powerpoint)、Adobe PDF 文档、RTF 文档进行全文搜索。利用百度的高级搜索功能也可达到同样的检索效果，在高级检索中选择相应的文件类型进行搜索，

图 10-15　Docstoc 人气资源排行榜

或者使用“搜索内容 filetype：pdf”的形式直接使用搜索引擎进行搜索。将 pdf 换成 doc、xsl（Excel）、ps（Adobe script）、DFW（Autodesk DFW）、SWF（Shockwave Flash）可用来搜索其他类型的文档。

6）百度文库

百度文库（http：//wenku. baidu. com/）是一个互联网分享学习的开放平台，在这里，使用者可以找寻到课件、论文报告、专业资料等多个领域的资料。用户通过上传文档，可以获得平台虚拟的积分奖励，用于下载自己需要的文档。当前平台支持主流的 . doc(. docx)、. ppt(. pptx)、. xls(. xlsx)、pdf、txt 文件格式，汇集 1 亿份高价值的文档资料，涵盖基础教育、资格考试、经营管理、工程技术、IT 计算机、医药卫生等 50 余个行业。

7）道客巴巴

道客巴巴（http：//www. doc88. com/）是一个专注于电子文档的在线分享平台，用户在此平台上可以自由交换学习资料、课件、讲义等文档，还可以分享最新的行业资讯。

8）搜狗文档

搜狗文档(http://www.sogou.com/wendang)支持 doc、pdf、ppt、xsl、rtf 等多种格式文档，进入高级搜索界面使用，可选择检索词所处位置，限定于网页的任何地方、仅在标题中、仅在正文中、仅在网址中，并且可对搜索结果按相关度或时间进行排序。

9)豆丁文档

豆丁文档(http://www.docin.com/)是一个专业的文档在线分享服务网站，提供文档搜索功能。豆丁网也拥有世界最大的中文文档库，现有文档超过 2 亿份，覆盖各领域。豆丁播放器支持多种文件格式，让用户获取海量内容，可实现在线轻松浏览。

2. 教材

利用网络找寻电子版教材无疑成本较低且迅速快捷，主要有两个获取途径：免费的电子图书网站和用于商业目的的电子图书数据库。即使是用于商业目的的数据库，其定价也大大低于相对应的印刷版教材，且使用途径多样。免费的电子教材检索方法包括利用搜索引擎、网站上的电子图书目录或链接，高校图书馆和科研机构常将电子书作为资源建设的一部分，教学者可以很好地利用这些资源。此外，一些书目信息工具也可以帮助读者获取所需资源。

1)全文本资源

① 维基教科书。

维基教科书(Wikibooks，http://zh.wikibooks.org/wiki/Wikibooks)是维基媒体的一项工程，此计划收集自由的教科书、目录或其他用户自己编辑的书。维基教科书项目旨在提供完整的，从幼儿园至大学的课本，这些教科书均是免费，且能够按照开源发展的模式进行自由流通。维基课本项目涉及的领域相当广阔，从生物学到新西兰的经济，等等。由于课本是数字化、开源性质的，任何教师都能够让学生选择其中的一本，学生可以下载这本书的 PDF 文件进行打印。

② SpringerLink。

斯普林格(SpringerLink)是最早将纸本期刊做成电子版发行的出版商，以出版学术性出版物闻名于世。Springer 回溯数据目前包含了自然科学、医学、商业、技术、建筑和运输六个主要出版领域，包括 Springer 回溯期刊库和 Springer 回溯丛书库两个部分，时间从 1854 年到 1996 年，跨越了 140 多年。期刊库包括 968 种期刊 3 万余期，覆盖了生物医学与生命科学、行为科学、商业与经济等 11 个学科。回溯丛书库中包括了 14 种著名丛书，4 513 卷期和 8.8 万个章节。使用方式如下：

A 学科浏览

如图 10-16 所示，在主页左侧可按学科浏览资源，点击所选学科名称，会显示该学科资源类型列表，读者可选择“图书”类别进行浏览。

图 10-16 SpringerLink 学科分类目录

B 简单检索

适用于查找某一主题但出版物信息不明的资源。直接在简单检索界面输入你需要的主题、词或词组，点击放大镜图标，进入查询结果详细列表界面，读者可以对结果按文献类型、学科、语言进行筛选，检索结果可按相关度或出版时间进行排序。

C 高级检索

适合直接找寻目标资源。在 SpringerLink 主页，选择 ADVANCED 进入高级检索页面。

D 检索结果的输出

对于符合预期的检索结果可以进行标记；标记过的记录，可以暂时保存在系统中，也可以通过个性化服务功能，进行永久保存；检索结果可以通过多种方式输出(保存在磁盘上、通过 E-mail 发送到邮箱中或直接打印出来)。

E 个性化服务

提供回溯检索历史、个人收藏家与电子订阅等定向服务。

③ 古腾堡计划。

古腾堡计划（Project Gutenberg，http：//www.gutenberg.org/）是美国伊林诺斯大学文理学院的米歇尔·哈特（Michael S Hart）在1971年倡导的大型非盈利图书电子化计划，录入校对工作都由志愿者自愿承担。其目标在于一旦图书进入公共领域，即免费提供概述的电子版本。为在最大范围内保证通用性，提供html、txt、epub、Mobi等多种格式文件下载。获得了Iphone、Palm、Android、Symbian、Blackberry、Kindle等诸多主流平台的支持。目前已有46 000余本电子图书上线，用户无需付费甚至无需注册即可获取资料。目前该系统有英语、葡萄牙语、德语、法语版本。

④ 方正Apabi数字图书馆。

方正Apabi电子图书是由北大方正推出的数字图书馆产品，具有全文检索、网上借阅、个人图书馆管理等功能，其电子图书还有可以圈注、加标签、字体越放大越清楚等特点。它的阅读、下载等服务模拟了传统图书馆管理纸质藏书的模式，其系统主页面非常简单明了，提供分类浏览检索、一般检索与高级检索。主页有最新图书入库、图书下载排行以及读者反馈的信息等，还有专门的读者服务区。在借阅历史一栏中读者可以看到当前借阅的图书情况，还可以显示已还图书以及在线浏览的历史。方正Apabi电子图书系统向读者提供了非常人性化的、友好的界面，所有的电子图书都有图文显示。不但显示它精致的封面，而且还显示包括题名、作者、出版年月等的详细信息，美观清楚，方便读者确定自己所需的资源。

⑤ 亦凡公益图书馆。

亦凡公益图书馆（http：//www.shuku.net/novels/cnovel.html）是网上成立的第一家在线中文文学网站，前身为亦凡书库。目前拥有藏书超过十五万本。读者可进行资源的主题浏览检索，还可进行书名、作者以及全文检索。

其他教材，如读秀、书生之家等的查找详见第11章。

2）书目信息

一些检索工具虽不能直接向读者提供书籍的文本资源，但可以通过书目信息帮助读者找到所需资料。如Google图书、Worldcat的查找详见第11章。

10.3.3　多媒体资源为教、学增色

多媒体是包括图像、图形、声音、视频等承载信息的媒体，比单纯的文字更能全面客观生动地表达信息，在教师授课中可起到锦上添花的作用。本节通过介绍课程相关的多媒体资料的检索，达成展示信息、交流思想，从而免费把名家“请”到你的课堂或家里。

1. 图像及相关信息的检索

1)Google 图像搜索

这是一个较全面的图像搜索工具，目前拥有经过标引的图像 3.9 亿幅。Google 图像利用网络蜘蛛(Smart Spider)分析 Web 网页中图像附近的文字、图像标题和用来确定图像内容的其他多种因素，并使用复杂的算法消除重复信息以确保高质量的图像首先出现在搜索结果中。

Google 提供两种检索模式：简单检索和高级检索。用户在关键词框输入图像内容的描述，点击放大镜图标即可进行简单检索。搜索结果具有一个直观的缩略图以及对该图的简单描述，包括图片的名称、大小等，单击图片缩略图可以看到放大的图像，还可看到原始图片所在的页面，用户可挑选感兴趣的并点击。

Google 图像高级检索界面给出了具体而详尽的提示，用户可根据检索需要和相关提示填写相应的检索框。

2)雅虎图像搜索

雅虎图像搜索(http://images.search.yahoo.com)目前拥有超过 16 亿幅图像，用户可在检索框输入关键词进行图像检索，结果以缩略图形式显示，使用者可以对图片的尺寸、颜色、类型、时间、版权进行限定选择。如图 10-17 是以 library 为关键词进行检索的结果，使用者可利用检索框下方的下拉菜单对检索结果进行筛选。

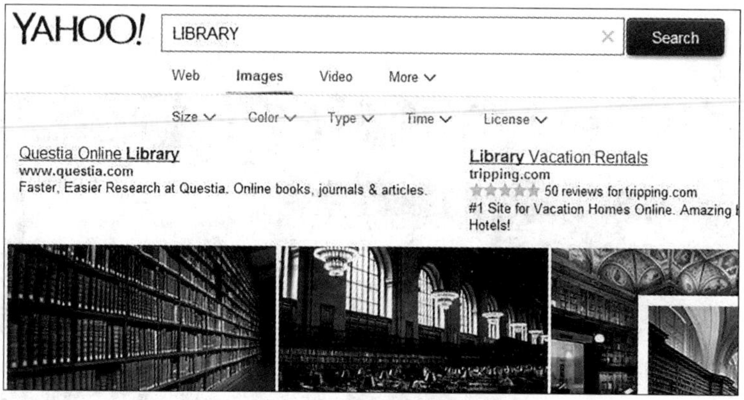

图 10-17 YAHOO 以 library 为关键词的检索结果

3)Corbis

Corbis(http://www.corbisimages.com/)为全球的广告、营销及媒体专业人员提供创意资源，覆盖各种主题的图像、短片和艺术作品。Corbis 拥有超过一亿张创意类、娱乐类与历史类图片，还有一个短片资源库，并提供全球性版权协调服务、获奖的媒体管理方案。它提供简单检索、分类检索以及高级检索。如图 10-18 所示，在检索框右侧的任何类别下拉菜单中，有多种目录帮助用户检索所需的图像信息，包括创意类、编辑类，编辑类又分为纪实、实事、体育、娱乐、历史、艺术作品类，用户可选择一个或数个类别进行检索。高级检索页面则便于用户进行更为精准的搜索，如图 10-19 所示。

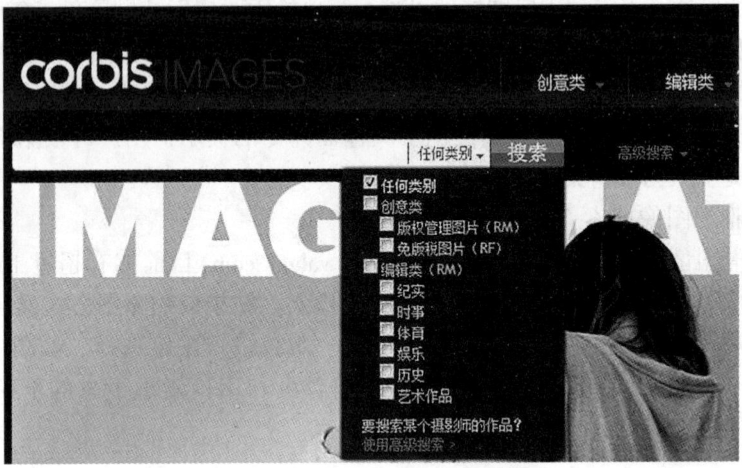

图 10-18　Corbis 分类目录

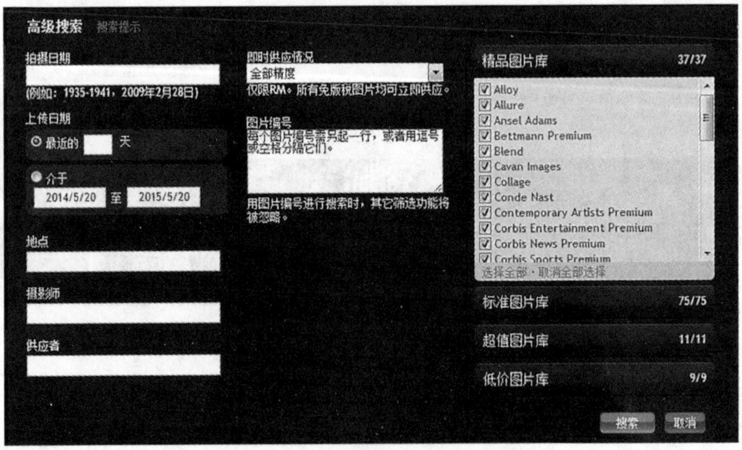

图 10-19　Corbis 高级检索界面

4)百度图片

百度图片搜索引擎(http://image.baidu.com/)是世界上最大的中文图片搜索引擎，百度从8亿中文网页中提取各类图片，建立了世界第一的中文图片库。百度新闻图片搜索从中文新闻网页中实时提取新闻图片，具有新闻性、实时性、更新快等特点。

百度图片支持关键词检索和目录检索。百度图片目录是根据大部分用户的浏览喜好进行整理的，方便用户从类别上进行检索。目前百度图片目录包括摄影、壁纸、明星、宠物、动漫、头像、简笔画、跑车、风景、PPT背景10个目录，用户可从百度图片首页直接点击进入。

百度图片搜索支持JPEG、GIF、PNG和BMP格式的图片，在用户进行检索时，默认选项是对所有格式图片进行搜索，这样会最大范围搜索到用户所需资料。用户也可在主页下方点击“高级搜索”选项进行限定检索。

百度图片一大特点是除依据关键词这类基于文本的检索之外，可以进行依据内容的图像检索。点击主页检索框右侧的相机图标，如图10-20所示，即可选择从本地上传图片或输入图片网址来进行图片搜索。此外，直接将目标图片拖曳至检索框处，也可达到同样的效果。

图10-20 百度图片检索框

5)中搜图片搜索

中搜图片搜索(http://img.zhongsou.com/)是一个完善的中文图片库，它从2亿中文网页中提取各类图片。除了检索功能外，还提供主题浏览功能，包括女神、明星、搞笑、萌宠、旅游、摄影、壁纸、名车、搭配、家居、DIY等。每个主题下还设有小类，提高图片检索准确率。

6)Picsearch

Picsearch(http://www.picsearch.com/)的搜索结果页面每页显示20张图

片，每张图片下方会给出该图的像素与尺寸大小。点击主页下方的"Image Gallery"会出现图片分类目录，大类下还设有小类。

7)必应图像检索

微软的 Livesearch 搜索(http://cn.bing.com/images/)，功能强大，支持多语言检索。提供分类浏览检索服务，包括今日热图、明星、美女、摄影、壁纸、动漫等类别。支持进行一次关键字搜索后再执行相似性的搜索，用户可以为索引中的任意一张图片寻找相似的图片。必应利用标签形式列举的相关关键词可以带来更多具有相关性的图像，并且还更新了布局，可以通过网格的形式确定搜索结果的尺寸。

8)PicturesNOW

PicturesNOW(http://www.picturesnow.com/)图片主要分为艺术、经典插图、景点三大类，每大类下设数十种小类，分类精细，如图 10-21 所示。用户可进行简单检索以及限定检索，还可在结果中进行检索(search within results)。

图 10-21　PicturesNOW 主页

9)Pixabay

Pixabay(http://pixabay.com/)是一个分享高质量公共领域图像的社区。目前 Pixabay 拥有超过 450 000 幅免费照片、插图和矢量图。用户可以以数字或印刷的形式使用任何来自 Pixabay 的图像而无须标明版权，哪怕是在应用于商业的情况下。

用户可自由选择图片类型、图像方向、类别、颜色等，如图 10-22 所示。

图 10-22　Pixabay 主页的检索限定选项

10) TinEye

TinEye(http://tineye.com/)是加拿大 Idée 公司研发的一款图片搜索引擎，在其主页检索框上载本地硬盘上的图片或者输入图片网址，即可自动搜索相似图片。其主要用途有：发现图片的来源与相关信息；研究追踪图片信息在互联网的传播；找到高分辨率版本的图片；找到有该图片的网页；看看这张图片有哪些不同版本。

① Incogna。

Incogna(http://www.incogna.com/)主要是基于色彩和形状上的相似性，检索速度很快。其特色功能在于主页提供许多幅图片，用户可点击图片进行相似图片的检索，如图 10-23 所示。

② Free digital photos。

Free digital photos(http://www.freedigitalphotos.net/)图片搜索引擎功能强大，支持关键词或图片 ID 检索，在高级检索页面还可对图片类型等进行限定。主页还提供人气图片列表。

③ GoGraph。

GoGraph(www.gograph.com/)是一个专业图片网站，拥有 18 000 万幅图片。

2. 声音及相关信息的检索

传统的音频搜索是通过匹配音频的作者或音乐内容而返回相关结果，本质

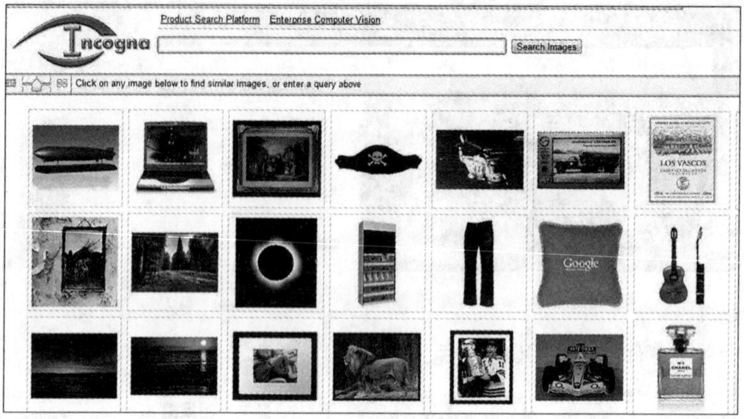

图 10-23　Incogna 主页

上，它们依然只是一种文本搜索，如百度 MP3 搜索、搜狗音乐搜索等。“用声音搜索声音”的搜索引擎则可以实现在不清楚音乐名称时进行检索。

① Midomi。

Midomi 搜索引擎(http：//www. midomi. com/)最大特点是允许用户自己对着电脑麦克风哼唱一小段音乐旋律，然后它会根据这些乐曲特征搜寻相关音频，如图 10-24 所示，点击主页上方的“Click and Sing or Hum”即可使用这一功能。

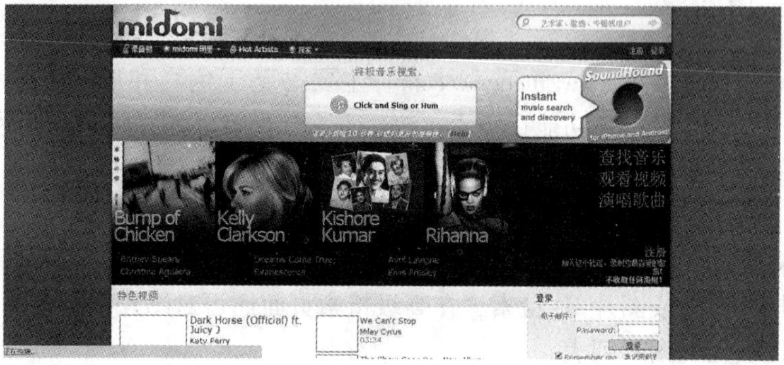

图 10-24　Midomi 主页

② SongTapper。

通过 SongTapper 的主页(http：//www. songtapper. com/public_html/)，用

户只需要敲打键盘上的空格键，敲出音乐的大概节奏，它会找到相关音乐。当然，如果有条件，敲打节奏的同时大声地跟着唱一小段，有利于找到更准确的结果。

③ ThemeFinder。

ThemeFinder(http：//www.themefinder.org/)面向具备专业音乐知识的用户，用户可输入相关的音乐参数进行搜索。

④ Yamelo。

Yamelo(http：//www.yamelo.com/)最大特点是页面顶端的时间刻度杆(如图 10-25 所示)，用户只需点击一下要查询的年度和月份，网站会自动将当时最经典的歌曲名称列示出来。除了可以在左侧视频区直接点击，还可以利用右边栏的艺术家面板进行检索，最后选择好自己要听的歌曲，点击一下就可以激活网页顶端的视频窗口开始播放了。

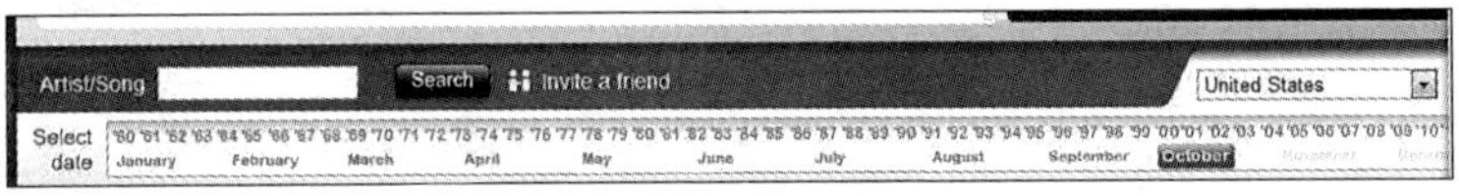

图 10-25　Yamelo 时间刻度杆

⑤ Last.fm。

Last.fm(http：//cn.last.fm/)可以为用户找寻风格相似的歌手。在注册账号后将喜欢的歌手名称填入系统，网站会自动在右栏推荐与该歌手风格相近的艺术家。在歌手的个人页面中，网站还会自动显示出该歌手最受网友喜爱的单曲名称，一般来说，经过这样筛选过的曲子与用户喜好的契合度更高。

⑥ QQ 音乐。

QQ 音乐最大的特点在于，通过它的手机客户端可以利用语音识别检索音乐。当用户正在收听一首不知道名字的歌曲时，打开 QQ 音乐，进入“发现”板块，点击“听歌识曲”，软件会自动搜索出目标音乐相关信息。

3. 视频及相关信息的检索

① Lycos。

Lycos(http：//www.lycos.com/)是最早提供信息搜索服务的网站之一，视频搜索是 Lycos 多媒体检索功能之一。在其主页点击“Entertainment”即可进入 VIDEO 检索界面，如图 10-26 所示。在检索框键入关键词后，搜索结果会以图片加主题简述形式展现，用户可点击感兴趣的视频。

图 10-26　Lycos 主页

② 雅虎视频搜索。

雅虎视频搜索(Yahoo Video Search，http：//video. search. yahoo. com/)是雅虎公司推出的视频检索工具，支持微软 Windows Media、苹果 Quick Time、Real Network 的 Real Media 等多种格式的视频文件。雅虎视频检索主页很简洁，在中部检索框键入关键词后，结果以缩略图形式显示。用户可在此对视频的特征进行筛选，如长度、日期、来源等。

③ 谷歌视频搜索。

谷歌视频搜索(Google Video Search)内容来源于美国广播公司等 20 多家媒体以及网友个人贡献，类型丰富，每天可为用户提供上千个视频节目。该系统同时提供高级检索功能。

④ 百度视频搜索。

百度视频(http：//v. baidu. com. cn/)是百度汇集互联网众多在线视频播放资源而建立的庞大视频库。百度视频搜索拥有最多的中文视频资源，提供给用户最完美的观看体验。用户可以按照资源、类型、地区、演员、年代进行分类影视筛选。检索结果页面提供相关缩略图、视频内容摘要以及来源。单击视频缩略图即可进行在线播放。

⑤ SOWANG 视频搜索。

SOWANG(中文搜索引擎指南，http：//www. sowang. com/video. htm)是一个集成了百度、Google、搜狗、狗狗、土豆、SOSO、有道、优酷、新浪视频搜索的元搜索引擎。在搜索框输入关键词，搜索即可得到检索结果。

10.3.4 在线问答平台

在授课与学习过程中，教学者和学习者难免会遇到各式各样的问题。以“关键词”为特征的搜索方式，在信息量爆炸的今天，已经逐渐难以满足用户的需求，在线问答平台社区式智能化搜索产品的推出，填补了这一空缺。在线问答平台是在传统搜索引擎基础上发展出来的新型高效率搜索方式，各方精英在此汇集，提供专业、及时的社交问答服务，分享知识、经验、观点，并与志趣相投的好友讨论和交流，最大限度地利用了网络资源。下文我们就几种常用的问答工具的检索与利用进行介绍。

1. 新浪爱问

新浪爱问是全球最大的中文网络门户新浪研发的国内第一个中文互动型问答产品，在保留传统算法技术在常规网页搜索的强大功能外，以一个独有的互动问答平台弥补了传统算法技术在搜索界面上的智慧性和互动性的先天不足。通过调动网民参与提问与回答，号称“汇聚一亿网民智慧帮您解决问题”。用户可注册并登录新浪账户，进行在线提问或提供关键词的搜索找寻相似问题的解答。为了进一步优化搜索范围，可以进行问题分类的选择，如图 10-27 所示。在推荐中，也可以对热门问题进行关注。

2. 百度知道

百度知道是一个基于搜索的互动式知识问答分享平台，也是全球最大的中文互动知识问答平台。该平台活跃度极高，知识分类集中在电脑网络、医疗健康、体育运动等 17 个大类，每个大类下又分为若干子类。在知道服务中人人都可以提问，并可在第一时间得到回答，每个人又可以随时在线解答别人的问题，满足了用户多层次的需求。集知识性、社区性、趣味性于一身。其具体搜索步骤如下：打开百度搜索引擎，点击“百度知道”进入页面；选择右上角登录百度账号；点击搜索框右侧的“我要提问”；输入问题及问题详情，并点击“提交”。

3. 搜狗问问

搜狗问问是搜狗旗下的互动问答社区，用户可以提出问题、解决问题或者搜索其他用户沉淀的内容。使用方法如下：在搜索框内输入需要询问的问题，

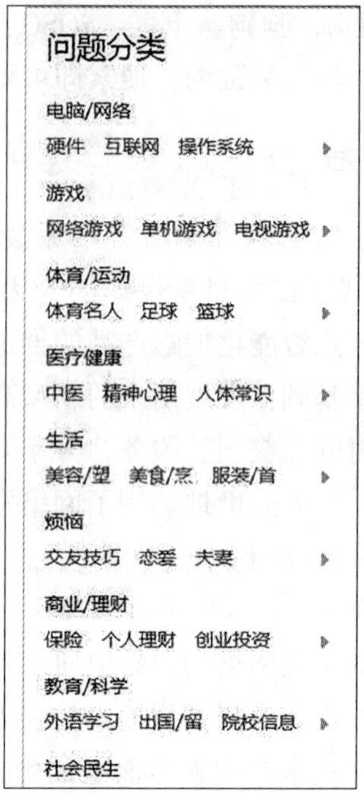

图 10-27 新浪爱问问题分类

点击搜索答案或者提问；点击“选择分类”按钮；弹出“选择分类”的选择框，选择分类，选择这个问题相应的分类有助于更快地获得答案；确定后点击“提交问题”，问题就提交成功，等待回答即可。

4. 知乎

知乎是一个真实的网络问答社区，聚集各行各业的精英，社区氛围友好且理性。用户分享着彼此的专业知识、经验和见解，为中文互联网源源不断地提供高质量的信息。知乎提供如下功能：

① 关注感兴趣的话题和问题。

在知乎的搜索框中输入你感兴趣的关键词，例如“iPhone”或“创业”，你会发现一些有趣的话题。每个话题都包含一些问题，其中有些已经有人进行了回答，你可以阅读它们，给你喜欢的答案投票。用户还可以关注某一个问题，持续追踪这个问题的最新答案。

② 关注感兴趣的人。

除了话题，用户还可以关注其他用户，浏览他们的问题与回答。

③ 回答问题。

任何情况下，用户如果对某问题有自己的见解，都可以发表自己的回答。

④ 提出问题。

提问后，还可为问题添上几个相关的话题，这样关注这些话题的人就能看见该提问。

⑤ 帮助编辑和改进。

知乎类似于维基百科(Wikipedia)，是社区成员可以共同编辑的，例如问题、话题、问题的补充说明、话题描述等，每个社区成员都可以将它们修改得更准确、合适。

5. ASK

ASK 原名 ASK JEEVES，从严格意义上说，ASK 并非一个问题回答平台，而是一个问答式自然语言搜索引擎。其出色的自然语言提问功能和相关主题分析功能使其成为搜寻答案的好工具。

图 10-28 为 ASK 主页，用户可以使用简单检索、分类浏览、今日问题、编辑推荐问题等功能。ASK 最大特点是支持自然语言检索，用户既可输入关键词，也可输入英文提问式，系统均会作出反应。

图 10-28　ASK 主页

本章习题

1. 自选某一概念，利用各种网络百科全书查找概念的定义并进行对比。

2. 自选某一概念，利用在线词典进行检索并进行对比。

3. 自选一门感兴趣的学科，查找有关该学科的免费教材和课件资源。

4. 通过自定课题，选择某一多媒体检索工具检索某一课题，归纳其优势与不足。

5. 利用本节所介绍的 5 种问答工具搜索同一问题，对五者进行比较，归纳其优势与不足。

6. 自定课题，综合运用网络百科全书、在线词典、免费教材、课件、多媒体以及问答工具进行全面检索，并提交检索报告。

第 11 章 信息检索在论文写作和项目申报中的应用

在论文写作和项目申报时，应当通过充分的文献资料的检索，收集较为丰富、全面的材料，不仅仅要了解、分析和评价课题的新颖性与可行性，避免重复研究，还要了解课题的学术意义、学术创新和国内外最新研究动态、进展情况及难点所在，以便进行正确的选题，做出有理有据的分析。可以说，从项目申报、论文选题、文献综述、论文写作到形成研究成果的整个过程，均离不开信息检索。信息检索，从本质上来说，是一个交流与学习的过程。它既包括通过别人的或者已有的历史成果与文献资料来寻求答案或者激发灵感，也包括通过向别人学习、请教来释疑解惑。

11.1 实验目的与要求

(1)了解科技查新基本方法，使选题和研究做到有的放矢，避免重复选题。

(2)熟悉选题背景信息的检索，充分了解国内外与本选题有关的政府文件、项目、机构等。

(3)能够对研究内容进行设置，分析拟定论文大纲或项目的子课题、重点与难点、要解决的关键问题。

(4)掌握研究素材的搜集方法，包括检索论文或项目所需的数据、案例。

(5)了解国内外有关的文献著录标准。

11.2 实 验 内 容

(1)练习查找关于某主题的国内外图书、期刊论文、学位论文、会议论文、专利文献、研究报告、研究项目等的方法。

(2)通过专业数据库或搜索引擎搜索背景信息。

(3)通过专业数据库检索论文的数据和案例。

11.3　实验操作指导

本实验包括以下 5 部分：避免选题重复的必备技能——科技查新，选题背景信息的检索，研究内容的设置，研究素材的搜集，引文、注释、参考文献著录。

11.3.1　避免选题重复的必备技能——科技查新

1. 科技查新概述

1)概念

在不同的历史时期，人们从不同角度和基于不同的认识，给予了查新不同的定义。

从 20 世纪 90 年代初开始，原国家科委对《科技查新咨询工作管理办法》及《实施细则》进行了多次修改。其中，对科技查新工作的定义也结合实践经验而不断进行修改。

国科发计字[2000]544 号文件规定，查新是科技查新的简称，是指查新机构根据查新委托人提供的需要查证其新颖性的科学技术内容，按照《科技查新规范》操作，并做出结论。科技查新是文献检索和情报调研相结合的情报研究工作，它以文献为基础，以文献检索和情报调研为手段，以检出结果为依据，通过综合分析，对查新项目的新颖性进行情报学审查，写出有依据、有分析、有对比、有结论的查新报告。也就是说查新是以通过检出文献的客观事实来对项目的新颖性做出结论。

2)性质

查新是对项目的新颖性做出结论。《科技查新规范》将科技查新界定为对“新颖性”做出结论，与授予专利权的条件或专利审查原则——“具有新颖性、创造性和实用性”有所不同。

查新有别于文献检索。文献检索针对具体课题的需要，仅提供文献线索和文献，对课题不进行分析和评价，侧重于对相关文献的查全率。查新是文献检索和情报调研相结合的情报研究工作，它以文献为基础，以文献检索和情报调研为手段，以检出结果为依据，通过综合分析，对查新项目的新颖性进行情报学审查，写出有依据、有分析、有对比、有结论的查新报告。因此，查新有较严格的年限、范围和程序规定，有查全、查准的严格要求，要求给出明确的结论，查新结论具有鉴证性。这些都是单纯的文献检索所不具备的。

查新有别于专家评审。查新是以通过检出文献的客观事实来对项目的新颖性做出结论。专家评审主要是依据专家本人的专业知识、实践经验以及所了解的专业信息，对被评对象的创造性、先进性、新颖性、实用性等作出评价。由此可见，查新和专家评审所依据的基础不同，评价的内容也是有差异的。同时两者各有优缺点，评审专家丰富的专业理论知识、实践经验以及对事物的综合分析能力，是一般科技情报人员难以具备和无法代替的；反之，信息机构所具有的丰富的文献信息资源和现代化检索系统，情报专业人员所具有的一定学术水平、较宽的知识面和丰富的文献情报工作经验等优势，也是评审专家难以取代查新机构的原因。有必要指出，查新机构提供的查新报告对项目的查新结论只是文献检索、情报调研等方面的结论，只是较系统、较准确的客观依据和情报学评价，而不是全面的成果评审结论。

3)作用

查新工作在科技研究开发、科研管理和国民经济建设中发挥着十分重要的工作。具体说来，表现在以下几个方面：

首先，为科研立项提供客观依据。科研课题在论点、研究开发目标、技术路线、技术内容、技术指标、技术水平等方面是否具有新颖性，在正式立项前，首要的工作是全面、准确地掌握国内外的有关情报，查清该课题在国内外是否已有人研究开发过。通过查新可以了解国内外有关科学技术的发展水平、研究开发方向；是否已研究开发或正在研究开发；研究开发的深度及广度；已解决和尚未解决的问题等。对所选课题是否具有新颖性的判断提供客观依据，这样可防止重复研究开发而造成人力、财力、物力的浪费和损失。

其次，为科技成果的鉴定、评估、验收、转化、奖励等提供客观依据。查新可以为科技成果的鉴定、评估、验收、转化、奖励等提供客观的文献依据。查新还能保证科技成果鉴定、评估、验收、转化、奖励等的科学性和可靠性。在这些工作中，若无查新部门提供可靠的查新报告作为文献依据，只凭专家小组的专业知识和经验，难免会有不公正之处，可能会得不出确切的结论。这样既不利于调动科技人员的积极性，又妨碍成果的推广应用。高质量的查新，结合专家丰富的专业知识，便可防止上述现象的发生，从而保证鉴定、评估、验收、转化、奖励等的权威性和科学性。

最后，为科技人员进行研究开发提供可靠而丰富的信息。随着科学技术的不断发展，学科分类越来越细，信息源于不同的载体已成为普遍现象，这给获取信息带来了一定的难度。有关研究表明，技术人员查阅文献所花的时间，约占其工作量的 50%，若通过专业查新人员查新，则可以大量节省科研人员查阅文献的时间。查新机构一般具有丰富的信息资源和完善的计算机检索系统，能提供从一次文献到二次文献的全面服务，如提供世界著名的 SCIE(科学引文索引)、CA(化学文摘)、EI(工程索引)、NTIS(美国政府报告)等近千个科技、经济、商业等资料的数据库，内容涉及各种学术会议和期刊的论文、技术报告、专利、标准和规范、报纸、通告等，查询到的资料最早可追溯到刊物的创刊年，最新可查到几分钟前刚发布的信息，对从事研究者有非常大的帮助。

根据以上作用，查新可分为立项查新(包括申报各级、各类科技计划、科研课题开始前资料收集等)；科技成果鉴定、评估、验收、转化等；成果申报奖励；其他类(如博士论文开题、评审等)。

4)查新质量评价

《科技查新规范》对查新工作质量提出了明确的要求。查新工作质量可以通过“查新质量评价指标体系”进行评价。该指标体系是根据查新程序和工作内容而建立的，对查新人员自我评价查新质量和主管部门监督检查有一定的指导和参考作用。

从查新质量评价指标体系可以看出查新质量主要表现在文献检索质量和查新报告质量两方面。

文献检索质量是整个查新质量的基础，检索质量的好坏直接影响到查新报告结论的准确性，即直接影响到查新报告的质量。检索质量可以从检索的全面性和准确性两个方面进行评价。其中的检索全面性就要求对检索范围作出规定，特别不能遗漏相关学科的综合性数据库或专业性数据库。

5)查新流程及检索系统的选择

如果委托查新机构查新，通常流程为委托和受理、检索准备、确定检索方法和途径、检索相关文献、分析检索结果、撰写查新报告初稿、审核员审核、出具最终的查新报告。

对撰写论文或做课题研究的科研工作者而言，不是每次均要出具查新报告，但在写论文或做研究之前，如果能进行课题的自我查新，则可避免课题走弯路和做重复研究。一般来说，在进行选题时，进行一次大范围的文献资料的调研和梳理是必须的。研究者有了大致的选题意向之后，就需要通过文献研究来进一步确认该选题是否值得研究，需广泛查找该学科和领域的图书、期刊、会议、专利、学位论文等文献，目的在于了解本学科的研究历史与现状，包括明确该学科过去已经进行了哪些研究，有什么成果；该学科现阶段的研究达到了什么程度，以及哪些问题尚未得到解决。在现代信息社会，科技查新基本以计算机检索为主，手工检索为辅。计算机检索系统和一些官方推出的免费站点具有更新快、检索方便、内容丰富、节省费用等优点，是查新过程中文献资源的重要来源。

在进行查新时，一般重点查找商业数据库，其次是免费数据库，同时还要辅以搜索引擎的搜索，有时候还要查找纸本文献，才能保证查全不遗漏文献。查出文献后，通读题录和文摘信息，对于重点文献，要阅读全文，来分析比较查出文献和拟查课题的异同点，得出结论。

下面重点讲做查新时，全面查找不同文献类型的方法。

2. 国内外图书的查找

联合国教科文组织对图书的定义是：凡由出版社(商)出版的不包括封面和封底在内 49 页以上的印刷品，具有特定的书名和著者名，编有国际标准书号，有定价并取得版权保护的出版物称为图书。

图书是以传播知识为目的，用文字或其他信息符号记录于一定形式的材料之上的著作物，图书是人类社会实践的产物，是一种特定的不断发展着的知识传播工具。

与其他出版物相比，图书的特点为：内容比较系统，全面，成熟，可靠；出版周期较长，传递信息速度较慢。

目前纸本图书的查找，可以通过图书馆的馆藏目录或公共联机书目查询系统(Online Public Access Catalogue，简称 OPAC)检索，如中国国家图书馆馆藏书目检索系统，中国科学院图书馆馆藏书目检索系统，清华大学图书馆馆藏书目检索系统等。为了更全面地查找图书，可以利用图书馆的电子图书，直接获取图书书目信息或全文。

1)通过专门的书目数据库查找

OCLC Worldcat 书目数据库。Worldcat 是 OCLC 公司(联机计算机图书馆中心)的在线编目联合目录，Worldcat 是世界范围图书馆和其他资料的联合编目库，同时也是世界最大的联机书目数据库。Worldcat 目前可以搜索 110 多个国家的图书馆，包括近 9 000 家图书馆的书目数据，覆盖了从公元前 1 000 年到现在 400 多种语言的记录，可以搜索到书籍、期刊、光盘等的书目信息和馆藏地址，基本上反映了世界范围内的图书馆所拥有的图书和其他资料。在 Worldcat 中要检索 MIT Press 出版的，含关键词为 MOOC 的图书，检索界面见

图 11-1，检索结果见图 11-2。

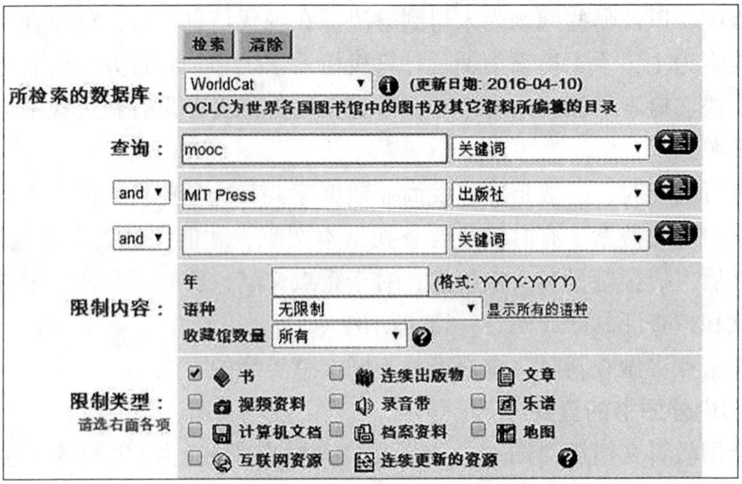

图 11-1　OCLC Worldcat 检索界面

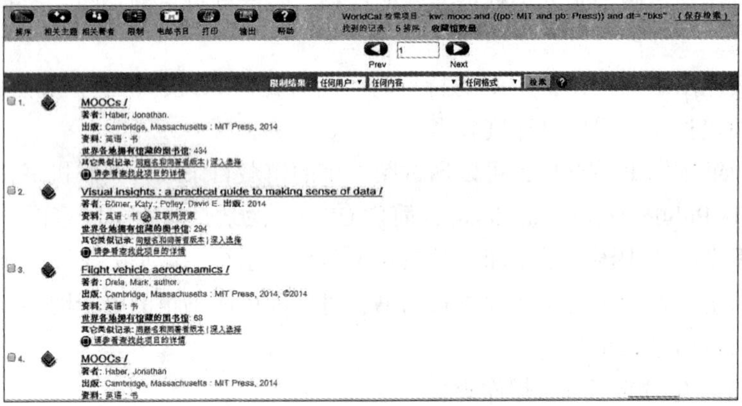

图 11-2　OCLC Worldcat 检索结果页面

美国国会图书馆(LC)联机目录数据库。美国国会图书馆(The Library of Congress，简称 LC)是美国的四个国家图书馆之一，也是世界上最大的图书馆之一，其联机目录数据库拥有馆藏书目记录约 1 200 万条，包括图书、期刊、计算机文档、手稿、音乐、录音及视频资料，可通过主题、著者(个人、团体和会议)姓名、题名、图书登记号或关键词等途径检索。该网站还提供了大量通往其他机构联机目录的链接。

CALIS 联合目录公共检索系统。收录全国“211”工程院校和 80 多家 CALIS 成员馆收藏的中、英、日、俄文献数据，目录数据库涵盖印刷型图书和连续出版物、电子期刊和古籍等多种文献类型。数据库提供简单检索和高级检索功能，提供题名、责任者、主题、出版地、ISBN 等 10 余个字段的检索，检索结果分为多种格式显示：详细文本格式、MARC 显示格式等。在题名中检索“信息素养”的检索界面见图 11-3，检索结果见图 11-4。

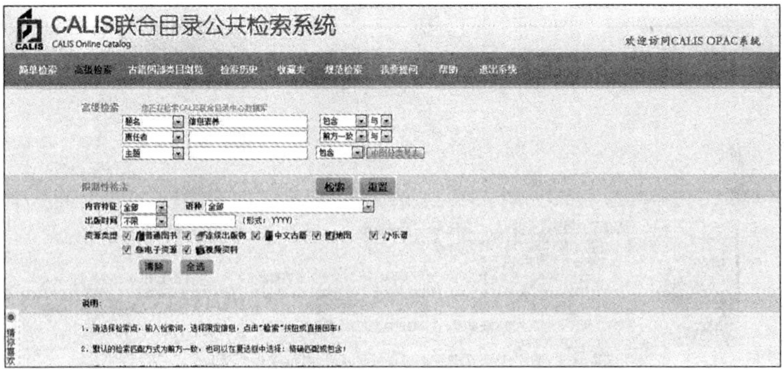

图 11-3　CALIS 联合目录公共检索系统高级检索界面

图 11-4　CALIS 联合目录公共检索系统检索结果界面

2)通过商业电子图书数据库查找

① 读秀学术搜索。由海量中文学术资源组成的庞大知识库系统，提供 260 万种中文图书信息、170 万种图书全文，并提供深入图书内容的章节和全文检

索、部分文献试读。检索“黄如花”出版的图书，检索界面见图 11-5，检索结果见图 11-6。

图 11-5　读秀学术搜索检索界面

图 11-6　读秀学术搜索检索结果界面

② 书生之家。书生之家是一个全球性的中文书报刊网上开架交易平台，集成了图书、期刊、报纸、论文、CD 等各种出版物的(在版)书(篇)目信息、内容提要、精彩章节、全部全文。该库目前收录了 2000 年以来国内出版的 23

万种图书。

③ 超星中文电子图书。由北京世纪超星公司建立和维护的大型电子图书全文数据库。涵盖了经济、法律、语言与文学、艺术、历史、地理、自然科学、工业技术、天文和地学、环境与安全等 22 个大类。

④ 中国数字图书馆电子图书。由中国数字图书馆有限责任公司建立和维护的大型电子图书全文数据库。可访问的资源包括 2000 年以来的 35 万余册图书全文。

⑤ 中英文图书数字化国际合作计划(CADAL)。是一个由国家投资建设，浙江大学和中国科学院研究生院等 14 个单位共同承担的数字图书馆项目。收录古籍、民国图书、民国期刊全文、部分学位论文。

⑥ SpringerLINK eBook(SpringerLINK 电子图书)。收录超过 30 000 种书籍、丛书及参考工具书等电子图书，并且每年增加 3 000 余本最新出版图书。

⑦ Early English Book Online(早期英文图书在线)。该数据库收录所有现存的 1473—1700 年间英语世界出版物的资料，包括许多知名作家的著作。此外还收录了许多历史资料，如皇家条例及布告、军事、宗教和其他公共文件、年鉴、练习曲、年历、大幅印刷品、经书、单行本、公告及其他的原始资料。

⑧ Myilibrary 电子书。收录世界上 300 多个学术和专业出版社的近 10 万种电子书全文，约 75%为 2002 年以后出版。其中包含一些优秀出版社的出版物，如 Elsevier、Wiley、Taylor、Springer、Oxford University、Cambridge University；同时还包含国际政府组织的出版物，如联合国、世界银行组织、国际原子能机构、世界卫生组织、经济合作发展组织等。

⑨ Eighteenth Century Collections Online(18 世纪作品在线)。收录 1700—1799 年间所有在英国出版的图书和所有在美国与英联邦出版的非英文书籍，涵盖英语、法语、德语、西班牙语、拉丁文等多个语种。

⑩ EBSCO eBook。提供来自 300 多个出版商的 50 000 多种高质量电子图书，这些电子图书的 90%是 1990 年后出版的，每月均增加几千种。覆盖了以下主要学科：科学、技术、医学、生命科学、计算机科学、经济、工商、文学、历史、艺术、社会与行为科学、哲学、教育学等。

3)通过图书搜索引擎查找

专门的图书搜索引擎包括谷歌图书搜索(http://books.google.cn/)、百度图书(http://book.baidu.com/)、新浪读书频道(http://book.sina.com.cn/)、中国电子图书搜索引擎(http://book.httpcn.com/search/)、古腾堡计划(http://www.gutenberg.org/)、世界电子书图书馆(http://www.worldpubliclibrary.org/)

等，均可以搜索到图书信息。

4) 通过网上书店查找

网上书店有众多的图书，特别是新版图书，包括当当网上书店(http://book.dangdang.com/)、亚马逊网上书店(http://www.amazon.com/)、京东网上书店(http://book.jd.com/)、琅琅比价网(http://www.langlang.cc/channel/book/index.html)、中国图书网(http://www.bookschina.com)、巴诺网上书店(Barnes and Nobel，http://www.bn.com)、鲍德斯网上书店(http://www.borders.com)，等等。

3. 国内外期刊论文的查找

期刊是连续出版物的一种，是一种定期出版的刊物。从外部特征看，着眼于其周期性，所以叫期刊；从内容特征看，侧重于它报道的内容性质，又称为杂志。

期刊的特征有：有较固定的统一名称；每期都有连续的卷、期号或年、月顺序号；一般是定期地、较长期地或无限期地连续出版；每次出版都有多个作者、多篇文章而内容不重复；有较固定的出版样式和专门的编辑机构；发表最新的研究成果，报道及时；各期刊物一般不修订或再版，并且比图书快。

期刊品种多，数量大，出版周期短，报道速度快，内容新颖，能及时反映当前科技水平。随着社会化进程的加快，人们对信息的需求越来越迫切。期刊作为信息的重要载体，包含了丰富的文献信息而且具有传播信息快的优势。目前，电子期刊由于存储容量大，传递速度快，检索功能齐全，便于共享等特点，发展都非常迅速，网上几乎能查到所有期刊的电子版。

1) 中文期刊论文查找

中国学术期刊网络出版总库(中国知网)、重庆维普期刊文献库、中国学术期刊数据库(万方平台)是主要的查找期刊文献的平台，其详细使用见第 3 章。

查找期刊还有以下途径：

① 人大复印报刊资料。含人大复印报刊资料全文数据库和目录索引。人大复印报刊全文数据库收录 1995 年以来《复印报刊资料》系列刊物的全部全文，论文选自人文科学和社会科学领域国内公开出版的 3 000 多种核心期刊和报刊。《复印报刊资料》目录索引数据库将《复印报刊资料》系列刊每年所刊登文章的目录按专题和学科体系分类编排，汇集了自 1978 年以来的《复印报刊资料》各刊的全部目录。

② 全国报刊索引。由上海图书馆《全国报刊索引》编辑部负责研制和编辑，

收录1833年以来全国各地区(包括少量港、澳、台地区)的期刊8 500多种，涉及所有哲学与社会科学以及自然科学与技术科学领域，包括邮发与非邮发和公开出版的期刊。

③ 中国科学引文数据库(CSCD)。收录我国中英文科技核心期刊和优秀期刊1 100多种。数据库除具备一般的检索功能外，还提供引文检索功能，方便用户快速查询论文被引用情况。

④ 国家科技图书文献中心(NSTL)学术期刊库。可检索中国科学院文献情报中心、工程技术图书馆、中国农业科学院图书馆、中国医学科学院图书馆、中国标准化研究院和中国计量科学研究院等收藏的期刊论文。

⑤ TWS台湾学术期刊在线数据库。由索引数位股份有限公司(台湾)出版发行的电子期刊数据库。收录了以台湾地区学术成果为核心的期刊文献，目前期刊总数约900种，全文率95%，收录年代主要为2000年至今。

2)外文综合性期刊论文的查找

外文综合性期刊论文的查找，主要可通过以下数据库：Web of Science(介绍和使用详见第4章)、Elsevier ScienceDirect(介绍和使用详见第5章)、EBSCOhost(介绍和使用详见第6章)、Ei Compendex(介绍和使用详见第7章)、Cambridge Science Abstracts、SpringerLink电子期刊等。这些数据库介绍如下：

① Cambridge Science Abstracts(CSA，剑桥科学文摘数据库)。提供60多种数据库，涉及水科学、生物学和医学、计算机科学和工程专业、环境科学、材料科学、艺术和人文科学、社会科学等多个学科领域。

② OCLC Firstsearch。FirstSearch是OCLC的一个联机参考服务系统，共有70多个数据库，FirstSearch基本组包括10多个数据库，其中大多是综合性的库，内容涉及艺术和人文科学、商务和经济、教育、工程和技术、普通科学、生命科学、医学、新闻和时事、公共事务和法律、社会科学等领域。

③ SpringerLink电子期刊。德国斯普林格(Springer-Verlag)是世界上著名的科技出版集团，目前SpringerLink可访问的期刊有1 800余种，其中可访问的全文刊为1 300余种，全文年限最早回溯至创刊。SpringerLink所有资源划分为12个学科：建筑学、设计和艺术，行为科学，生物医学和生命科学，商业和经济，化学和材料科学，计算机科学，地球和环境科学，工程学，人文、社科和法律，数学和统计学，医学，物理和天文学。

④ Academic Research Library。覆盖商业与经济、教育、历史、传播学、法律、军事、文化、科学、医学、艺术、心理学、宗教与神学、社会学等领

域，收录 4 000 多种期刊，其中 3 000 多种提供全文。可检索 1971 年以来的文摘和 1986 年以来的全文。

⑤ Taylor & Francis 期刊数据库。Taylor & Francis 是世界领先的国际学术出版集团，提供了 1 000 多种经专家评审的高质量期刊。主要学科范围：环境与农业科学、化学、工程、计算机技术、物理学和数学等。

⑥ Wiley Interscience 电子期刊。John Wiley & Sons Inc. 是有近 200 年历史的国际知名的专业出版机构，在化学、生命科学、医学以及工程技术等领域学术文献的出版方面颇具权威性。目前 Wiley InterScience 平台上共有 477 种电子期刊，具体学科涉及：生命科学与医学、数学统计学、物理、化学、地球科学、计算机科学、工程学、商业管理金融学、教育学、法律、心理学等。

⑦ JSTOR 西文过刊数据库。提供以政治学、经济学、哲学、历史等人文社会学科主题为中心，兼有一般科学性主题共十几个领域的近 1 000 种过刊全文，从创刊号到最近 3~5 年前的过刊都可阅览全文。

3)外文专业期刊数据查找

① SciFinder Scholar(化学文摘网络版)。由 CAS(美国化学文摘服务社)编辑出版，报道了世界上 150 多个国家、56 种文字出版的 2 万多种科技期刊、科技报告、会议论文、学位论文、资料汇编、技术报告、新书及视听资料，摘录了世界范围约 98%的化学化工文献。

② ACS(美国化学学会)电子期刊。收录 43 种 ACS 期刊现刊(ACS Web Edition)及 ACS 期刊过刊(ACS Legacy Archives)电子版。其内容涵盖 24 个主要的化学研究领域，包括医药化学、分析化学、化学工程、材料科学、纳米科学、热化学等。

③ ACM(美国计算机学会)全文数据库。ACM 是全球历史最悠久和最大的计算机教育和科研机构。该库可访问期刊、杂志和会报 51 种，以及"在线计算机文献指南"数据库中 210 多万条文摘题录信息等。

④ AGU(美国地球物理学会)数据库。收录 AGU 20 种全文电子期刊及 AGU EOS(会员通讯)。

⑤ APS(美国物理学会)电子出版物。可访问该学会出版社的全部期刊共 12 种，物理评论系列期刊为物理学各专业领域最受重视的期刊。

⑥ AIP(美国物理学联合会)电子出版物。可访问该联合会出版社出版的 12 种物理学期刊、1 种杂志(Physics Today)、AIP 会议论文集(回溯到 1970 年第一卷)。

⑦ ASCE(美国土木工程协会)电子期刊及会议录。ASCE 是全球最大的土

木工程出版机构，该库收录 ASCE 出版的 30 多种技术和专业期刊以及 ASCE 会议录的全文。

⑧ ASM(美国微生物学会)。美国微生物学会是全球历史最悠久且最大的生命科学会员组织，包括 12 种微生物学期刊。

⑨ ASME(美国机械工程师协会)电子期刊。收录 ASME 出版的 20 多种技术和专业期刊的全文。

⑩ IEEE/IEE(美国电气电子工程师学会/英国电气工程师学会)电子期刊及会议录。收录 1988 年至今 IEEE/IEE 出版的所有期刊、会议录和标准全文信息，以及 IEEE/IEE 的其他学术活动信息。

⑪ IOP(英国物理学会)电子期刊。收录英国物理学会出版的 46 种物理学电子期刊。

⑫ MathSciNet(数学评论)电子刊。MathSciNet 是 Mathematical Reviews 的网络版，包含《数学评论》自 1940 年出版以来的所有评论文章。

⑬ SPIE(国际光学学会)电子期刊。国际光学学会(International Society for Optical Engineering)成立于 1955 年，是致力于光学、光子学、光电子学和成像领域的研究、工程和应用的著名专业学会，其出版物包括会议录及 8 种期刊。SPIE 出版的所有期刊被 SCIE 收录，期刊的影响因子排名光学核心期刊前列，首卷回溯至 1962 年。

⑭ APA(美国心理学会)系列数据库。包括 PsycINFO(文摘数据库)和 PsycARTICLES(期刊全文库)以及 EBSCO 心理学及行为科学全文数据库三个子数据库。

4)在线免费电子期刊选介

除了以上商业数据库外，网上还有很多在线免费电子期刊可供使用，包括：Arxiv. org、OpenDOAR（http：//www. opendoar. org）、Directory of Open Access Journals（DOAJ，http：//www. doaj. org）、Registory of Open Access Repositories(ROAR，http：//roar. eprints. org)、OAIster（http：//www. oaister. org)、Socolar 开放获取资源平台（http：//www. socolar. com）、奇迹文库(http：//www. qiji. cn)、OA 图书馆(http：//www. oalib. com)，等等。

4. 研究项目和课题的查找

在做查新时，还要特别了解目前世界各地有哪些项目已经在实施，或正准备实施，这样可以避免重复研究。这些项目包括：国外政府设立的科研计划(国家计划、科学基金、行业部门计划)；国际组织设立的科研计划/基金；国际大科学研究、大科学工程；政府间双边协定及科技合作专项基金等；民间科研基金、学术团体/协会设立的计划/基金；知名跨国公司设立的基金；各类支持国际科技合作的计划/基金，等等。

1)通过基金或项目管理网站查找

美国自然科学基金网站(National Science Foundation，简称 NSF，http：//www.nsf.gov/)。美国国家科学基金会成立于 1950 年，任务是通过对基础研究计划的资助，改进科学教育，发展科学信息和增进国际科学合作等办法促进美国科学的发展。美国国家科学基金会的计划分为基础研究计划、科学教育计划、应用研究计划、有关科学政策的计划、国际合作计划 5 类。在该基金网站上，选择 Award，再选择 Search Awards，输入研究方向相关的关键词，就可以查询资助项目的摘要。也可以按年度下载资助项目。NSF 的检索及结果见图 11-7。

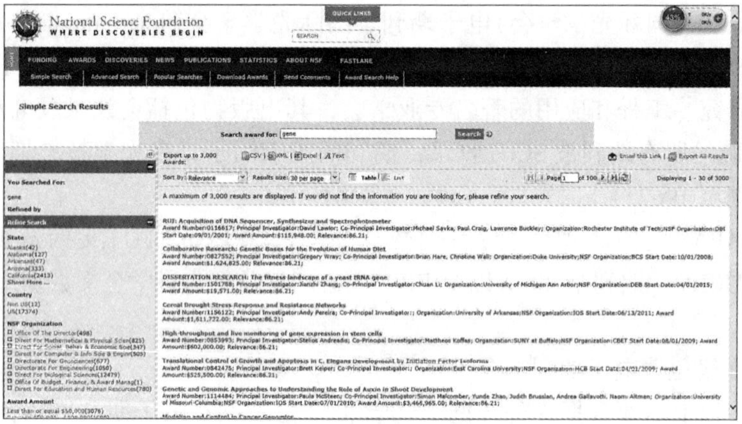

图 11-7　NSF 的检索及结果界面

中国国家自然科学基金网络信息系统(http：//isisn.nsfc.gov.cn/egrantindex/funcindex/prjsearch-list)。自然科学基金按照资助类别可分为面上项目、重点项目、重大项目、重大研究计划、国家杰出青年科学基金、海外、港澳青年学者合作研究基金、创新研究群体科学基金、国家基础科学人才培养基金、专项项目、联合资助基金项目以及国际(地区)合作与交流项目等。该网站可以通过批准号、项目名称、项目负责人、单位名称、申请代码等进行检索。例如，查找清华大学在 2015 年的项目，检索界面见图 11-8，检索结果见 11-9。

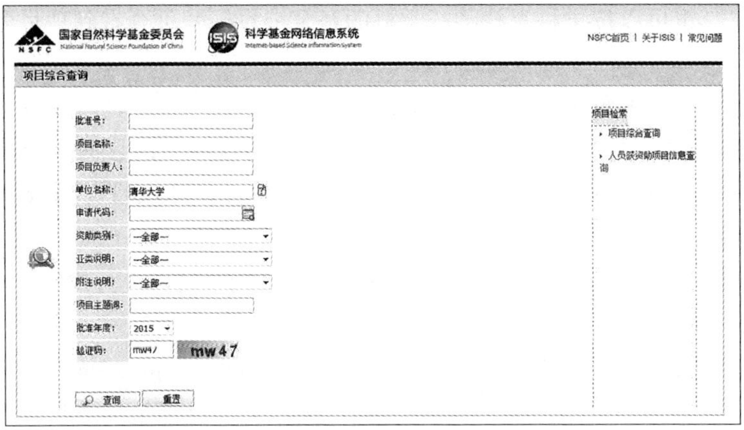

图 11-8　检索界面

图 11-9　检索结果

中国社科基金项目数据库（http：//gp.people.com.cn/yangshuo/skygb/sk/）。可以查询哲学社科领域的国家项目，包括重大、重点、一般、青年、后期、外译、成果文库等项目。可以进行立项查询和成果查询。

科学网基金查询（http：//www.sciencenet.cn/）。科学网由中国科学院、中国工程院、国家自然基金委、中国科学技术协会主管，可以查询 1999 年以来的基金项目。该网站通过项目名称、负责人、项目批准号、单位名称等查询基金项目，也可以按学科查找某一学科的基金项目，并可查看到项目名称和关键词等。

2)通过专门的数据库查找

CNKI 科研项目数据库(http：//projects. cnki. net/)。该数据库旨在帮助科研人员全方位跟踪科研项目情报。包含国家级重大长期项目、国家各部委项目、省市级项目等内容。截至 2014 年 12 月，该库收录已立项项目超过 210 000项，可以按学科浏览已立项项目，或者根据关键词进行检索。

3)通过搜索引擎查找

在搜索引擎中，通过检索式 Subject and(project * or program * or grant * or fund * or award *)可以查到相关内容的项目或基金资助情况。例如查找基因方面的项目，可以通过 gene * and(project * or program * or grant * or fund * or award *)这个检索式来查找。查找的结果可以看到已经授予的基因方面的项目，见图 11-10。

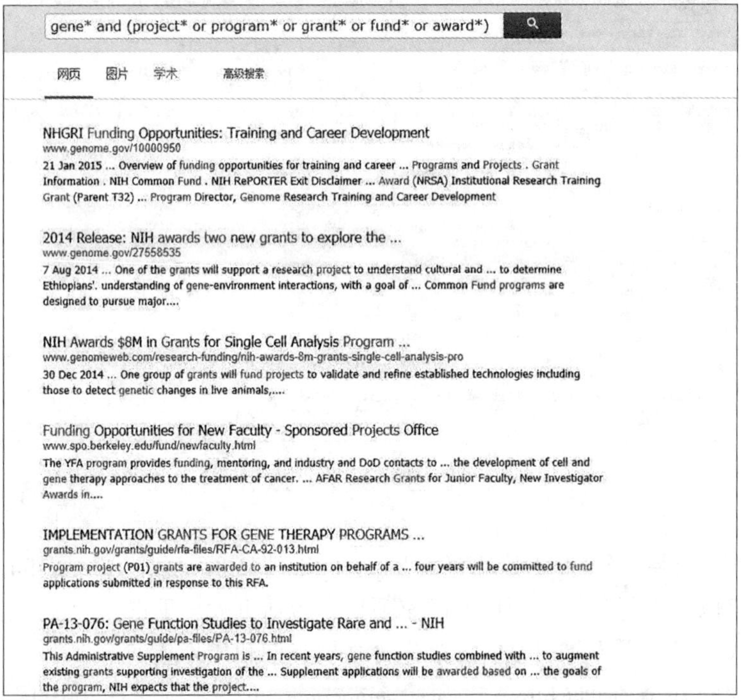

图 11-10　通过搜索引擎查找与基因相关的项目

在查新时，还需查找学位论文、会议论文、专利、商标、科技报告与科学数据等，关于这些文献的检索，详见第8章。

11.3.2 选题背景信息的检索

确定选题后，在选题说明书上，一般都要交代课题背景，课题背景是指一项课题的由来、意义、环境、状态、前人的研究成果等，以及研究该课题目前所具有的条件等。

查找和撰写背景信息时，首先，要立足于本课题领域，这是课题研究的基础和根本。但由于跨学科领域的发展，所以还需进行更广泛的检索，把课题发展的脉络和方向及动态找出来。除了要考虑研究课题对本领域的作用，还要考虑该课题对国民经济和社会发展的作用，对国家大政方针的实施和国家重要规划的实施的作用。其次，课题要立足于解决国内的问题，但还要有国际的视野，尤其是国外在某些领域有些最新的研究成果。而且国际交流的日益频繁，都需要选题更有开放性和国际视野。

检索背景信息主要检索本选题有关的组织机构动态、战略规划、国际会议、政府文件、项目、机构等。

1. 本领域重要学科相关组织机构动态的检索

一般的学科都有相应的学科组织，这些学科组织的网站上能查找到该组织最新的动态。

经济学领域国际组织有世界贸易组织(The World Trade Organization，简称WTO)、亚太经济合作组织(Asia-Pacific Economic Cooperation，简称APEC)、经济合作与发展组织(Organization for Economic Co-operation and Development，简称OECD)、国际货币基金组织(International Monetary Fund，简称IMF)、欧洲自由贸易联盟(European Free Trade Association，简称EFTA)等，那么在检索时就可以在这些相应的组织中查找，如Subject and(WTO or APEC or OECD or IMF or EFTA)。例如，查找债务危机方面的资料，可以用"debt crisis" and (WTO or APEC or OECD or IMF or EFTA)来查找，如图11-11所示。

在图书情报领域有这样一些国际组织，如国际图书馆协会联合会(International Federation of Library Associations and Institutions，简称IFLA)、美国大学与研究图书馆协会(Association of College & Research Libraries，简称ACRL)、美国图书馆协会(American Library Association，简称ALA)、图书馆和信息资源委员会(Council on Library and Information Resources，简称CLIR)、美国情报科学与技术学会(American Society for Information Science and Technology，

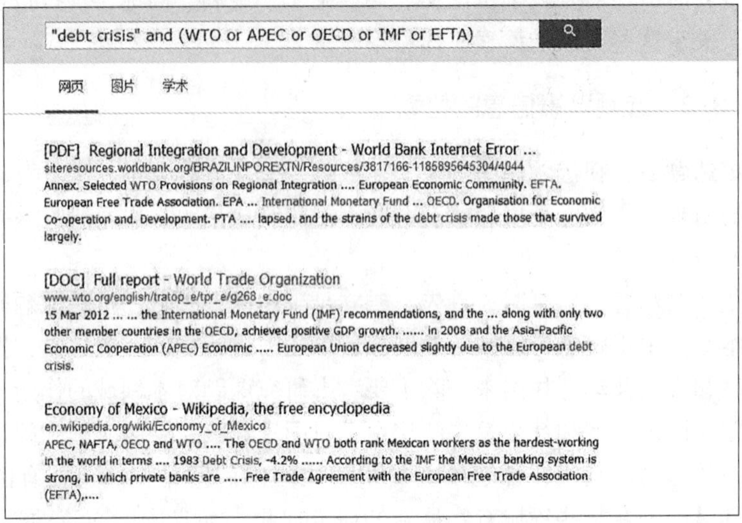

图 11-11　用搜索引擎查找债务危机方面的动态

简称 ASIST)等，可以用 Subject and(IFLA or ACRL or ALA or CLIR or ASIST)来查找。例如查找数据挖掘方面的资料，可用的检索式为“data mining” and (IFLA or ACRL or ALA or CLIR or ASIST)，见图 11-12。

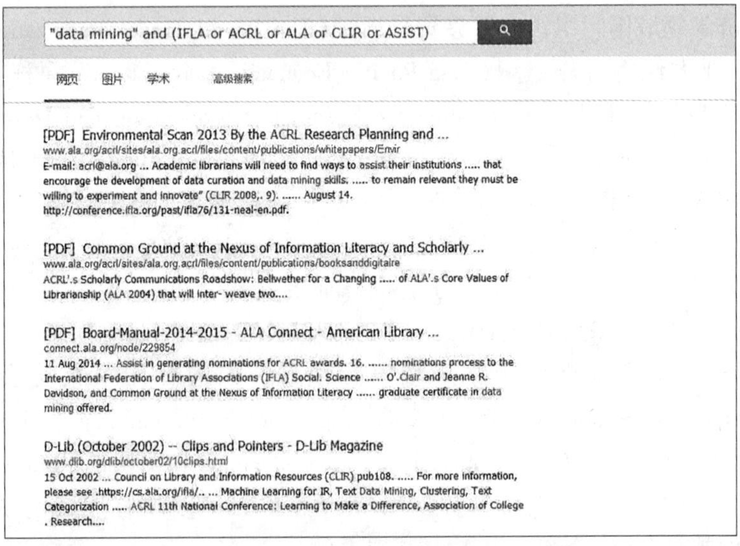

图 11-12　用搜索引擎查找数据挖掘方面的动态

在医学领域，有世界卫生组织(World Health Organization，简称 WHO)、美国国立卫生研究院(National Institutes of Health，简称 NIH)、国际医学科学院组织(Inter-Academy Medical Panel，简称 IAMP)、国际医学物理组织(International Organization on Medical Physics，简称 IOMP)、国际组织工程与再生医学学会(Tissue Engineering and Regenerative Medicine International Society，简称 TERMIS)，所以查找医学领域的动态信息可以用检索式：Subject and (WHO or NIH or IAMP or IOMP or TERMIS)。

目前，科学技术的融合以及科学、技术与社会的相互渗透，使科研变成了一项社会综合事业和工程，所以一个课题如果有其他学科，或者更多其他领域的组织机构，或得到全社会的关注，那就更加说明这个课题的重要性。所以在检索资料时，还可以在重要的综合性国际组织中查找与主题相关的信息。如在联合国，或联合国教科文组织，或欧盟等组织中查找这方面的信息，检索式可以用 subject and UNESCO，subject and UN，subject and Eu。例如，要查找目前污染在联合国教科文组织、联合国或欧盟的重视程度，可以用 pollution * and (UNESCO or UN or Eu)来查找，如果查到这些组织也在关注这个信息，则说明这是一个世界上很多国家或组织都关注的问题。

2. 本领域重要战略规划的查找

战略规划通常是一些组织或机构要实现的长期目标。如果一些机构，特别是一些重要的国际组织在中长期规划中都提到了某些问题，则可以证明拟研究问题具有重要性。对于本学科重要战略规划，可以用 stragetic plan * and subject 来查找，还可以看国内外重要机构有无相关项目，可以用到的检索式为 subject and(fund * or project * or program * or grant *)。例如，关于开放存取方面的战略规划，可用“open access” and(fund * or project * or program * or grant *)这个检索式来进行检索，见图 11-13。

3. 政府文件查找

政府文件一般指的是政府公务文书，即“政府公文”，简称“公文”。公文是指政府组织机构在公务活动中形成的具有法定效力和规范体式的信息记录，是政府信息的主要表现形式，以及政府开展公务管理和进行社会沟通的主要工具与手段。政府文件一般由法定作者制作并依照相应的程序发布，具有法定的权威性和现行效用，具有规范的体式和特定的处理程序。政府文件所包含的信息是政府信息的重要组成内容。

政府文件的查找，一般由专门的政府网站提供。如中华人民共和国中央人民政府文件，可通过国务院综合文件检索系统(http：//www. gov. cn/zfwj/

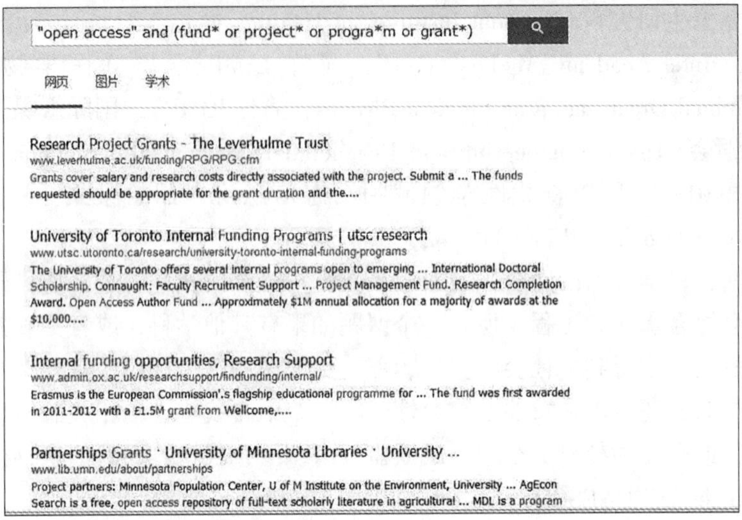

图 11-13　用搜索引擎查找开放存取方面的战略规划

search. htm)查询，该系统可按标题、发文日期、公文种类、关键词等查询。

美国的政府文件，可通过联邦政府的政府信息门户查找，如联邦数字系统(GPO's Federal Digital System，http：//www. gpo. gov/fdsys/)、联邦登记网站(https：//www. federalregister. gov/)和政府数据的门户网站(http：//www. data. gov)，图 11-14 是在联邦数字系统中检索“基因”获得的结果。

检索政府文件，同样可以用搜索引擎，如搜索国内政府文件，可用检索式“政府文件 OR 政府信息”。搜索国外政府文件，可用检索式“Government Document * OR government publication * OR Administration document * OR government paper * ”来搜索。

11. 3. 3　研究素材的搜集

研究素材包括论文或项目所需的数据、案例等，研究素材是论文的写作基础。通常写作过程除了观点新颖外，还要有强有力的案例和数据支撑。案例、数据和事实检索提供原始信息，给出直接、确定性的答案，可以作为强有力的内容支撑。无研究素材，则观点无法证明，研究素材有时能决定观点，研究素材正确，观点才能正确。

1. 不同阶段需获取不同的研究素材

研究过程一般分为选题阶段、研究(设计)初始阶段、正式研究(设计)阶

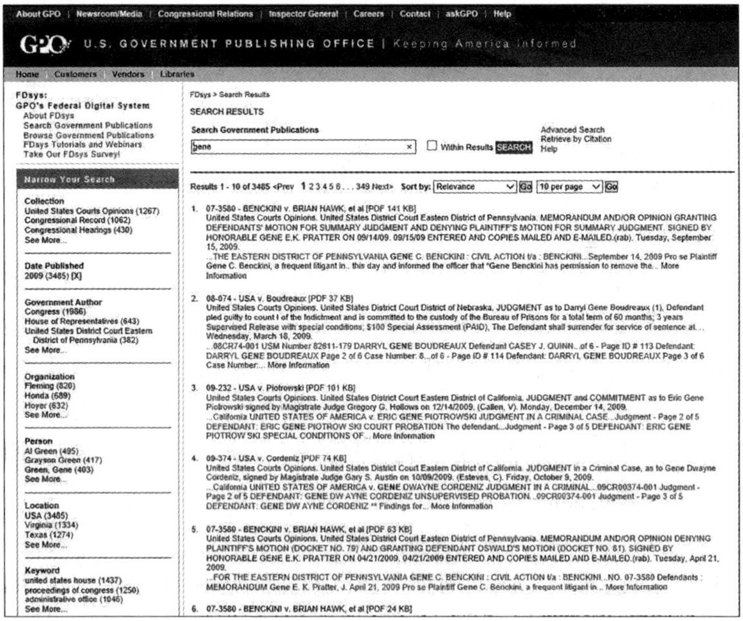

图 11-14　在联邦数字系统中检索“基因”获得的结果

段、研究(设计)完成阶段。选题前要充分、广泛地查询和阅读资料，通过对比分析，找到可能研究的新颖点，并最后确定选题，拟定大纲。研究初始阶段，要充分地吸取不同的观点，获取案例、数据，支撑课题的观点。正式研究阶段，需充分吸收专家的意见，获取新资料、新进展，并对课题研究方向进行修正。研究完成后，充分论证课题研究的影响力，比同类课题的新颖性。

选题是研究或写作前对研究方向、写作内容的选择和确定。提出问题是解决问题的第一步，题材选得好，可以起到事半功倍的作用。选题阶段，要站在一个宏观的角度，了解已有成果的概貌和全局，充分了解要研究课题的案例和数据，要充分、广泛地查询和阅读资料，从中掌握和了解前人在该学科领域已进行了哪些研究，有些什么成果，再通过对比分析，确定既新颖又有研究价值的选题，同时借鉴他人劳动成果，完成自己的科研课题，避免重复劳动。

选题确定后，即进入了研究的初始阶段。其意义在于完善设计和整体构想方案，使论文设计方案更加系统化，获取案例、数据，支撑课题的观点。

在正式研究(设计)阶段，要提炼素材，充分地吸取前人和他人的观点，学习、借鉴和利用已有的见解、理论等成果以及案例和数据等素材。

在研究(设计)完成阶段，为了进一步对课题的研究水平做出正确的评估，需要对国内外技术文献再次全面追踪检索，以便了解选题完成后国内外技术变化情况，为课题总结或进一步完善研究提供帮助。还可以据此查找目前课题或文章的影响力。

研究素材的搜集，贯穿于研究过程的全阶段。以下重点讲一下研究案例和事实、数据等内容的查找。

2. 研究案例的查找

1)通过专门的案例数据库查找

北大法意网(http：//www.lawyee.org)依托北京大学实证法务研究所等研究机构，以法学数据为核心，适用于法学专业以及其他各领域学科与法学专业的交叉研究。其中的案例数据库群包含中国媒体案例库、行动执法案例库、国际法院案例库、外国法院案例库、中国古代案例库、教学参考案例库、香港法院案例库、澳门法院案例库、台湾法院案例库。这些案例既可以通过浏览，也可以通过案例名称、案由、审理法院等进行检索。北大法意网的案例数据库群见图 11-15，北大法意网案例库的浏览和检索界面见图 11-16。

图 11-15　北大法意网的案例数据库群

全球案例发现系统(Global Cases Discovery System，简称 GCDS)是大型案例文献数据库集群，整合了世界众多知名案例研究机构的研究成果，定位于为从事案例开发和案例教学的用户提供一站式检索和传送服务。全球案例发现系统由全球案例在线、中文案例素材库和清华经管教学案例全文库三大部分组成，

图 11-16 北大法意网案例库的浏览和检索界面

通过系统提供的学科、适用读者、案例背景、学习目标等多指标自动聚类功能，可以非常轻松地发现自己所需的、感兴趣的案例和相关文献。图 11-17 是清华经管教学案例中一个关于创新创业的案例。

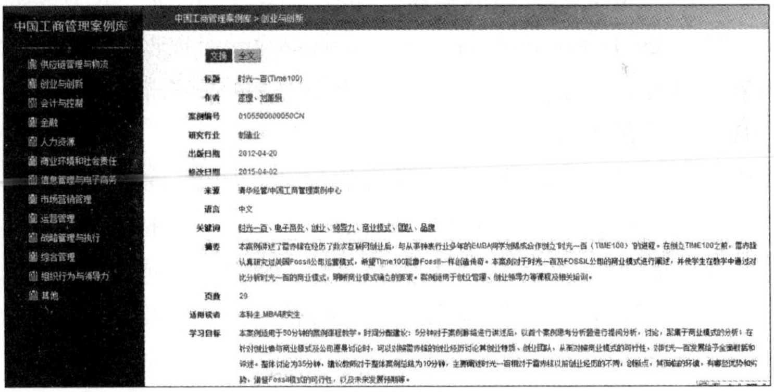

图 11-17 清华经管教学案例中的案例展示

HeinOnline 法律数据库(http://heinonline.org/HOL/Welcome? collection=abajournals)是美国著名的法律期刊全文数据库，涵盖全球最具权威性的法律研究期刊。现有 2 100 余种法学期刊，675 卷国际法领域权威巨著，100 000 多个案例，近 3 600 部精品法学学术专著。

Westlaw International 法律数据库包括 6 000 个 Thomson Legal & Regulatory 主要的法律数据库以及约 7 000 个来自 Dow Jones Interactive 的新闻及商业信息数据库。数据库内容涵盖法律、商业及新闻资料等方面。特别是法律资料库中包括全部英国和欧盟主要法律资料、最重要的美国专题法律、加拿大和香港的判例法，以及美国和加拿大的法律报刊、文献与国际条约资料。通过 Westlaw International 可获得主要西方国家的案例、法律法规、条约、商业资料等信息。

2)通过搜索引擎查找

首先，通过搜索引擎直接查找案例，如用检索式：Subject and Case study。例如要查找阅读推广方面的案例，可拟定“reading promotion” and case study 这样的检索式，可以查出很多关于阅读推广的案例。

其次，由于研究报告是一个非常重要的文献类型，它也提供关于某一研究领域比较专深、丰富的素材和案例，甚至有不同项目和机构之间横向和纵向的比较，还有历史分析这样一些纵向的资料。这样可以拟定 Subject and(report or survey)这样的检索式，查出相关的报告后，可以在报告中查看相关的素材。

最后，在很多的导航和资源中可以查找到素材，如 Subject and(resource * or guide * or subject guide * or bibliography or report *)。通过这样的检索式可以查找到这个领域的专家，或图书馆员，或信息服务人员，搜集、整理和整合的素材。例如要查找 MOOC 方面的素材，可用检索式 MOOC AND(resource * or guide * or subject guide * or bibliography or report *)，可以搜到很多重要的组织机构，包括美国图书学会、联合国教科文组织等做的资源指南。

3. 事实与数据的查找

现代科学发展的趋势表明，几乎所有的学科、所有的领域都积累了相当多的事实与数据，都需要用事实与数据来说话。事实检索以特定的事实为检索对象。比如，查找某个特定机构或人物的信息，了解某个名词术语的含义，求证某个事件的发生过程等。数据检索以特定的数值或数据为检索对象，如查找化学物质的分子量或结构式、蛋白质或基因序列数据、统计数据、数学公式，以及各种科学实验数据和科学测量数据等。事实与数据检索是一种确定性的检索，其检索结果通常为明确、具体的答案。

检索事实和数据有三种基本途径：利用传统的参考工具书；利用数值型数据库；利用网上免费的信息资源。

1)利用参考工具书查找

参考工具书是根据特定的需要，系统汇集相关的文献资料，按一定规则编排、组织，提供某方面基本知识或资料线索的特定类型的图书。目前的参考工具书主要包括字典、词典、百科全书、年鉴、手册、传记资料等。特别是目前很多的参考工具书为便于查找，均已实现了网络化，如网上的在线字典和词典，中国大百科全书和大不列颠百科全书均有了网络版，很多年鉴也均已网上可查。

2)利用事实及数值型数据库查找

① CNKI 系列数据库。CNKI 系列数据库中有多个事实及数值数据库。CNKI《中国年鉴网络出版总库》是目前国内最大的连续更新的动态年鉴资源全文数据库，可检索 1949 年以来中国国内的中央、地方、行业和企业等各类年鉴的全文文献。内容覆盖基本国情、地理历史、政治军事外交、法律、经济、科学技术、教育、文化体育事业、医疗卫生、社会生活、人物、统计资料、文件标准与法律法规等各个领域。CNKI《中国经济社会发展统计数据库》完整收录了新中国成立以来我国已出版发行的 1 150 余种权威统计资料。内容覆盖国民经济核算、固定资产投资、人口与人力资源、人民生活与物价、各类企事业单位、财政金融、自然资源、能源与环境、政法与公共管理、农民农业和农村、工业、建筑房产、交通邮电信息产业、国内贸易与对外经济、旅游餐饮、教育科技、文化体育、医药卫生等行业领域，是我国最大的官方统计资料集合总库。图 11-18 是在 CNKI《中国年鉴网络出版总库》中查找“经济”类年鉴的检索结果。

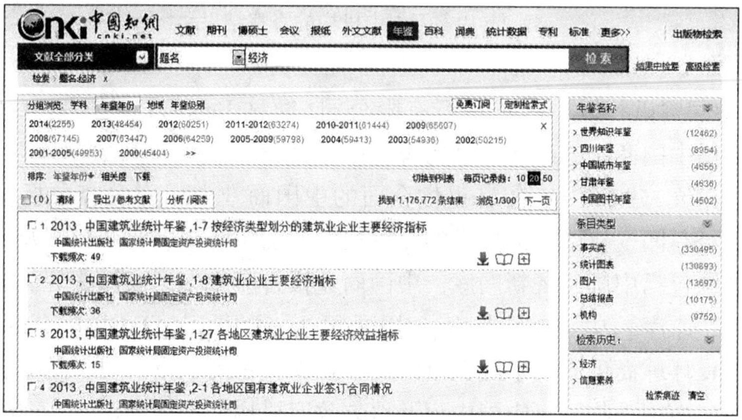

图 11-18　CNKI《中国年鉴网络出版总库》检索结果

② 万方数据知识服务平台机构检索。万方数据资源系统涉及事实及数据方面的包括：新方志、机构、科技专家等子库。机构信息系统是在《中国企

业、公司及产品数据库》的基础上扩展的数据库系统，收录了 20 多万家企业机构、科研机构、信息机构和教育机构的详尽信息，分别针对各类机构的特点进行分类导航，并整合了各类机构的科研产出(包括发表论文、承担科技成果、申请专利、起草标准)和媒体报道情况，对获取、了解与分析相关机构的社会信用、科研能力、经营状况、发展方向等情况，可以起到重要的作用。例如，查找“电线电缆”类机构的结果见图 11-19。

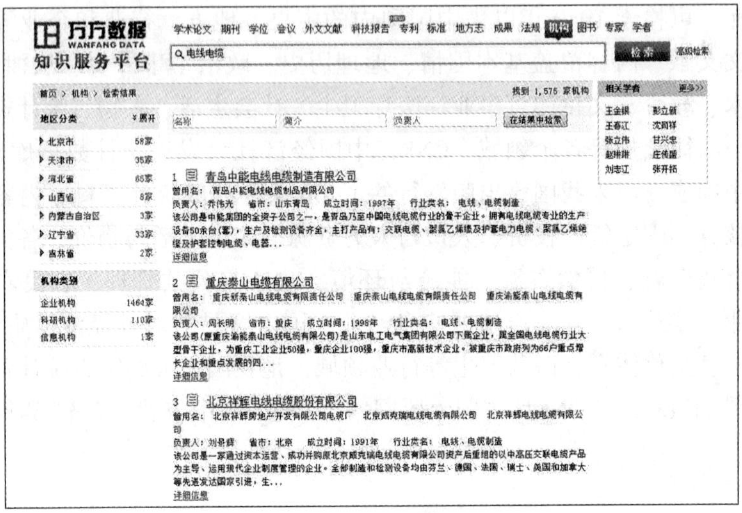

图 11-19　万方中机构的查找结果

③ 中国资讯行。中国资讯行有限公司(简称 Infobank)是一家专门收集、处理及传播中国商业、经济信息的香港财经信息提供商。其数据库系统 China Infobank(中文)建于 1995 年，提供全面的中国商业资讯，内容包括各类统计数据、财经新闻、权威机构提供的经贸报告、法律法规、商业数据及证券消息等。该系统包括中国经济新闻库、中国商业报告库、中国法律法规数据库、中国统计数据库、中文媒体库、中国医疗健康库、English Publications、INFOBANK 环球商讯库、中国上市公司文献库、香港上市公司文献库、中国企业产品库、中国人物库、中国中央及地方政府机构库、中国拟建在建项目数据库、名词解释库等。其名下的“中国统计数据库”大部分数据收录自 1995 年以来国家及各省市地方统计机构的统计年鉴及海关统计、经济统计快报等月度及季度统计，其中部分统计数据可以追溯到 1949 年，亦包括部分海外地区的统计数据。

④ 国研网统计数据库。国研网统计数据库(简称国研数据)是国研网在全面整合我国各级统计职能部门所提供的各种有关中国经济运行数据的基础上，历经数年研究开发、优化整合后推出的大型数据库集群，对国民经济的发展以及运行态势进行了立体、连续、深度展示，是中国经济量化信息最为权威、全面、科学的统计数据库之一，是投资、决策和学术研究的有力助手。国研网统计数据库由最新数据、每日财经、宏观经济数据库、金融统计数据库、重点行业数据库、对外贸易数据库、区域经济数据库、产品产量数据库、工业统计数据库、国有资产管理数据库、财政税收数据库、人口与就业数据库、居民收支与价格数据库、教育统计数据库、世界经济数据库、企业排行榜等内容构成。

⑤ 搜数网。搜数网是一个专门向用户提供各种有关中国和世界各国经济和社会统计数据表格的专业内容网站，搜数网的数据来源于国家及各省市地方统计局的统计年鉴及海关统计、经济统计快报、中国人民银行统计季报等月度及季度统计资料，以及部分海外地区的统计数据。搜数网目前拥有 2 000 余本年鉴，统计数据多于 2 亿个，覆盖了全国 23 个省、5 个自治区、4 个直辖市、2 个特别行政区，数据内容涉及全国 54 个行业。所有搜数网输出的统计表格皆附有数据来源及出处，保证数据的严谨及权威。

⑥ 中经网统计数据库。中经网统计数据库是一个综合性经济数据库群。数据库涵盖宏观、行业、区域以及世界经济等各个领域，包括“中国经济统计数据库”和“世界经济统计数据库”两大系列，按时间序列组织数据，提供 EXCEL 数据导出等功能，附加重点指标注解。

⑦ Gale 专题数据库。美国 Gale 集团系美国著名出版机构，是全球最大、最权威的参考书出版商，多年来以出版人文和社科工具书著称，尤其是文学及传记工具书以及机构名录方面颇具权威性。其出品的 Biography in Context(人物传记资源中心)包括一百多万个人物的传记，内容涵盖文学、科学、政治、政府、历史、多文化研究、商业、娱乐、体育、艺术和当今事件等。此数据库把 80 个最常被参考的 Gale 著名传记数据库与 280 种以上的全文刊物结合，能查到人物的详细资料。

⑧ Knovel 数据库。Knovel 数据库是面向从事应用研究的科学家和高级工程师开发的在线参考工具。通过 Knovel 特有的互动分析工具，用户可以整合查询检索全球重要科技出版商和专业学会所出版的 2 000 多种重要参考工具书、手册、百科全书等内容，提供超过 80 000 种互动表格、图解和公式。

⑨ Springer Materials 数据库。Springer Materials 包含了精选的、经过严格评估的物理科学与工程学各领域的数据。该平台由 100 000 份在线文档组成，

涵盖 165 000 种物质及材料系统，揭示 3 000 种属性，包括 120 000 多张图片、100 多万份参考文献以及 65 000 多个关键字。这些数据使科学家们可以快速访问物质特性、函数关系以及数值数据，从而节省时间。该数据库包含了 Landolt-Bornstein 丛书的在线文档，共计 180 000 多页。所涵盖的主题领域有：粒子、核子和原子，分子和自由基，电子结构与输运，磁学，半导性，超导性，结晶学，热力学，多相系统，高级材料，先进技术，天体物理学和地球物理学。

⑩ JSTOR Global Plants(全球植物标本图片数据库，JSTOR)。该库提供极重要的植物科学基础内容，包括植物类别标本、分类结构及科学文献等相关数据。收录数据类型有类别标本、绘画、素描及类似的辅助材料。范围涵盖 5 大洲、50 个国家，并有超过 150 个植物标本馆，可用的标本数超过 220 万种。此外，专辑中的资料与生物科学、植物学、生态学、民族植物学、植物科学、卫生科学、历史、艺术及艺术历史和人类学有着高度相关性。

Reaxys 数据库。Reaxys 数据库由爱思唯尔(Elsevier)公司出品，是内容丰富的化学数值与事实数据库，Reaxys 整合了 CrossFire 数据库，涵盖最全面的有机化学，金属有机化学和无机化学的大量经实验验证的信息。Reaxys 将贝尔斯坦(Beilstein)、专利化学数据库(Patent)和盖墨林(Gmelin)的内容整合为统一的资源，包含了 2 800 多万个反应、1 800 多万种物质、400 多万条文献。Reaxys 是辅助化学研发的在线解决方案，是优化化学合成路线的研发工具。它能帮助用户识别有前景的新项目，终止无效的先导化合物，设计经济、高产率的合成路线，最大程度节省时间和成本。

⑪ Current Chemical Reactions。收录来自重要期刊以及 39 个专利组织的专利所报道的一步或多步新合成方法。记录内容包括反应式(总反应流程及详细、准确的分步反应式)、反应条件、产率、书目数据和著者文摘。总计约 80 万个反应(其中 14 万个反应来自 19 世纪以来法国国家知识产权局的记录)，每月新增 3 000 个新颖的或改进的反应。

3)利用特色资源查找

① Springer 实验室指南数据库(Springer Protocols)。Springer 实验室指南数据库是全球最大的经同行评议的在线实验室指南库，同时也是全球引用量最高的在线实验室指南库，收集大量分子生物学及生物医学方面的实验室指南，数据每周更新。它提供的指南是一种标准化的，并可在实验室再现的“配方”或“方法”，包括按部就班的操作步骤、试验必需的原材料清单(原材料包括化学成分、硬件、软件等)、注释和提醒、使用者在试验过程中需要注意的问题以

及如何解决问题等。

② JoVE 视频实验期刊库(http://www.jove.com/)。视频实验期刊库专注于生物学、医学、化学以及物理学领域。JoVE 的编委会由实验科学领域及尖端医学实验研究中知名教授、科学家以及行业专家组成。与传统本文格式期刊相比，JoVE 突出的特色在于综合了多种媒体的优势，运用视频使知识传递更加生动而直观，也在很大程度上解决了复杂生物、医学实验难以还原和重复进行的问题。与以结论为导向的传统期刊不同，JoVE 专注于通过视频还原科学实验的完整过程。借助这一新型互联网出版模式，JoVE 帮助全球的科研工作者足不出户便可抵达全球顶尖实验室。

③ ISI Chemistry。收集全球核心化学期刊和发明专利的所有最新发现或改进的有机合成方法，提供最翔实的化学反应综述和详尽的实验细节，提供化合物的化学结构和相关性质。

11.3.4　研究内容的设置

在做研究的时候，有一个非常重要的内容，就是对研究内容进行设计。

俗话说，“良好的开端是成功的一半”。选题是科学研究、论文撰写的一个极其重要的环节，是第一道工序，是科研和论文写作成败、质量高低的关键。选题一旦拟定，科研的范围和方向就明确了，论文的中心思想和表达形式也就确定了。所以可以这样说，选题制约着作者思考的角度、材料的取舍和内容的安排等。

作为科研和论文写作的第一步，选题的意义重大。也正因为如此，选题变成了一件难事，尤其是对初学写作的人来说。实际上前人的经验表明只要遵循一定的选题原则，按照一定的选题方法和途径，一定能够找到适合自己同时又能够体现创造性的论文题目。

学术研究贵在创新，研究者必须打破定势，运用逆向思维、发散思维等方式进行交换角度的多维思考，从而获得富有创新意义的选题。此外，受个人兴趣、学科的限制，一个人的思路和见解总是有局限的，因此，平时要多关注学术交流，了解学术动向，选题时广泛请教咨询，运用集体的智慧，集思广益，民主协商，吸取他人经验，往往会有意想不到的收获，找到理想的选题。

1. 探寻并确定拟研究内容

1) 从亟待解决的问题中寻找研究内容

目前的很多研究无人涉足，但却是急需解决的问题。这些问题可能是理论上需要深入探讨的问题，也可能是现实中有强烈需求的实践问题，或者是新兴学科或高新技术无人研究却很重要的领域。

2) 从当前研究的不足或空白区寻找研究内容

现实中很需要，但往往这方面的研究又很不足。研究的第一个不足，包括现实中无人涉足，或根本无人关注，这个是研究的空白点。研究的第二个不足包括，有人研究过，但研究得不深入，仅是蜻蜓点水式的，泛泛而谈，简单地谈了一下。第三个不足，是研究了，但不系统，零碎、分散。第四个不足，是研究了，但研究方法不科学，或比较抽象。研究者正可以在这些研究不足，但现实中又比较需要的地方，找寻到自己可以研究的点。掌握某个领域的研究状况和学术前沿问题，并努力寻找别人没注意、没发现的领域，或不敢以及不能涉及的学术空白，就容易出现开创性成果。

3) 从学科交叉领域和学科的边缘区选题

现代各个学科呈现出了互相渗透、交叉和综合的趋势，科学上的新理论、新发明的产生，新的工程技术的出现，经常是在学科的边缘或交叉点上，它使科学本身向着更深层次和更高水平发展。如果能从本学科与其他学科之间寻找到“接触点”“结合部”，寻根究底，形成原始创新或源头创新，就能比较容易取得突破性成果，也可据此写出学术价值较高的论文。如化学与物理学的交叉形成了物理化学和化学物理学，化学与生物学的交叉形成了生物化学和化学生物学，物理学与生物学交叉形成了生物物理学等。类似的选题如“吸附与催化与化学热处理的关系”“离子液体中的电化学有机合成”“电化学技术在复合材料腐蚀研究中的应用”“磷脂酰甘油合成代谢研究”等均来自交叉领域。

4) 从新理论、新技术、新方法的应用上寻找研究内容

新理论、新技术、新方法的运用能为选题提供新的空间，已建立的新理论、新技术、新方法，不但在本门学科中推广使用，还可以在其他学科中得到应用。选题的一个重要途径就是紧密联系前沿课题和技术，寻找到理论与应用的结合点。如控制理论可应用于火灾报警系统设计，也可用于气动优化，还可应用于物流管理等；遗传算法可用于企业资源计划、模糊逻辑控制、神经网络学习、车辆调度等。

5) 从学术研究的分歧点寻找研究内容

学术研究贵在百家争鸣、百花齐放。学者们由于立场、观点、方法、个性等的差异，对同一个问题的认识常常会很不一致，这就构成学术研究的分歧，时而会引发激烈的争论。如红学的研究评点派、索隐派和题咏派的分歧，甲骨文分期断代的分歧等。善于从这些分歧中发现问题，看出双方争论的焦点、实质、弱点，寻找解决分歧的途径和方法，进而可以建构自己的新观点。不同学

科都可以根据自己的兴趣找到分歧点，并论证自己的观点。

2. 新趋势或动态的探索

对于拟开始的新课题的研究，或准备写论文而言，一定要具有前瞻性。对于学科的发展和新态势，要有一个基本的预测或判断。这个预测或判断，一方面来源于我们多读相关学科文献，或多看相关学科报；另一方面，有些数据库已经能提供这样的趋势或探测判断，从而启发新思想，利用新应用，也有利于及时调整和优化科研内容。这些方面，都可以比较准确地定位研究内容。关于新趋势或动态，可在平时的工作和生活中，用以下方法收集：

① 邮件通告服务(E-mail Alert)。目前的中外文数据库基本都能提供邮件通告服务。邮件通告服务可以根据注册用户的需要，保存或定期将设定检索式的最新结果发到注册的邮箱。它的作用是，不需要使用者经常登录系统检索，却能在第一时间获得学科的最新信息。这种功能通常需要使用者先注册，并设定按日、按周或按月推送。

② RSS(Really Simple Syndication)。Web2.0 的代表性技术之一，实际是一种强调时效性的阅读方式，非常适合接收更新信息，不用登录目的网站，就可跟踪订阅好的信息。

③ 汤森路透公司的多个工具。汤森路透(Thomson Reuters)公司开发了多个工具，可供查看最新的信息。这些工具包括 Science Watch 和 Thomson Innovation。

Science Watch。每周跟踪免费网络资源中的热点、新涌现的论文和研究前沿，从而进行科学评价和分析。这些网络资源包括使用 Thomson Reuters 的 Essential Science IndicatorsSM(基本科学指标)筛选的科学家、期刊论文、科研机构和国家/地区的访谈、以第一人称撰写的评论、播客以及概要信息。Science Watch 上的热点话题包括：超对称理论、地震研究、阿兹海默、霍乱研究、强子对撞机、石油泄漏、脑膜炎等。

Thomson Innovation。集全球最全面的国际专利与业内最强大的知识产权分析工具于一身，可提供全面、综合的内容，包括全球专利信息、科技文献以及著名的商业和新闻内容。凭借强大的分析和可视化工具，Thomson Innovation 允许用户快速、轻松地识别与其工作相关的信息，提供信息资源来帮助用户在知识产权和业务战略方面做出更快更准确的决策。通过 Thomson Innovation，能够借助全球专利数据和科学文献开展研究；使用强大的分析和可视化工具，把数据快速转化为有意义的结果；利用高效的工作流工具节省时间和提高生产力；轻松识别重要的增长市场，跟踪技术发展，揭示竞争趋势和发现合作机会。

④ TOP25 Hottest Articles。ScienceDirect 平台上可以提供最热门 25 篇论文，这 25 篇论文可以是全学科的，也可以根据需要设定所需学科。

⑤ Citespace(前沿探测工具)。CiteSpace 利用三个网络(“研究前沿术语的共现”“知识基础文章的同被引”和“研究前沿术语引用知识基础文章”)随着时间演变的情况来寻找研究热点及趋势，并以可视化的方式展示出来。具体做法包括：首先，下载相关文献，用户可以从 Web of Science 中检索并以固定格式下载某一主题的文献记录，主要包括作者、题目、摘要和文献的引文等字段，将检索到的文献记录输入到系统之后，系统会生成对文章标题、文摘和描述词的频率统计，然后设置参数，如确定要分析领域的总的时间段范围和分割后每一个时间片段的长度等；运行系统后会得到“研究前沿术语的共现网络”“知识基础文章的同被引网络”和“研究前沿术语引用知识基础文章网络”三种可视化的结果。该程序可以免费使用。

⑥ CNKI 学术趋势。CNKI 学术趋势搜索以 CNKI 的海量资源为基础，深入分析 CNKI 收录的 1997 年后发表的期刊文献的发展趋势和关注度，为用户绘制学术关注趋势图和用户关注趋势图，并统计全部年度及各个年度的热门被引文章、近一年及各个月份的热门下载文章，帮助用户迅速了解研究领域或方向的发展趋势。

3. 拟研究内容的论证与确定

通过大范围的文献资料的调研和梳理，了解本学科的研究历史，明确该学科过去已经进行了哪些研究，有什么成果，了解本学科的研究现状。

通过以上方法，首先，明确自己拟研究的内容与已查到的文献间的区别与联系，就可以论证拟研究内容的可行性、必要性、效益性。通过对掌握的大量翔实的资料进行分析，如果分析结果表明已有人研究过同一课题，则必须放弃该课题或调整课题方向；如果分析结果表明该课题材料太多、范围太广，则要在选题范围、研究思路方面做出改变；而如果前人较少关注，具有一定开拓性，则值得开展研究，也可以形成研究的亮点。

其次，要了解课题的重点与难点。我们要明晰，研究的空白点或一些值得研究的领域，虽然是空白点，但如果毫无基础，难点重重，可能就根本不知道从何处着手，研究也很难取得实质性进展。所以，在着手研究之前，也一定要寻找研究的突破口，掌握相关研究的重点和焦点内容，也能帮助我们掌握研究领域的大方向和框架，这就是研究的重点。

4. 拟定大纲

在经过一系列资源的查找、分析、比较，并明确研究重点、学科趋势后，就可以拟定论文大纲或着手项目的申报了。

写作提纲有助于作者对文章写作进行整体设计和布局谋篇，帮助理清思路，严谨缜密地思考问题，使作者树立全局观念。提纲还有利于论文前后呼应，重点主次分明。提纲便于作者从整体出发，检验每部分所占的地位、所起的作用。提纲还有利于及时调整，他人可以一目了然看懂，并提出修改意见，避免走弯路。提纲也为多人合作撰写提供方便，有利于分工撰写。

拟定提纲一般按以下步骤：首先，拟定题目，以最简洁、最鲜明的语言概括论文内容；然后，写出主题词或关键词，确定全文中心论点；其次，考虑全文分几个部分，以什么顺序安排基本论点，每一个部分的篇幅和字数分配；再次，大的部分安排妥当后，再考虑每个部分的下位观点，最好考虑到段一级，写出段的论点句；最后，全面检查写作提纲，作必要的增删改。

11.3.5 国内外有关的文献著录标准

文后参考文献(Reference)是现代科技论文的重要组成部分，一般情况都必须列出，除非写作论文时未参考他人的文献。参考文献是反映文稿的科学依据和著者尊重他人研究成果而向读者提供文中引用有关资料的出处，或为了节约篇幅和叙述方便，提供在论文中提及而没有展开的有关内容的详尽文本。

1. 参考文献的作用

尊重他人劳动，保护知识产权。我国《著作权法》明确规定，“在作品中适当引用他人已发表的作品，可以不经著作权人许可，不向其支付报酬，但应当指明作者的姓名、作品名称，并且不侵犯著作权人依照本法享有的其他权利”。也就是说，在文后开列参考文献是论文作者应尽的法律义务。

表明作者的研究基础及相关的科学依据，显示作者是在占有大量的知识信息基础上提出论点的。参考文献显示出学术成果的视野、质量、水准、趣味等诸多方面。所有的科学研究成果，几乎都是研究者对前人工作的继续和拓展，在课题论证、调查研究时，都要参阅大量的相关文献和资料，来掌握和判断其研究课题的进展及水平，从而确定自己的研究方向和研究起点。而在总结和撰写科技论文时，也需要利用参考文献来支持、旁证自己的观点。

著录参考文献能精简论文的篇幅。论文在引用他人文献时，不必大段大段地抄录原文，只需摘引其中最重要的观点与数据，这样可以大大节约论文的篇幅。

著录参考文献起到检索入口的作用，为读者提供新的知识线索，为查阅原始文献提供线索，便于读者溯本求源。

2. 参考文献著录原则

只著录最必要、最新的文献。著录的文献要精选，仅限于著录作者亲自阅读过并在论文中直接引用的文献，而且，无特殊需要不必罗列众所周知的教科书或某些陈旧史料。

采用规范化的著录格式。关于文后参考文献的著录已有国际标准和国家标准，论文作者和期刊编者都应熟练掌握，严格执行。

严禁大段抄录他人的论文。要注意引用与抄袭、剽窃的界限与区别。引用是可以的，而且是必要的，抄袭与剽窃是把别人的话或观点据为己有，甚至把别人的整篇文章作为自己文章的主要内容。

3. 中文论文的参考文献著录格式

根据中华人民共和国国家标准 GB/T7714—2005《文后参考文献著录规则》的规定，文后参考文献设必备项目与选择项目。

1) 专著

专著是以单行本形式或多卷册形式，在限定的期限内出版的非连续性出版物，包括以各种载体形式出版的普通图书、古籍、学位论文、技术报告、会议论文集、汇编、多卷书、丛书等。专著的著录格式为：

主要责任者．题名：其他题名信息[文献类型标志(电子文献必备，其他文献任选)]．其他责任者(任选)．版本项．出版地：出版者，出版年：引文页码[引用日期(联机文献必备，其他电子文献任选)]．获取和访问路径(联机文献必备)．

示例：

[1]李继兵．EXCEL 数据处理与分析[M]．北京：中国青年出版社，2005：99-100.

[2]刘煜辉，熊鹏．资产流动性、投资者情绪与中国封闭式基金之谜[C]．第三届中国青年经济学者论坛论文集．广州：中山大学出版社，2003：439-453.

[3]潘懋元，刘海峰．中国近代教育史资料汇编·高等教育[G]．上海：上海教育出版社，1993.

[4]刘云峰．企业营销管理中的有效沟通模式研究[D]．北京：清华大学，2006.

[5]冯西桥．核反应堆压力容器的 LBB 分析[R]．北京：清华大学核能技术设计研究院，1997.

[6]全国文献工作标准化技术委员会第七分委员会．GB/T5795—1986 中国

标准书号[S]. 北京：中国标准出版社，1986.

[7]王夫之. 宋论[M]. 刻本. 金陵：曾氏，1845(清同治四年).

[8]赵耀东. 新时代的工业工程师[M/OL]. 台北：天下文化出版社，1998[2007-09-26]. http://www.ie.nthu.edu.tw/info/ie.newie.htm(Big5).

2)专著中的析出文献

著录格式：

析出文献主要责任者. 析出文献题名[文献类型标志(电子文献必备，其他文献任选)]. 析出文献其他责任者(任选)//专著主要责任者. 专著题名：其他题名信息. 版本项. 出版地：出版者，出版年：析出文献的页码[引用日期(联机文献必备，其他文献任选)]. 获取和访问路径(联机文献必备).

示例：

[1]钟文发. 非线性规划在可燃毒物配置中的应用[C]//赵玮. 运筹学的理论与应用中国运筹学会第五届大会论文集. 西安：西安电子科技大学出版社，1996：468-471.

3)连续出版物(含期刊、报纸)

连续出版物是一种有期号或年月顺序号、计划无限期地连续出版发行的出版物。它包括以各种载体形式出版的期刊、报纸等。其基本著录格式为：

主要责任者. 题名：其他题名信息[文献类型标志(电子文献必备，其他文献任选)]. 年，卷(期)-年，卷(期). 出版地：出版者，出版年[引用日期(联机文献必备，其他电子文献任选)]. 获取和访问路径(联机文献必备).

示例：

[1]黄如花，邱春艳. 美国公共图书馆未成年人服务的特点[J]. 中国图书馆学报，2013，04：48-58.

[2]中国图书馆学会. 图书馆学通讯[J]. 1957(1)-1990(4). 北京：北京图书馆，1957-1990.

[3]American Association for the Advancement of Science. Science[J]. 1883，1(1). Washington，D.C.：American Association for the Advancement of Science.

4)连续出版物中的析出文献

对于从连续出版物中析出的具有独立篇名的文献(期刊文献、报纸文献)，著录项目与著录格式为：

析出文献主要责任者. 析出文献题名[文献类型标志(电子文献必备，其他文献任选)]. 连续出版物题名：其他题名信息，年，卷(期)：页码[引用日期(联机文献必备，其他文献任选)]. 获取和访问路径(联机文献必备).

示例：

[1]唐昌飞．科学发展观视域中的高校人才管理模式研究[J]．武汉理工大学学报：社会科学版，2007，20(6)：806-809.

[2]莫少强．数字式中文全文文献格式的设计与研究[J/OL]．情报学报，1999，18（4）：1-6［2001-07-08］．http：//periodical. wanfangdata. com. cn/periodical/qbxb/qbxb99/qbxb9904/990407. htm.

[3]周炜．全球数字图书馆扫描图书突破 150 万册[N]．光明日报，2007-12-04(2).

[4]傅刚，赵承，李佳路．大风沙过后的思考[N/OL]．北京青年报，2000-04-12（14）［2005-07-12］．http：//www. bjyouth. com. cn/ Bqb/20000412/GB/4216%5ED0412B1401. htm.

5)专利文献

著录格式：

专利申请者或所有者．专利题名：专利国别，专利号[文献类型标志(电子文献必备，其他文献任选)]．公告日期或公开日期[引用日期(联机文献必备，其他电子文献任选)]．获取和访问路径(联机文献必备).

示例：

[1]陈永远，陈姿．超大型水力发电站：中国，CN201310601663. 4[P]. 2014-4-2.

[2]杨林．移动电话机：中国，CN99115146. 1[P]. 2001-03-28.

[3]西安电子科技大学．光折变自适应光外差探测方法：中国，01128777. 2［P/OL］. 2002-03-06［2002-05-28］. http：//211. 152. 9. 47/ sipoasp/zljs/hyjs-yx-new. asp？recid＝01128777. 2 &leixin＝0.

6)电子文献

凡属电子图书、电子图书中的析出文献以及电子报刊中的析出文献，其著录项目与著录格式分别按专著、专著中的析出文献和连续出版物中的析出文献的有关规则处理。除此而外的电子文献根据本规则处理。其著录格式为：

主要责任者．题名：其他题名信息[文献类型标志/文献载体标志]．出版地：出版者，出版年(更新或修改日期)[引用日期]．获取和访问路径。

示例：

[1]曾嵘，夏其昌．蛋白质组学研究进展与趋势[EB/OL]．[2007-9-15]. http：//www. biotech. org. cn/news/news/show. php？id＝2241.

[2]Online Computer Library Center，Inc. History of OCLC［EB/OL］.［2000-

01-08]. http://www.oclc.org/about/history/default.htm.

4. 中文论文参考文献的著录细则

① 文献类型标志依据 GB/T3469《文献类型与文献载体代码》著录；对于电子文献不仅要著录文献类型标志，而且要著录文献载体标志。参考文献的文献类型和电子文献载体标志代码见表 11-1 和表 11-2。

表 11-1 **文献类型和标志代码**

文献类型	标志代码	文献类型	标志代码
普通图书	M	期刊	J
会议录	C	学位论文	D
报纸	N	报告	R
标准	S	专利	P
汇编	G	数据库	DB
计算机程序	CP	电子公告	EB

表 11-2 **电子文献载体和标志代码**

载体类型	标志代码	载体类型	标志代码
磁带	MT	光盘	CD
磁盘	DK	联机网络	OL

② 版本。第 1 版不著录，其他版本说明需著录。版本用阿拉伯数字、序数缩写形式或其他标志表示。古籍的版本可著录"写本""抄本""刻本""活字本"等。

示例 1： 3 版 （原题：第三版）

示例 2： 第 1 版 （原题：新 1 版）

示例 3： 5th ed. （原题：Fifth edition）

示例 4： Rev. ed. （原题：Revised edition）

例：中国社会科学院语言研究所词典编辑室．现代汉语词典[M]. 修订版. 北京：商务印书馆，2001：1650.

③中文论文的参考文献表。参考文献表可以按顺序编码制组织，也可以按著者-出版年制组织。

A　顺序编码制

参考文献表按顺序编码制组织时，各篇文献要按正文部分标注的序号依次列出。

示例：

[1]BAKER S K，JACKSON M E. The future of resource sharing[M]. New York：The Haworth Press，1995.

[2]汪冰．电子图书馆理论与实践研究[M]．北京：北京图书馆出版社，1997.

[3]杨宗英．电子图书馆的现实模型[J]．中国图书馆学报，1996(2)：24-29.

B　著者-出版年制

参考文献表采用著者-出版年制组织时，各篇文献首先按文种集中，可分为中文、日文、西文、俄文、其他文种 5 部分，然后按著者字顺和出版年排列。中文文献可以按汉语拼音字顺排列，也可以按笔画笔顺排列。

示例：

[1]BAKER S K，JACKSON M E. 1995. The future of resource sharing[M]. New York：The Haworth Press.

[2]汪冰．1997. 电子图书馆理论与实践研究[M]．北京：北京图书馆出版社．

[3]杨宗英．1996. 电子图书馆的现实模型[J]．中国图书馆学报(2)：24-29.

5. 中文论文的参考文献标注法

正文中引用的文献的标注方法可以采用顺序编码制，也可以采用著者-出版年制。

1)顺序编码制

顺序编码制是按正文中引用文献出现的先后顺序连续编码，并将序号置于方括号中。

示例：引用单篇文献

达尔文[3]指出……

进化论[7]认为……

如果同一处引用多篇文献时，只需将各篇文献的序号在方括号内全部列出，各序号间用“,”。如遇连续序号，可标注起讫序号。

示例：引用多篇文献

这种变异往往发生在细胞的减数分裂时期[3, 5,7~10]，但是为了……

其在文后的参考文献著录格式需遵照顺序编码制的参考文献表方式列出。

2)著者-出版年制

正文引用的文献采用著者-出版年制时，各篇文献的标注内容由著者姓氏与出版年构成，并置于“( )”内。倘若只标注著者姓氏无法识别该人名时，可标注著者姓名，例如中国人著者、朝鲜人著者、日本人用汉字姓名的著者等。集体著者著述的文献可标注机关团体名称。倘若正文中已提及著者姓名，则在其后的“( )”内只需著录出版年。在正文中引用多著者文献时，对欧美著者只需标注第一个著者的姓，其后附“et al”；对中国著者应标注第一著者的姓名，其后附“等”字，姓氏与“等”字之间留适当空隙。

示例：

历史地震缺少震源深度资料以及在震中定位方面存在较多的不确定性是众所周知的(顾功叙，1983)，现代地震在震中位置、震源深度测定方面也存在数千米的误差(张国民 等，2002)。

其在文后的参考文献著录格式需遵照著者-出版年制的参考文献表方式列出。

6. 外文论文的参考文献著录格式

外文论文在引用参考文献的格式上有很大不同。在向一家外文期刊投稿前，最好对照该期刊的《作者须知》(英文有“Guide for Authors”“Instructions to Authors”“Information for Authors”“Manuscript Submission”等表达方法)来检查论文的参考文献格式。如果投稿中参考文献格式与期刊要求的格式有很大出入，期刊编辑和审稿人会认为作者对刊物不重视，粗心大意，敷衍了事，也有可能认为这份投稿是被其他的期刊拒稿后才转投过来的，对文章的录用会有一定的影响。

外文学术论著和期刊普遍采用三种参考文献格式：美国心理学协会的APA格式(American Psychological Association，http://www.apastyle.org)，美国现代语言协会的MLA格式(Modern Language Association，http://www.mla.org/homepage)和芝加哥手册格式(Chicago Manual of Style，http://www.chicagomanualofstyle.org/home.html)。外文论文应根据专业方向选择不同的参考文献格式。如偏重人文学科的应用MLA，偏重自然学科的应用APA。

现以APA为例说明其参考文献格式。

① 期刊文章。引注参考文献的格式：作者(出版年代). 文章名称. 期刊名称，卷号，页码.

举例：Wark，G. R.（1996）. Gender and dilemma differences in real-life moral judgment. Developmental Psychology，32，220-230.

② 书籍。引注参考文献的格式：作者或编者（出版年代）. 书名 . 出版地：出版社 .

举例：Brinckerhoff，P. C.（2000）. Social entrepreneurship：The art of mission-based venture development. New York：Wiley.

③ 报纸。引注参考文献的格式：作者（出版年，月日）. 文章标题 . 报纸名，版别或页码 .

举例：Schwartz，J.（1993，September 30）. Obesity affects economic，social status. The Washington Post，pp. A1，A4.

④ 电子期刊的文章。引注参考文献的格式：作者（出版年）. 文章名称 . 期刊名称，卷，页码 . 撷取日期，撷取网址 .

举例：Vanden Bos，G.，Knapp，S.，Doe，J.（2001）. Role of reference elements in the election of resources by psychology undergraduates. Journal of Bibliographic Research，5，117-123. Retrieved October 13，2001，from http：//jbr. org/articles. html.

目前一些文献管理软件（如 Endnote、Procite、Reference Manager、Noteexpress）可以帮助建立参考文献数据库，以生成适用于不同期刊的参考文献列表。

本章习题

1. 根据课题要求，拟定关键词，写出检索式，分别查找与以下课题相关的图书、期刊、会议、报告、学位论文、专利等。（选做 1~2 题）

（1）MOOC 的发展现状

（2）国内外信息素养研究进展

（3）网络语言的发展方向

（4）重金属污染防治

（5）防水涂料研究进展

（6）水性金属防腐蚀涂料的发展

（7）纳米材料在医学上的应用

（8）纳米二氧化钛的制备

2. 根据以下课题，按照以下步骤，完成一个简单的查新报告。（选做 1~2 题）

(1)跨媒体内容智能编辑技术

(2)低碳经济评价指标

(3)非物质文化遗产的数字化保护

(4)利用蒸馏回流水提法提取桂花叶、花和果实的水提物

(5)冶金微生物的基因芯片检测技术

(6)甘薯渣生产乙醇的精馏干燥贮存塔

请按以下步骤完成：

(1)我选择的课题是：________________________________

(2)我选择课题属于的学科(可先考虑分为自然科学、农业科学、医药科学、工程与技术、人文与社会科学，然后再进行细分)：________________

____

____

(3)根据课题拟定的中文检索式：________________________

____

(4)根据课题拟定的英文检索式：________________________

____

(5)该课题可查找的综合性数据库(包括图书、期刊、会议、报告、学位论文等库)列出如下：

____

____

____

(6)该课题可查找的专业数据库(包括图书、期刊、会议、报告、学位论文、专利等)列出如下：

____

____

____

(7)根据以上步骤(5)和(6)列出的数据库，查找选定的课题，列出查出的主要文献：

____

____

____

(8)比较本课题与检出文献间的异同，思考本课题是否新颖，并简单陈述理由。

3. 利用中国知网、万方数据库中相关数据库，查找本专业(或相关专业)研究方向学位论文、会议论文各 5 篇。

4. 请查找以下课题的背景信息

(1)MOOC(慕课)

(2)光降解

(3)跨国公司投资

5. 请查找以下课题的数据

(1)中国城市绿化面积

(2)中国 2014 年进出口商品统计

6. 请查找以下课题的案例

(1)信息素养

(2)侵犯财产罪

7. 说说参考文献的作用是什么？参考文献的著录要注意什么？

8. 请按中文论文参考文献著录格式改写以下信息。

(1)作者：白丽娜；王颖纯；刘燕权

出处：《图书情报工作》2014 年第 58 卷第 12 期 6-11 页，共 6 页

(2)【书名】数字图书馆

【作者】王大可编著

【出版发行】深圳：海天出版社，2002

【ISBN 号】7-80654-641-3

【页数】287

(3) 2001—2002：中国贫困与反贫困形势分析(唐钧). http：//www.sociology.cass.cn/shxw/shwt/P020040710270550158392.pdf. 2007-10-9

④ Mitochondrial Footprints of Human Expansions in Africa. The American Journal of Human Genetics，Volume 61，Issue 3，Pages 691-704 E. Watson，P. Forster，M. Richards，H. Bandelt

9. 请以 APA 格式改写以下信息。

(1) The Making of the African mtDNA Landscape. The American Journal of Human Genetics，Volume 71，Issue 5，Pages 1082-1111 A. SALAS

(2) Annals of Human Genetics (1998), 62: 531-550 Cambridge University Press.

(3) Paul R. Ehrlich. Human Natures: Genes, Cultures, and the Human Prospect.

Island Press, 2000. ISBN 155963779X, 9781559637794.

第 12 章　信息检索助你在商战中立于不败之地

企业的成功离不开信息，信息流是企业的生命线，是企业制胜的关键因素和法宝。本章注重实际应用，主要内容是将信息检索技巧运用于实际，使企业在竞争中立于不败之地。本章内容不仅适用于在校学生，对公司职员、企业经营者也有很大裨益。

12.1　实验目的与要求

(1)熟练运用所学信息检索技巧解决实际问题。
(2)认识信息对企业的重要性，掌握获取竞争情报的方法。
(3)掌握利用大数据进行市场分析、营销策划、企业舆情的方法。

12.2　实 验 内 容

(1)了解如何利用大数据进行市场分析。
(2)了解如何获取竞争对手信息。
(3)了解利用指数预测进行营销策划。
(4)了解如何进行企业预警与舆情监测。
(5)了解如何保护企业信息安全。

12.3　实验操作指导

本实验包括以下 5 部分：如何利用大数据进行市场分析，如何获取竞争对手信息，利用新媒体进行营销策划，企业预警与舆情监测，保护企业信息安全。

12.3.1 利用大数据进行市场分析

大数据具有体量巨大、类型繁多、来源多样、商业价值高和处理速度快等特点。利用大数据，企业可以洞察客户的消费心理与行为，定位合适的客户，优化推广渠道从而开发适销对路的产品。以打车软件“Uber”(优步)为例。

2010年成立于美国硅谷，优步(Uber)是全球第一家通过智能手机App实现一键实时叫车服务的企业。2014年以来，优步(Uber)在全球发展迅速，从2014年初的21个国家60个城市运营，发展至2016年进入60个国家和地区的330多个城市。

目前，优步(Uber)在全球330个城市掌握大量运营数据，基于分析可以充分了解一个城市人们出行的特点(热点区域、主要交通流向等)。据优步大数据分析专家透露，优步在上海65%的行程是这样的：在地铁站周围开始的或者在地铁站结束的行程。由此可以说，优步所提供的服务，是公共交通的延伸和补充。优步的理念是用更少的车搭载更多人，通过共享车辆的方式让人们减少对私家车的依赖。优步的服务作为上海公共交通的有效补充可参见图12-1。

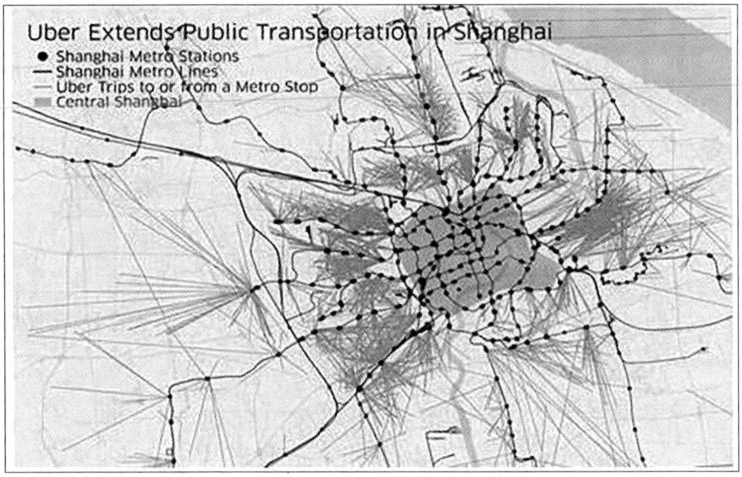

图12-1 优步的服务作为上海公共交通的有效补充

以优步在北京推出的新功能“人民优步+”为例，该功能理念是基于大数据将不同乘客进行路线匹配。例如，当第一位乘客打开 App 叫车之后车一般会在 5 分钟之内到达，乘客上车之后会根据后台算法匹配行程相近的第二位乘客，使出行变得高效便捷。

除了提高自身产品和服务，交通大数据也可以为政府规划、基础设施建设等提供参考。优步(Uber)2015 年 1 月已经与美国波士顿城市展开了深度合作。利用优步(Uber)平台上的大数据，为波士顿解决更多城市问题，打造智慧城市。这些数据将为这座城市的发展提供新的方向——帮助城市发展，减少交通拥堵，发展公共交通，减少尾气排放。

波士顿市市长马丁 · J. 沃尔什曾表示，数据正驱动波士顿的对话交流、政策制定和构想城市未来的方式，改变城市服务交付方式，有助于帮助实现城市交通目标、提高社区素质，并让决策者更明智地思考，发现更富有创新性和更富有创意的解决方案应对面临的最紧迫挑战。

对于优步(Uber)与传统出租车行业的争议，数据也给出了不一样的答案。“优步(Uber)其实是对传统出租车一个很好的补充”。同时还可以看到优步(Uber)很好地缓解了酒驾行为，因为对优步需求的高峰通常在深夜或凌晨，这个时段往往是出租车供给不足，而已经饮酒的出行者需要出行，优步(Uber)在这个阶段帮助大大减少酒驾的风险。

此前，优步(Uber)在洛杉矶做过一年的跟踪调查，2014 年 4 个季度分别对比出租车行业的整体收入和优步(Uber)平台上的整体收入，结果显示，优步(Uber)平台在这一年内大幅增长，翻了近 2 倍，而出租车行业第四季度仅仅比第一季度略有下降(约 5%，其中不排除部分出租车司机为了时间的灵活自主性选择加入优步(Uber)平台)，这说明优步(Uber)做的是增量市场，是把整个出行市场做大，而并非对传统出租车行业的直接冲击。

12. 3. 2　获取竞争对手信息

利用大数据可以帮助企业开发适销对路的产品，但是为了能在竞争中立于不败之地，获取竞争对手的情报也十分重要。

1. 传统竞争情报信息源

① 报纸(Newspapers)、杂志(Magazines)、画报(Pictorials)；

② 工商企业注册资料(Enterprises Registration Information)；

③ 工商企业名录(Enterprises Directory)；

④ 产品样本(Catalogues)、手册(Handbooks)；

⑤ 展览会(Exhibitions, Expos)。

在网络环境下，竞争情报的获取途径更加多样化，在传统竞争情报信息源的基础上增加了很多新途径，获取手段也更加复杂。

2. 竞争对手的网站

① 主页(Homepages);

② 博客(Blogs);

③ 微博(Miniblogs);

④ 论坛(Forums)。

企业通过建立官方网站介绍自己的产品、服务、理念和新动态，同时也提供一些和用户交流的渠道，是获取竞争对手信息最直接和权威的渠道之一。

3. 搜索引擎

公司网站提供的信息是十分有限的，分散的关于某个企业的信息可以利用搜索引擎来获取，这需要具备一定的构造检索式的水平和能力。例如，使用检索式“公司名称 AND 合同”就可以检索到该公司和哪些公司有合作关系；“公司名称 AND 招聘”则可以检索出该公司需要哪方面的人才，哪些岗位需要的人才比较多，从而推断出该公司未来几年的业务重点；通过检索企业参加的展览或者会议活动可以推测出该企业的兴趣所在；而通过企业名称和经销商、分销商、代理商等词汇进行组配可以看出该公司上下游的关系链条等；如果想查找上述信息的最新动态只需对时间进行限定，这些都有利于去分析竞争对手的情况。

4. 企业注册或管理机构网站

查找企业注册资料时，有些搜索引擎是无法检索出来的，需要登录企业注册后管理机构的网站才能检索出来。例如我国工商行政管理总局网站，可以从企业名称、法定代表人和注册号三项进行检索，查找公司的基本信息；在进行企业合作之前，想查找企业的信用信息，可以利用全国企业信用信息公示系统进行检索，香港公司可以利用香港公司注册处综合资讯系统查找在香港注册的公司的所有信息。查找美国公司注册信息可以利用 Thomas Register(托马斯注册)。类似这样的工具有很多，利用搜索引擎就可以检索出很多公司注册信息的网站。

5. 社交网站

社交网站不仅仅是企业发布信息的平台，也是广大网民沟通交流、分享信息的平台，具有覆盖面广、传播影响大等特点；而且有很多事件最开始是通过社交网站来传播的。社交网站是获取竞争对手信息的有效渠道之一。我国的豆瓣、人人、微博、天涯，国外的 Twitter、Facebook 等都是非常具有影响力的社交网站。

6. 商业信息网站或数据库

商业信息网站或数据库也是查找竞争对手信息的重要渠道之一，分为收费和免费两种。例如我国万方数据库公司的企业、公司及产品数据库和世界上最大的联机检索系统 Dialog 有很多公司产品和市场的信息，它们都是要收费的；HOOVERS 是一个免费查找公司信息的网站，HOOVERS 还提供公司报告、公司销售和公司排名等信息。

12.3.3　利用新媒体进行营销策划

除了广播、电视和电影这样一些途径做宣传之外，在我们这个新媒体时代，企业的营销又出现更多新的手段。

1. 博客/微博/微群

企业博客不仅能够介绍这些企业的产品、服务和最新动态，这些博客也能成为推广宣传，了解客户需求和用户反馈的一个途径，并为企业下一步的产品开发和市场推广提供很好的素材。用户通过主题词搜索即可方便、快速地找到相关博客，并且其内容更新快，这些特点使得搜索引擎十分青睐博客。比如趣多多在新产品推广中，运用博客营销这一方式，吸引了几亿的人次访问，使得这次推广十分成功。同时也可以通过二维码方式，将博客和微信连接起来，不仅宣传了微信这一新兴方式，同时也进行了深层次营销。

此外，在微博平台上，其粉丝数量巨大、受众面广的特点使得其亦是新媒体营销的主要方式，并且也能通过微群互动加深联系。

2. QQ 空间

QQ 空间拥有庞大的活跃用户量，这使得红米手机通过 QQ 空间营销获得了成功。红米手机在 QQ 空间首发时，开放购买的第一秒就有超过 14.8 万用户点击购买，10 万台红米手机在 1 分钟 30 秒内全部销售告罄。

3. 大数据

大数据在四个方面可以挖掘巨大的商业价值：对顾客群体细分；模拟实境，发掘新的需求和提高投入的回报率；提高整个管理链条和产业链条的投入回报率；进行商业模式、产品和服务的创新。

12.3.4　企业预警与舆情监测

企业在碰到危机后没有即时公关，将会造成惨重的后果，所以企业在发展中一定要做好预警工作。比如红牛公司在企业遭遇广告诉讼时，成功通过企业预警变败为胜，并找到新的发展途径。若想看外界对自己公司的评价，也可以通过搜索引擎去查找。为防患于未然，美国一家公司就专门派人手负责在Google和博客搜索引擎里搜寻，以公司名称或品牌作为关键字，看顾客们对公司有什么不满的地方，做到事先有所了解，这样企业才不至于太被动。

12.3.5 保护企业信息安全

信息是重要的资源，是企业的生命线，要注意保护企业的信息安全。三星公司由于泄露文件机密，使得苹果公司诉讼获胜。世界最大的天然气公司——安然公司因财务信息造假，使得其公司濒临破产。信息安全可使得公司遭受三方面的损失：一是核心命脉的损失；二是企业名誉损失，使得消费者对其产生质疑和不信任，对其品牌知名度造成伤害；三是财产损失，信息破坏和信息失窃直接带来财产流失。

本章习题

1. 请查找1~2个大数据分析软件或者平台，并分析其优缺点。
2. 除了HOOVERS外还有哪些可以免费获取商业信息的网站或数据库？请列举出两个，并写出详细的检索步骤。
3. 请查找两个企业舆情成功和失败的案例，并分析其成功和失败的原因。
4. 请从你感兴趣的企业微博中观察并记录一次成功的营销案例。
5. 请分别查找并比较企业重视/忽视预警的例子。
6. 请浅谈应怎样保护企业信息安全。

主要参考文献

[1] What is ScienceDirect. [EB/OL]. [2016-01-23]. http：//www. elsevier. com/solutions/sciencedirect.

[2] Special Author. [EB/OL]. [2016-01-30]. http：//help. sciencedirect. com/flare/sdhelp_Left. htm # CSHID = home. htm | StartTopic = Content% 2Fhome. htm | SkinName = svs_SD.

[3] All Expert search fields. [EB/OL]. [2016-01-30]. http：//help. sciencedirect. com/flare/sdhelp_Left. htm # CSHID = home. htm | StartTopic = Content% 2Fhome. htm | SkinName = svs_SD.

[4] 张岚. EBSCOhost 2.0 新功能及检索技巧[J]. 情报探索，2009(10)：79-81.

[5] 金晓祥，曾丹. 数字信息检索与创新[M]. 北京：中国书籍出版社，2013.

[6] Single vs. Plural Searching [EB/OL]. [2016-02-06]. http：//support. ebsco. com/help/index. php? help_id = 1853.

[7] 周玉陶. 人际网络环境下的信息检索[M]. 南京：东南大学出版社，2014.

[8] 何钧. 现代信息资源检索实务[M]. 北京：经济管理出版社，2013.

[9] 黄如绒. 网上图书馆联合参考咨询系统的研究[D]. 广东工业大学，2007.

图书情报与信息管理实验教材

司　莉　　信息组织实验教程

吴　丹　　信息描述实验教程

肖秋会　　档案信息组织与检索实验教程

许　洁　　出版物排版制作软件实用教程

严炜炜　　商务管理决策模型与技术试验教程

黄如花　胡永生　信息检索与利用实验教材

袁小群　　数字出版物设计与制作

赵蓉英　　信息计量分析工具理论与实践

吴志强　　高级语言程序设计实验教程

陆颖隽　　数据库原理与应用实验教程

王　林　　信息系统分析与设计（课程设计）

王　平　　多媒体技术应用实验教程

姜婷婷　　信息构建实验

孙永强　　社会调查与统计分析实验

张　敏　　电子供应链理论与实践